进城务工人员
社会网络信息寻求研究

黄丽霞　等·著

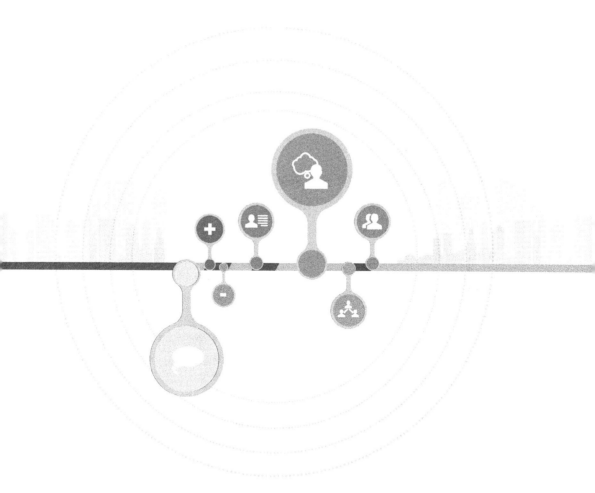

知识产权出版社

全国百佳图书出版单位

—北京—

图书在版编目（CIP）数据

进城务工人员社会网络信息寻求研究/黄丽霞等著. —北京：知识产权出版社，2022.9

ISBN 978-7-5130-8326-3

Ⅰ.①进… Ⅱ.①黄… Ⅲ.①民工–社会网络–网络信息资源–来源–研究–中国

Ⅳ.①C912.3

中国版本图书馆 CIP 数据核字（2022）第 155775 号

内容提要

本书以城镇化为背景，以进城务工人员社会网络信息寻求为主要的研究客体，全面剖析进城务工人员社会网络信息寻求的相关理论、阐释进城务工人员社会网络信息寻求机理以及影响因素，评价进城务工人员信息寻求网站，提出进城务工人员社会网络信息寻求的优化策略。

本书可作为图书情报学科、信息管理学科教师、学生及相关行业从业人员参考用书。

责任编辑：许　波　　　　　　　责任印制：孙婷婷

进城务工人员社会网络信息寻求研究

JINCHENG WUGONG RENYUAN SHEHUI WANGLUO XINXI XUNQIU YANJIU

黄丽霞　等著

出版发行：知识产权出版社有限责任公司	网　　址：http://www.ipph.cn
电　　话：010 – 82004826	http://www.laichushu.com
社　　址：北京市海淀区气象路 50 号院	邮　　编：100081
责编电话：010 – 82000860 转 8380	责编邮箱：xubo@ cnipr.com
发行电话：010 – 82000860 转 8101	发行传真：010 – 82000893
印　　刷：北京中献拓方科技发展有限公司	经　　销：新华书店、各大网上书店及相关专业书店
开　　本：720mm×1000mm　1/16	印　　张：18.25
版　　次：2022 年 9 月第 1 版	印　　次：2022 年 9 月第 1 次印刷
字　　数：286 千字	定　　价：88.00 元

ISBN 978-7-5130-8326-3

前　言

近年来，随着我国城镇化步伐的加快，进城务工人员已经成为城市中一个数量庞大的群体，他们为城市的建设和发展做出了巨大贡献。保障进城务工人员的各项权益能够推动城市经济发展、维护社会秩序稳定，他们与城市的融合程度是我国城镇化成功与否的重要标志之一。进城务工人员是我国城镇化发展的重要组成部分，其社会关系跨越城市和农村两个部分，是连接城市和农村的重要凝聚子群，其信息寻求的重要途径是依赖于亲缘、地缘等形成的社会网络。提高进城务工人员信息寻求能力能够提升他们的自身信息素养，降低他们融入城市过程中的不确定因素，消除信息不对等现象，加快数字融合，推动城镇化建设。因此，研究进城务工人员社会网络信息寻求具有重要的现实意义和社会价值。

本书的内容框架结构由背景分析与现状研判、基础理论阐释、模型构建、实证分析和优化策略五大部分构成。第一部分研判了国内外进城务工人员信息寻求研究现状；第二部分阐释了进城务工人员相关概念内涵，论述了进城务工人员信息需求、进城务工人员社会网络信息生态链和信息传播；第三部分采用模型构建的方法探讨进城务工人员社会网络信息寻求机理；第四部分为实证研究，包括进城务工人员社会网络信息寻求影响因素、进城务工人员信息寻求网站影响力评价；第五部分为优化策略研究，旨在提出进城务工人员社会网络信息寻求的优化策略。

本书在研究过程中重点突出以下几方面特色：

一是在学术思想上，以马克思关于"人是一切社会关系的总和"为立意观点，创新性地引入社会网络的分析视域，探讨城镇化背景下进城务工人员信息寻求的相关问题。在系统分析进城务工人员信息需求特征和进城务工人员社会网络信息传播的基础上，本书明确划分进城务工人员在信息寻求中所扮演的角色，深入研究进城务工人员信息寻求的相关议题。

二是在学术观点上，相对于以往研究，本书摒弃了进城务工人员作为一种孤立的社会存在，不是将进城务工人员置于被动的需要帮助的社会对象来研究，并将进城务工人员看作为积极主动的社会实体来研究。因此，本书以社会网络理论中的社会嵌入观点为理论依据，将进城务工人员置于整个社会这个大的网络结构中，将其看作国家、社会、进城务工人员群体及城市居民网络的一部分来研究城镇化背景下进城务工人员社会网络信息寻求问题。

三是在论证方法上，本书具有理论思辨和实证分析相结合的特色。理论思辨进城务工人员社会网络中个体之间的信息资源流动关系和信息寻求依赖关系，实证这些关系所构成的进城务工人员社会网络结构作为"外在变量"对其信息寻求活动产生的影响，系统化地从多个维度论述进城务工人员社会网络信息寻求的优化策略，做到言之有理、言之有物、言之有据。

本书在写作过程中得到了众多老师和同学们的大力支持与帮助，他们是哈尔滨商业大学图书馆的周莉老师、黑龙江大学信息管理学院的赵丽梅老师、杨志和老师、邹纯龙老师，2019 级硕士研究生韩晓雨、石予晨、徐静怡、王子妮、喻璐、姚林颖、毛韵寒等同学，在此一并感谢！

本书由 2015 年度国家社科基金项目《城镇化背景下农民工社会网络信息寻求研究》（批准号 15BTQ020）资助出版。

目 录

第一章

绪 论

第一节 研究背景、目的与意义

一、研究背景

党的十九大为我们描绘了美丽中国的宏伟蓝图，美丽中国与和谐社会的建设都离不开广大的进城务工人员群体，他们在推进社会经济发展中发挥着越来越重要的作用。本书以城镇化建设为背景，探讨的"进城务工人员"一词是对农民工群体称谓随着时代的发展，经更迭演化而来的，主要指那些户口仍在农村但已完全脱离或基本脱离传统农业生产经营活动，主要以在城镇各类所有制企业打工、经商及从事其他服务行业为生的一类人群。❶ "进城务工人员"在本书的研究中涵盖了"农民工"这部分人群。2014 年 9 月 12 日，国务院印发了《关于进一步做好为农民工服务工作的意见》，指出"农民工已成为我国产业工人的主体，是推动国家现代化建设的

❶ 张启春.谈谈进城务工人员的社会保障[J].江汉论坛,2003(4):117-120.

重要力量，为经济社会发展作出了巨大贡献"。● 国家统计局 2021 年 4 月 30 日发布的《2020 年农民工监测调查报告》显示，2020 年全国农民工总量 28 560 万人。其中，外出农民工 16 959 万人，本地农民工 11601 万人。在外出农民工中，年末在城镇居住的进城农民工达 13 101 万人。● 随着我国城镇化步伐的加快，按照中国城市化建设目标，每年进城务工的人员将会越来越多。进城务工人员最终能否留在城市中，他们与城市市民的融入程度及和谐程度，是我国城镇化成功与否的重要标志之一，进城务工人员的走向对我国经济社会转型和技术进步的意义变得越来越重要。

进城务工人员常常被划归为弱势群体，其能力弱势的一个重要方面就是信息能力，表现在劳动力市场、文化生活、新技术接受等不同层面的信息寻求上。进城务工人员在劳动力市场上呈现出来的弱谈判能力、弱交易能力，其背后的实质是弱势权能结构问题，而弱势权能结构的一个重要方面是弱信息能力。在信息能力中，信息寻求是一个非常重要的指标，它关系到一个人能否获得有价值的信息。

社会网络理论是西方社会学的一个重要的分支，社会网络理论之所以以润物细无声的显现形式在社会科学领域掀起了全新的研究范式，是因为其摒弃了经济学研究范式和社会学研究范式的极化思维方法，巧妙地选取了二者的折中态势，在二者的中间地带自由徜徉：既不认同经济学在分析个体行为时所遵从的"低度社会化"假设，也不完全接纳社会学在分析个体行为时所奉行的"过度社会化"的断言。因为这两种经典理论方法忽略了社会行动者之间时刻可能存在的社会关系，而社会网络理论认为人无法脱离其所在的社会网络而独立行动，但是其个体行为也不是完全受限于其所在社会网络，社会网络主要由主体与其他主体之间的各种关系构成，认为人的行为是适度嵌入在社会网络中的。近年来，有关进城务工人员社会网络方面的研究受到了学者们的极大关注，研究内容主要集中在进城务工人员社会支持网络及其城市社会融合方面，目的是试图揭示进城务工人员

● 国务院关于进一步做好为农民工服务工作的意见［EB/OL］.（2014 - 09 - 30）［2020 - 12 - 22］. http://www. moa. gov. cn/zwllm/zcfg/flfg/201410/t20141009_4099135. htm.

● 2020 年农民工监测调查报告［EB/OL］.（2021 - 04 - 30）［2021 - 10 - 10］. http://www. stats. gov. cn/tjsj/zxfb/202104/t20210430_1816933. html.

的社会化或市民化过程，而从社会网络的视角探讨进城务工人员的信息寻求方面的研究还较为鲜见。

二、研究目的

本书通过对城镇化背景下进城务工人员信息需求、社会网络信息生态链及社会网络信息传播等相关理论的深入剖析，论述进城务工人员社会网络信息寻求的机理，在上述理论分析的基础上，采用扎根理论方法实证研究进城务工人员社会网络信息寻求的影响因素，利用层次分析法评价进城务工人员网站影响力，通过实证研究和评价分析，揭示进城务工人员在信息寻求中存在的问题，结合国家宏观政策和社会支持、中观群体信用机制和心理契约及微观的个体内在动机和外在帮扶等维度提出进城务工人员社会网络信息寻求的优化策略，以提升进城务工人员自身信息素养和进城务工人员信息寻求能力，激发他们在工作和生活中进行信息寻求的主观能动性，加快进城务工人员群体有效融入城市生活，优化城镇化建设的步伐，推动和谐社会建设。

三、研究意义

进城务工人员作为中国城镇化运动的重要组成部分，是中国城市建设的特殊存在群体，其社会关系跨越城市和乡村两个部分，是连接城市和农村的重要凝聚子群，其信息寻求的重要途径是以亲缘关系和地缘关系及共事关系形成的社会网络。因此研究进城务工人员社会网络中的信息寻求活动具有重要的理论意义和实践意义。

本研究的理论意义在于通过提高进城务工人员信息寻求能力，降低进城务工人员融入城市生活过程中的不确定性因素，优化我国城镇化建设的进程，促进和谐社会的发展；有利于全面、系统地剖析我国进城务工人员信息需求和信息服务现状，掌握研究进展和动向；有利于完善"信息学"信息服务与用户等问题的理论构建；有利于吸收国外先进思想，扩宽思路，弥补现有研究不足。

本研究的实践意义在于帮助进城务工人员提升自身信息素养，突出信息寻求方式的多元化、多样化；拓宽进城务工人员获取信息的渠道，提高信息服务机构服务质量；完善服务体系和服务机制，为政府和信息服务机构制定信息服务政策提供理论依据和实证数据；缩小数字鸿沟，加快数字融合，促进进城务工人员个体发展，共建和谐社会。

第二节　国内外研究现状及述评

一、国内外研究现状分析的方法框架

本书立足于国内外信息寻求研究领域相关的理论前沿，在信息寻求领域总体分析框架下，着重对国内外进城务工人员社会网络情境中的信息寻求相关议题的研究文献进行观点归纳和系统梳理，并进行总体评价。

1. 基于科学知识图谱研究现状分析的基本框架

为了更系统、更科学地了解国内外相关研究领域的现状，本书对核心概念"信息寻求"研究领域进行系统分析，基于共词分析技术绘制国内外信息寻求领域的科学知识图谱，以可视化的视角来直观表达国内外信息寻求领域的热点和知识结构。

2. 数据来源

本书分别利用 CNKI 中的中国期刊全文数据库和 Web of Science 的 SCI 及 SSCI 数据库作为国内外相关领域研究数据的主要来源。在中文文献检索时，选择主题中含有"信息寻求"的 CSSCI 和 CSCD 期刊文献作为国内研究现状分析的基础数据来源；在外文文献检索时，选择"Title"中含有"Information seek *"的文献作为国外研究现状分析的基础数据来源。

为揭示国内外信息寻求研究领域最新的研究热点和把握最近的研究范式，在进行文献检索时，将国内外文献发表的时限限于 2007—2019 年，将此时间段的相关关键词作为共词分析矩阵的数据基础，并绘制知识图谱，以便科学系统地揭示国内外信息寻求领域的研究现状，检索时间为 2019 年 12 月，经过剔除一些噪声文献（主要是一些中文投稿说明、期刊活动报道等）获得外文文献 1334 篇，中文文献 733 篇。

3. 数据分析方法与软件

本书以共现分析方法为逻辑框架，以论文关键词及其共现关系为基本分析对象，利用 K-core 和最大连通子图分析方法来可视化显示内容结构之间的亲疏关系。

经过对论文关键词数据的清洗、同义词归类等数据预处理环节，首先利用 Citespace 软件进行关键词抽取并建立共词矩阵，然后利用 Gephi 软件对共词矩阵进行可视化实现。

二、基于科学知识图谱的国外研究现状分析

首先，基于关键词共现分析方法建立国外信息寻求研究领域的关键词共现矩阵，见表 1-1。

表 1-1　国外信息寻求研究共词矩阵（部分）

	attitudes	avoidance	awareness	barriers	behaviors	beliefs
attitudes	0	0	0	0	0. 353 553	0. 387 298
avoidance	0	0	0	0	0	0
awareness	0	0	0	0	0. 282 843	0
barriers	0	0	0	0	0	0
behaviors	0. 353 553	0	0. 282 843	0	0	0. 474 342
beliefs	0. 387 298	0	0	0	0. 474 342	0

然后，利用 Gephi 软件绘制科学知识图谱，构建最大连通子图，再后进行 K-core 分析，最终的可视化结果如图 1-1 所示。基于图 1-1 所示的共词知识图谱，将总图按照左上、左下、右上、右下分为四个部分，分离出四个子图，即子图 a、子图 b、子图 c、子图 d 见图 1-2 至图 1-5。

依据图 1-2 可以看出，国外信息寻求研究共词知识图谱（2007—2019年）子图 a 主要体现的是主体健康信息寻求行为，并以女性的健康信息寻求为主导方向。2019 年张（Zhang）等研究发现由于认知视角在健康行为研究中的广泛应用，信息和通信技术在移动时代的医疗保健中发挥着重要作用，但其影响却被忽视。通过研究测试了一个包含技术和认知变量的整合模型，以证明移动媒体使用的感知有用性和易用性、健康意识和风险感知预测通过移动媒体寻求生殖癌信息和获得癌症筛查的意图。通过对我国南京市 1065 名中青年女性健康意识和风险认知的调查分析，发现健康意识和风险认知的认知变量直接预测癌症筛查。此外，认知变量和技术变量（分别为感知有用性和移动媒体使用的便利性）通过移动信息搜索间接预测癌症筛查。

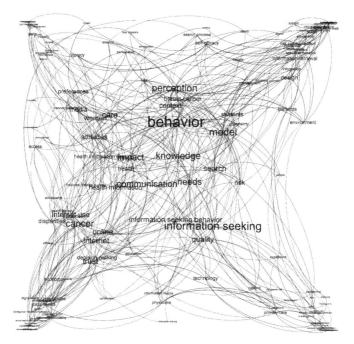

图 1-1　国外信息寻求研究共词知识图谱（2007—2019 年）

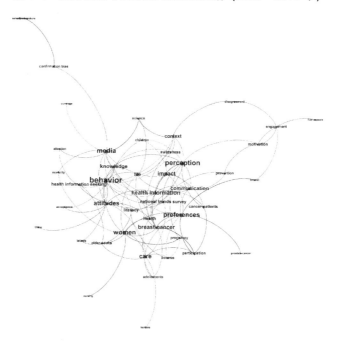

图 1-2　国外信息寻求研究共词知识图谱（2007—2019 年）子图 a

人们在经历不寻常或不熟悉的身体变化时，会在网上寻找健康信息。人们在不熟悉的症状出现后，在接受诊断之前，如何通过互联网获取健康信息，以及在线信息搜索如何帮助人们评估症状尚未定论，主要原因在于人们在实施获取在线信息的过程中存在方法上的限制。2019 年阿弗罗迪塔（Afrodita）等研究了女性对一种假设的不熟悉的乳腺癌（乳头疹）改变的症状归因和在线健康信息查询活动，通过对 56 名无癌女性（平均年龄60.34 岁）进行在线调查及嵌入的在线跟踪工具，用来实时捕捉参与者的搜索词和访问的网站。跟踪工具捕获了大部分参与者的搜索词和访问网站（46/56，82%），其余的参与者（10/56，18%），有证据表明他们参与了在线信息搜索（如医学术语和 T2 癌症归因），尽管他们的搜索活动没有被记录。研究结果表明，在线信息搜索未必有助于不熟悉乳腺癌症状的女性来了解自己的身体情况。尽管存在一些技术问题，但这项研究表明，使用在线浏览器跟踪工具来实时捕获有关不熟悉症状的信息是可行的。

2017 年格拉菲尼亚（Graffigna）通过研究患者参与医疗与在线健康信息寻求行为的关系，探讨影响患者在线健康信息寻求行为的变量。该研究对意大利慢性病患者（$N=352$）的在线健康信息寻求行为和患者参与相关变量进行横断面调查，通过结构方程建模分析验证了该假设。该研究显示医护人员支持慢性病患者自主性的能力如何影响患者参与医疗及患者在线健康信息寻求行为。然而，研究结果并不能证实患者在线健康信息寻求行为的频率对其遵守医嘱有影响。为了提高患者在线健康信息寻求行为的有效性，并提高该领域技术干预措施的有效性，医疗保健提供者应加强评估和改善患者在其医疗保健中的参与度和患者授权。重要的是，卫生专业人员承认患者的在线健康信息寻求行为，他们讨论患者提供的信息，并引导他们获得可靠和准确的网络资源。

2017 年吉布森（Gibson）等探讨以地方为基础的方法研究资讯实务的意义，并探讨影响残疾人士父母在地方社区寻求信息和分享信息的因素。以 35 位残疾人士父母的定性数据为样本，提出了一个基于信息视阈理论的信息源偏好空间模型，讨论了该模型对未来信息寻求和地点相关研究的启示，提出了关于当地信息需求的与地点有关的实质性结论，包括讨论作为信息寻求系统的本地上层网络。

2017 年梅西（Massey）等研究美国出生人口和外国出生人口在寻求健康信息方面的差异。采用 2008—2014 年美国健康信息全国趋势调查的数据

（N = 15 249），采用双变量分析、logistic 回归和预测概率对健康信息寻求和健康信息来源进行检验。调查结果显示，59.3% 的西班牙裔外国出生人口报告寻求健康信息，少于样本中的其他种族/族裔群体。与非西班牙裔白人相比，非西班牙裔黑人（OR = 0.62）和西班牙裔外国出生的人（OR = 0.31）最不可能使用互联网作为健康信息的第一来源。语言偏好的调整解释了西班牙裔外国出生人口和白人在寻求健康信息方面的差异；喜欢西班牙语的受访者使用互联网作为健康信息第一来源的概率比喜欢英语的受访者高0.25。为了更好地服务于不同种族和少数民族人口，卫生保健系统、卫生保健提供者和公共卫生专业人员必须提供具有文化能力的卫生信息资源，以加强弱势群体的获取和使用，确保所有人口都能从数字时代不断变化的卫生信息来源中受益。

根据图 1-1 及其子图 b（图 1-3）所示，该部分以信息寻求管理为主要研究领域，着重探讨信息寻求的信任、影响、决策、信息需求等多个管理维度。

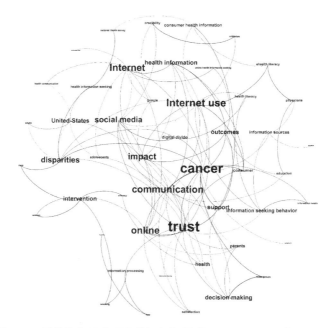

图 1-3　国外信息寻求研究共词知识图谱（2007—2019 年）子图 b

2019 年高蒂尔（Gauthier）等探讨了护理人员在养老院工作时的信息寻求模式。在护理专业人员的指导和监督下，护理助理为疗养院居民提供了绝大多数的直接护理。因此了解这些护理助理人员的信息寻求模式（如何寻求信息、为什么、何时何地寻求信息来履行职责），对于管理者、决策者和利益相关者至关重要。通过对加拿大三所养老院的 8 名护理助理进行半结构式访谈，经过主题分析的方法发现五种显著的信息寻求模式。护理助理出于个人和工作的原因积极寻求信息，包括希望避免错误，为今后的工作做好身心上的准备。他们根据语言表述信息来描述，并利用个人时间（工作前/工作后）来寻找他们需要的信息。由于时间限制，他们依赖已建立的模式，最多一天访问一次在线信息，并首选纸质来源。根据上述研究提出了对于护理管理的建议：加强护理助理沟通技能的计划，强调寻求信息的重要性和必要性。当护理助理启动信息寻求改善护理时，团队中的其他人应该认识到并尊重这一点。

2019 年有学者（Wieldraaijer）等对荷兰结直肠癌患者的信息需求和信息寻求行为进行了研究，认为患者在癌症护理中的充分信息告知至关重要。在一项前瞻性研究中，在 6 个月内三次连续调查参与专科医院随访项目的患者，以分析他们的信息需求和信息寻求行为。调查结果发现患者（$N = 259$）对自己的治疗（86%）、疾病（84%）和随访计划（80%）有很好的了解，但对未来的期望（49%）、营养（43%）、推荐的体力活动（42%）和癌症遗传（40%）了解较少。在术后的前五年里，对这些受试者更多信息的需求一直保持不变。年轻的病人、接受过化疗的病人或者有共同疾病的病人，需要更多的关于几个主题的信息。1/3 的患者在互联网上自己搜索信息。每四个病人中就有一个向医疗机构咨询信息，其中大部分是他们的全科医生。更年轻、受教育程度更高的患者会经常自己搜索信息，而接受化疗的患者更愿意经常咨询医院护士。随着时间的推移，患者寻求信息的行为保持不变。这项研究表明，当前的信息提供在哪些方面被认为是充分的，哪些方面可以改进。它确定了信息寻求行为，并提出了个性化信息提供的方法。

2019 年索（So）等认为接触到风险信息会激发健康信息的寻求，从而影响信息接受和拒绝行为。然而以往有关风险信息设计和效果的理论（例如，恐惧诉求模型）并未将信息寻求视为风险信息处理的一个组成部分。为了弥补这一缺憾，此研究采取的实验性研究（$N = 927$）为参与者提供了一个机会，让他们在接触脑膜炎的风险信息后，在网上寻找与疾病隐患相关的信息，并默默地记录他们的信息寻求活动。结果表明，信息寻求提高了脑膜炎疫苗接种的自我反应效率。信息寻求通过不确定性差异、感知易感性、焦虑和恐惧被积极预测。更重要的是，信息寻求完全调节了感知易感性及焦虑对自我和响应效能的增加的影响，以及信息拒绝的减少。信息寻求也部分地调节了感知易感性和恐惧对信息接受增加的影响。

2019年巴拉巴尼斯（Balabanis）等研究了后现代的博客对消费者行为和感知的影响。由于当前研究从不同的理论视角来看待博主影响力现象，Balabanis等融合信息行为与传播理论，根据博客作者的特点、博客内容、信息寻求者的动机和目标，提出了一个新的概念框架。在该模型中，信息寻求者的目标和问题的参与不仅是博客选择的重要驱动因素，也是博客影响力的决定因素。该框架在美国美容博客用户样本中进行了实证检验。结果证实了假设的关系。确定了三种类型的博客访问，并考察了它们的影响及其使博客具有影响力的属性。

根据图1-1及其子图c（1-4），可以看出本部分以不同主体的信息寻求行为及信息来源研究为主，如搜索与检索、获取、感知、模式、情境、知识与信息、任务复杂性、主体（如技术人员、科学家、学生）等。

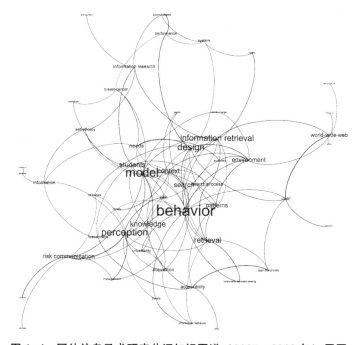

图1-4　国外信息寻求研究共词知识图谱（2007—2019年）子图c

由于对维修技术人员信息搜寻行为的研究非常有限，2018 年伦丁
（Lundin）等从研究维修技术人员和工程师的共同特点出发，根据工程师的
信息寻求特征（在咨询外部信息源之前，倾向于依赖公司内部的信息，如
同事和自创的信息源），采用人种学研究方法，从理论角度收集、分析和解
释经验数据，综合了比斯特龙（Bystrom）和汉森（Hansen）的概念框架和
系统的活动结构理论。在瑞典的一家维修中心，7 名内部售后维修技术人员
在对停用的机器执行维修任务时，通过参与者观察进行了观察。根据 2012
年秋季的数据，观察到的维修技师有 50 种不同类型的信息需求，而且根据
任务复杂性的不同而选择不同的信息寻求方式。他们很少寻求包括整个工
作任务的说明书，而是求助自己的同事、模仿人工制品及观察一些自然现
象等来寻求信息，这些成为满足他们信息需求的主要信息来源。

人们通常在包含一系列不同协作环境和工作实践环境中进行信息处理
和工作。虽然技术的特点和工作任务的特点需要合作和协同处理过程，但
是工作任务往往被认为是个体活动，因此技术一般被认为是个体信息管理
和决策行为。2017 年汉森等针对以往个体信息管理和决策行为的不完善之
处，基于信息文化（IC）和协同信息寻求（CIS）理论研究，提出了融合环
境（文化）和协同信息行为的综合框架。这种框架将不仅有助于研究信息
检索、信息组织及信息管理的方法，而且对如何将信息作为协作环境中的
有用资源也起到一定的启示作用。它为组织中的信息使用和实践提供了一
个更全面的视角，在这些组织中，文化、协作和意识尤其受到普遍关注，
以实现组织中的有效信息管理。

2018 年阿尔斯塔德（Alstad）等以挪威地理研究所的地理科学家们为样
本，研究了科学家们的信息寻求行为，以揭示科学家利用不同信息来源的
频率及信息来源的模式对于平衡信息来源的质量感知及易用性。地理科学
家主要依赖网络和同事进行信息寻求。与文献数据库相比，这两种信息来
源被认为是最易于利用的，而文献数据库与咨询同事相比，之所以利用率
较低，主要是因为使用者认为其会产生相对低质量的咨询结果。而利用网
络或者咨询同事进行有关新主题的信息寻求，主要原因在于这些信息源利
用起来相对更加便利。相反，最终所寻求的信息质量并不取决于与信息源
接触的频次，花费更多时间从网络进行信息搜寻的地理科学家，往往更加

疑惑从同事那里获取信息的质量，因而会阅读更多的期刊论文和会议论文。

2018 年萨沃莱宁（Savolainen）等通过回顾信息搜索与检索（IS & R）环境下的信息交互方法，阐明信息行为研究的概念问题。采用概念分析法，基于贝尔金（Belkin）、英格沃森（Ingwersen）和贾维林（Jarvelin）提出的四个交互式信息系统与研究的早期研究模型，揭示了信息交互模型的主要特征是三方情境，即通过访问信息系统、中介/接口和用户来识别信息资源。该模型融合了上述学者的早期研究，会话是信息交互的基本构成要素，诸如贝尔金和英格沃森提出的早期模型侧重于用户–中间交互中的对话，而英格沃森和贾维林提出的框架则更多地关注用户–信息系统交互的对话。虽然该研究的基础是涌现于 1984—2005 年的四个信息交互模型，但仍无法从整体上概括信息交互现象，尤其无法充分揭示网络化信息环境中信息交互的具体特征。该研究的创新研究价值在于采用深入分析的方法，探讨了研究者们对信息搜寻和检索情境中交互现象的概念模型，上述深入分析方法有助于信息行为研究概念的进一步扩展和精化。

根据图 1-1 及其子图 d（1-5），本部分以信息寻求过程中的相关影响因素研究为主导，即信息寻求主体所获取的知识、信息对主体态度和行为模式的影响。

2019 年克拉克（Clarke）等以 182 个早孕和晚期妊娠的孕妇样本，通过测量怀孕期间疫苗接种的信心和风险感知变量，研究了怀孕期间接种疫苗态度与疫苗信息寻求行为之间的相互作用。在妊娠早期记录决策冲突和接种意愿的其他变量，而在妊娠晚期记录疫苗信息寻求行为和疫苗摄取。在研究过程中发现，88.8% 的被调查者表示在怀孕期间寻求更多有关百日咳疫苗的信息。与怀孕期间接种百日咳疫苗的副作用风险相比，那些对接种百日咳疫苗的信心较低和认为患百日咳疾病风险较高的孕妇会花更多的时间寻求有关百日咳疫苗的信息。在整个怀孕期间，妇女对怀孕期间接种疫苗相关风险的认识发生了显著变化，与怀孕期间接种疫苗的副作用风险相比，妇女对百日咳疾病风险的感知更强。研究发现在怀孕早期接种疫苗的意愿，将在一定程度上影响怀孕妇女所寻求的疫苗信息是否决定其接种疫苗行为。

失业、就业不足和准备不足等问题引起了人们对大学如何帮助学生做好研究生就业准备的关注，但很少有人讨论学生在这一过程中的角色。2019

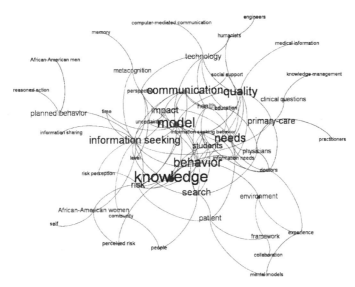

图 1-5 国外信息寻求研究共词知识图谱（2007—2019）子图 d

年费瑟斯顿（Fetherston）认为大学生在预期社会化过程中发挥着积极的作用，并以信息寻求综合模型（CMIS）为框架，考察了大学生通过互联网寻求职业信息的影响因素。研究结果表明，网络体验对参与者的网络自我效能感、对信息源质量的感知、对信息源有用性的感知和信息寻求意图的影响最大。研究结果表明信息综合模型不仅可以应用在健康信息寻求领域，还可为信息寻求的可行框架提供理论支持，并为今后的职业信息寻求研究提供了多种实际应用启示。

三、基于科学知识图谱的国内研究现状分析

首先，基于共词分析矩阵建立国内信息寻求研究领域的关键词共现矩阵，见表 1-2。

表 1-2 国内信息寻求研究共词矩阵（部分）

	信息行为模型	信息检索	信息抽取	网络信息搜寻	信息组织	O2O 服务模式
信息行为模型	0	0	0	0	0	0
信息检索	0	0	0.707107	0	0.707107	0
信息抽取	0	0.707107	0	0	0	0
网络信息搜寻	0	0	0	0	0	0

| 信息组织 | 0 | 0.707107 | 0 | 0 | 0 | 0 |
| O2O 服务模式 | 0 | 0 | 0 | 0 | 0 | 0 |

然后，利用 Gephi 软件绘制科学知识图谱，构建最大连通子图，其后进行 K-core 分析，最终的可视化结果如图 1-6 所示。

基于图 1-6 所示的共词知识图谱，可以发现国内信息寻求研究的主要维度是以"信息搜寻""信息搜寻行为""搜索引擎"等所表征的基础理论、主体行为及信息寻求网络技术研究三个研究范畴。根据图 1-6 所示的三个研究范畴，抽取以"信息搜寻""信息搜寻行为""搜索引擎"三个节点为中心的个体网络，并进行 K-core 分析，离析三个范畴的核心结构，如图 1-7 至图 1-9 所示。

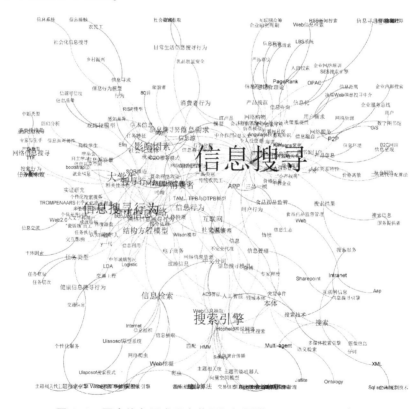

图 1-6　国内信息寻求研究共词知识图谱（2007—2019 年）

1. 以"信息搜寻"为核心的基础理论研究维度

从图 1-7 可以看出,以"信息搜寻"为核心的基础理论研究维度主要依托于新媒体的主体信息搜寻行为模式及模型研究等。

"后微博时代"下在线信息搜索行为发生变化,人们信息获取渠道发展呈现多元化趋势。为了实现正向引导及国家政策信息宣传,自 2009 年之后,各地区政府都认证了自身的微博官方账号,公布各项政策决策及建设方针,利用微博的影响力正确引导舆论及强化政务推行。由于社交媒体的强烈影响,政府在网络中的行为,以用户主体的信息搜索行为为主,针对政府社交媒体采纳策略实现政府微博信息质量的提升,改变单一的政府社交媒体应用现象,从数量增长及覆盖范围拓展到信息搜索行为及阅读质量等,实现信息公开与民众互动及舆论正确引导的效果。2019 年程子轩对政府微博信息搜索行为模式开展了研究,针对各项网络矛盾及时事新闻热点,利用社交媒体顺应需求,以社会公众为中心实现用于共享信息过程及公共服务质量的强化。

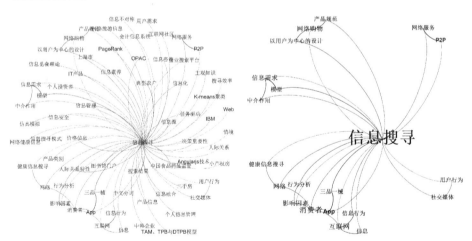

图 1-7 以"信息搜寻"为核心的基础理论研究维度

2019 年曹芬芳等考察学术搜索引擎环境下适应性学术信息搜寻行为的影响因素,旨在为优化学术信息搜寻效率和效果提供新思路。首先,从认知转变和学术自我效能视角出发构建研究模型。其次,通过在线问卷搜集有效数据 295 份。最后,采用结构方程建模方法对假设模型进行验证。研究结果发现,除信息-任务不匹配外,学术自我效能、社会影响、新任务等潜在变量均对适应性学术信息搜寻行为产生积极影响。

2019年丁依霞以RISP（Risk Information Seeking and Processing，RISP）模型为基本分析框架，采用问卷调查的方法对公众食品风险信息寻求行为进行了实证研究，探讨了公众对媒介的信任、信息寻求动机及信息寻求能力等对信息寻求行为的影响。研究结果显示，虽然公众对传统媒体的信任程度最高，但对食品风险信息寻求更倾向于利用网络媒体和社交媒体。媒介信任、信息寻求动机及信息寻求能力对信息寻求行为均具有正向影响。其中，个体的信息寻求动机是最主要的影响因素。

2019年赵栋祥等基于现象学视角，通过对整个信息环境的考察，研究了中国城市老年人的健康信息搜寻行为，采用半结构化访谈的方式收集老年人关于健康信息搜寻经历的描述信息及有关信息搜寻经历的体验诠释，并从样本群体的健康信息搜寻的潜在含义、基本模式、来源偏好、困难阻碍和网络环境下的健康信息搜寻这五个方面展开质性分析。研究发现，老年人认为健康信息搜寻的意义主要在于疾病防控、享受生活、关爱家人和减轻子女负担，生活世界和健康责任是重要因素；多数老年人采用积极主动和前瞻能动等两种基本的健康信息搜寻行为模式，但这两种模式不是分列的，而更多的是并行的范式；信息搜寻的来源呈现多元化态势，老年人所采用的媒介形式主要为电视节目、网络媒介、纸质媒体及人际交流网络，其中对医疗机构、医学从业人员及权威电视节目更为信任；老年人健康信息搜寻的障碍主要体现为自身因素和社会支持因素；虽然目前老年人信息搜寻的主要渠道不是网络，但是网络信息搜寻日趋重要。

2016年卢章平等在对以往用户行为理论进行总结的基础上，从研究背景、立足角度、针对对象、主要特点和研究方法五个维度对三大经典信息搜索过程模型进行比较分析，并提出了新的信息搜索"三阶段"过程模型，采用Morae可用性测试软件设计情境展开实验，生成针对不同任务的搜索过程。该研究可为信息用户提供高效而准确地从海量信息中获取所需信息的科学而普适的方法。

2. 以"信息搜寻行为"为核心的主体行为研究维度

依据图1-8，以"信息搜寻行为"为核心的主体行为研究维度主要包括各类主体（大学生、老年人），依托于信息寻求平台（搜索引擎）的信息挖掘（任务类型）、信息搜寻的影响因素等。

2016 年孙丽等等通过实验方法研究了特定任务执行者的网络信息搜寻行为影响因素。此项研究中，其研究团队共邀请 101 名对象参加实验研究，并通过调查问卷获得任务执行者特征数据，通过客户端日志获得网络信息搜寻行为数据，利用统计学方法对数据进行分析。研究发现任务执行者的认知需求对所有 SERPs 停留总时间、页面停留总时间有重要影响；已有知识对所有 SERPs 总数量、唯一页面第一次停留平均时间有重要影响；文化程度对页面停留平均时间有重要影响；性别和认知风格对信息搜寻行为变量不具重要影响。该研究通过揭示任务执行者特征对网络信息搜寻行为的影响，为网络环境下个性化服务提供科学依据。

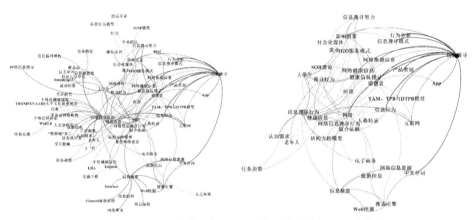

图 1-8 以"信息搜寻行为"为核心的主体行为研究维度

2019 年张云秋等选取 NEO-FFI 量表对用户的人格特质进行划分，通过用户实验获取不同人格特质分组受试者的网络健康信息搜索行为各项指标，运用统计分析法对数据进行定性和定量的分析，旨在探讨用户人格特质与网络健康信息搜索行为之间的关系。发现人格特质对用户网络健康信息搜索行为完成时间、搜索策略、目标页面操作、搜索工具使用等方面均有一定影响。并且，外倾性典型高分组和尽责性典型高分组用户在处理不同类型任务时的任务完成时间有差别。

2019 年刘萍等采用实验法针对大学生用户设置真实的自主学习任务，通过日志分析探寻用户的信息搜寻行为模式特征，并比较不同信息搜寻行为所导致的学习效果。结果表明，在自主学习情境下，用户的主要信息搜寻行为特征为：①信息源选择单一；②检索式重构次数少；③较少浏览和下载排名靠后的检索结果。此外，不同搜寻模式下学习效果具有差异。该研究不仅丰富了信息搜寻行为的研究情境，而且对学生、教师和系统设计者等都具有一定的实践意义和实践启示。

2018年顾梦星等对社区老年人利用新媒体进行健康信息搜寻的行为现状及影响因素进行了实证研究。采用一般资料问卷、老年人新媒体健康信息搜寻行为问卷等对316例老年人进行调查发现，利用新媒体健康信息搜寻行为者的比例较小（仅占5.4%）；logistic回归分析显示，年龄（70）组（$OR=0.209$，$P=0.020$）及教育程度（$OR=2.982$，$P=0.000$）进入老年人新媒体健康信息搜寻行为的回归方程。结论是社区老年人新媒体健康信息搜寻行为率较低，影响新媒体健康信息搜寻行为的主要因素是年龄、教育程度等人口学基本特征。

虽然已经有学者对社会化问答用户信息搜寻的影响因素进行研究，但是目前研究还未探究影响因素间的搭配组合对信息搜寻的影响。2018年陈晓宇等从混合方法的视角出发，在回归分析方法的基础上借助定性比较分析法（qualitative comparative analysis，QCA）来深化对用户特征因素和激励因素之间搭配组合产生影响的认识。通过回顾先前关于网络用户信息搜寻行为影响因素的研究，指出可以采用QCA来尝试解决存在的研究局限，并以社会化问答用户信息搜寻为实例，运用回归分析方法和QCA方法分析社会化问答社区用户信息搜寻行为的影响因素、比较和总结这两种方法得到的结果。研究表明，回归分析有助于研究者发现哪些因素会对网络用户的信息搜寻行为产生显著影响，而QCA方法有助于研究者发现这些影响因素如何组合搭配来产生影响作用。

3. 以"搜索引擎"为核心的信息寻求技术研究维度

依据图1-9，以"搜索引擎"为核心的信息寻求技术研究维度主要探讨的是面向实践应用的信息检索技术和算法优化研究。

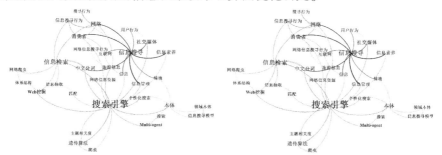

图1-9　以"搜索引擎"为核心的信息寻求技术研究维度

针对传统搜索引擎检索结果数量庞大、专业性差等问题，2016 年王恬等以农业垂直搜索引擎为例，构建了农业信息搜索可视化服务平台。提出基于改进的 K-means 层次聚类算法对农业文献数据进行抽取和领域概念关联分析，并采用可视化模型为用户提供图形化的结果显示方式，实现可视化信息的交互控制，以优化检索过程。通过实验测试，改进的 K-means 层次聚类算法优化了领域概念的聚类效果和耗时，能够满足用户检索的专业需求。2017 年张浩以房源租赁为具体的应用领域，根据垂直搜索引擎的基本工作原理，融合 Scrapy 爬虫框架、BeautifulSoup 解析库、朴素贝叶斯分类器、高德 API 等开发工具，开发了房屋租赁信息搜索系统。针对系统的各项功能，完成了对系统的可行性和可用性验证，经过开发验证，系统不仅能够完成 58 同城、链家等网站租房版块房源信息的定时获取，而且可以通过数据抽取模块实现动态的数据来源调整，最终向用户提供有效的数据筛选服务，实现整合检索分散的房屋租赁信息。

随着计算机技术和网络技术的飞速发展，数字化信息量的急剧膨胀，利用搜索引擎获取精确高效的信息成为重要的信息寻求课题。人们可以通过网络获得丰富的信息资源。但由于网络信息资源存在无组织、结构复杂、动态变化等复杂特点，难以满足个性化的检索需求。使用概念格技术对 Web 学术信息搜索结果进行再处理，通过提取结果文献集的特征词，以检出的文献为对象，以经过分类后能高度概括文献集内容的特征词集作为属性集，建立"搜索结果"概念格，以此实现检索结果的聚类表达，帮助用户进一步获得检索目标。2012 年宋绍成等针对 Web 学术信息搜索结果的无序性和纷杂性，提出一种遍历搜索结果概念格检索算法，将检索用户第一次检出的学术信息组织和聚类并形成 Hasse 图，以此为基础进行二次检索，在搜索结果数目过于庞大的情况下帮助用户缩小查找范围，更准确地检索出所需内容。2014 年周奇峰通过介绍个性化服务和 Agent 的概念和特点，提出基于 Agent 的个性化信息搜索引擎框架模型，并分析了实现该系统的关键技术等。

2014 年张小琴为提高大数据环境下主题信息搜索的准确率和查全率，提出了将贝叶斯推理与遗传算法相结合的搜索策略。利用贝叶斯推理对文档的主题相关度进行了计算，并结合遗传算法对搜索过程进行启发式引导，同时引入差异度参数，在 Heritrix 框架基础上，利用集成开发环境 Eclipse

3.3实现了相应功能。实验结果表明，改进搜索策略的系统抓取主题页面所占比例与原系统相比有较大提高。

随着语义网的发展，用户对医疗文档的语义分析要求逐渐提升，但是目前搜索引擎的主流技术原理依然是关键词匹配检索，即使能够保障和提升查全率，但是返回检索结果的质量难以满足查准率和检索效率的相应要求。在医学领域，由于本体具有概念表述和逻辑推理等语义识别分析能力，尤其在诸如搜索引擎等信息检索体系中，可以应用本体基于关键词匹配检索转化为语义检索，进而深入挖掘医疗文本的语义信息，实现搜索引擎精细化的语义检索结果。2017年亢阳阳基于医疗本体检索技术，提出了适合医疗领域信息检索的重排序检索方法，同时设计并实现了一套专用于医学领域的搜索引擎系统，通过概念识别和语义扩展分析有效地探索用户真实查询意图，提出语义重排序方法，使检索结果更符合用户需求，通过系统的文本分析模块、索引模块和检索模块来提升信息检索的查全率和查准率。语义分析式医学搜索引擎系统能够全面深入挖掘出用户潜在的搜索意图及文本信息内容，优化查准率，因此将语义分析应用于医疗信息检索领域具有其可行性和重要性。

四、国内外信息寻求研究现状述评

综上所述，国内外有关信息寻求研究成果主要集中于信息寻求行为及其影响因素，主体信息寻求的情境主要局限依托于信息技术或互联网的信息寻求，而对进城务工人员信息寻求及其社会网络信息寻求的探讨相对较少，全息而充实的有关进城务工人员信息寻求研究更是鲜见，进城务工人员社会网络信息寻求的动力基础在于其信息需求，而其社会网络信息生态链及其信息传播是进城务工人员信息寻求的场域情境，上述三个维度的研究为进城务工人员社会网络信息寻求机理研究及影响因素实证研究奠定了理论基础，现有研究并没有对上述内容做出系统的阐释。

针对上述研究缺憾，本书以城镇化为背景，以进城务工人员社会网络信息寻求为主要的研究客体，全面剖析进城务工人员社会网络信息寻求的相关理论、阐释进城务工人员社会网络信息寻求机理以及影响因素、评价进城务工人员信息寻求网站，提出进城务工人员社会网络信息寻求的优化策略。

第三节　研究内容框架与研究方法及技术路线

一、研究内容框架

进城务工人员社会网络是指进城务工人员与进城务工人员或进城务工人员与社会其他成员彼此形成的关系模式，它将个体与个体连接起来，形成一个社会群体。在这种社会网络中，进城务工人员主体通过错综复杂的社会关系来获取信息、分享信息资源。

进城务工人员社会网络不仅是影响进城务工人员个体思想和行为的重要社会情境，而且从其所在社会网络中进行信息寻求能够令其获取亲近感、安全感和主观幸福感，对于维护和巩固社会秩序、促进社会稳定发展、可持续推进城镇化建设奠定重要基础。因此本书将进城务工人员社会网络信息寻求作为主要的研究内容，具体研究内容如下。

1. 绪论

本章从理论和实践两个角度论证本书的研究背景和问题，在此基础上，阐明研究的目的与意义，然后以科学知识图谱为主要的分析框架对书中所涉及的主要研究主题的国内外研究现状予以总结、分析与评价，并对本书的研究内容框架、研究方法及创新之处等进行说明。

2. 城镇化背景下进城务工人员社会网络及其信息寻求相关问题

本章在剖析进城务工人员产生的时代背景基础上，分析了进城务工人员社会网络及其信息寻求的内涵与特征，阐释了社会网络与进城务工人员信息寻求的相互作用因素，论述了构建积极正向的进城务工人员社会网络的意义，详细阐述了进城务工人员社会网络信息寻求的相关理论基础。

3. 进城务工人员信息需求分析

本章在信息需求层次理论、马斯洛需求层次理论及泰勒信息需求模型这三种理论深入分析进城务工人员信息需求的基础上，从个体特征、流动特征、信息环境和信息成本四个维度分析进城务工人员信息寻求的影响因素，调查了进城务工人员信息需求的现状与特点，并在上述研究基础上，分析了社会学视域下的进城务工人员社会网络信息需求。

4. 进城务工人员社会网络信息生态链

本章在论述进城务工人员社会网络信息生态链内涵与特征的基础上，分析了进城务工人员社会网络信息生态链的构成要素、结构特征，构建了进城务工人员社会网络信息生态链的结构模型，论述了进城务工人员社会网络信息生态链信息流转的内在动力与外在动力。

5. 进城务工人员社会网络信息传播

本章通过剖析进城务工人员社会网络与信息传播的关系，分析进城务工人员社会网络信息传播的主体、客体及传播模式，归纳总结并深入论述进城务工人员社会网络信息传播的特点、影响因素和时延问题。

6. 进城务工人员社会网络信息寻求机理

本章基于上述章节研究，以信息共生系统为理论分析框架，在分析进城务工人员社会网络信息寻求机理概念体系（信息寻求的内涵与特征）的基础上，阐述进城务工人员社会网络信息寻求共生系统的内涵与构成要素，进而深入研究基于进城务工人员社会网络信息寻求共生系统的运行过程与存续规则，为后续信息寻求影响因素、进城务工人员信息寻求网站及优化策略的研究提供理论观点和思想基础。

7. 基于扎根理论的进城务工人员社会网络信息寻求影响因素分析

本章基于扎根理论及研究背景和相应的理论依据，通过资料收集、访谈设计、研究内容分析及结果分析等步骤，从个体因素、客体因素、环境因素及各自的交互作用等维度研究了进城务工人员社会网络信息寻求的影响因素。

8. 进城务工人员信息寻求网站影响力评价

本章基于层次分析和模糊综合评价等方法，通过构建进城务工人员信息寻求网站评价指标体系及进城务工人员信息寻求网站模糊综合评价模型，经过实证调研方法，测算评价指标权重，采用层次分析进行综合评价。

9. 进城务工人员社会网络信息寻求的优化策略

本章融合上述研究，从宏观层面的政策和社会支持、中观层面的群体信用机制和群体心理契约及微观层面的个体内在动机和外在帮扶三个维度提出了进城务工人员社会网络信息寻求的优化策略。

二、研究方法

1. 文献调研方法

通过查阅中外文研究文献，对国内外相关文献进行梳理、归纳、分析及总结了国内外信息寻求的研究现状，发现现有信息寻求研究领域有关进城务工人员社会网络信息寻求研究仍然存在可观的研究空间。本书在研究和学习现有理论研究优势的基础上，揭示相关内容和相关理论研究的不足，丰富本书的理论基础。

2. 社会网络分析方法

社会网络分析方法认为每个行动者都不是孤立地存在于社会中的，而是嵌入在各种社会关系网络中。进城务工人员作为城镇化建设中的重要存在群体，是连接乡村与城市的重要关系纽带，其社会网络更是体现了这个群体内部的复杂关联。运用社会网络分析的具体方法和技术可以构建进城务工人员社会网络中各个主体之间的关系模型，对表达这种关系模型的社会网络数据做出恰当的解释，说明社会网络中的各个主体之间的关系属性与结构。从研究对象的角度看，社会网络分析的基本分析单位不是网络中的具体进城务工人员，而是进城务工人员个体之间的信息资源流动关系或信息寻求依赖关系，这些关系构成了进城务工人员社会网络的结构，并且认为进城务工人员个体之间的关系可以作为"外在变量"对其信息寻求活动产生一定的影响。

3. 系统分析方法

本书在对城镇化背景下进城务工人员社会网络及其信息寻求相关概念进行阐释的基础上，对进城务工人员社会网络信息需求、进城务工人员社会网络信息生态链、进城务工人员社会网络信息传播、进城务工人员社会网络信息寻求机理、影响因素、进城务工人员信息寻求网站评价及进城务工人员社会网络信息寻求优化策略等维度进行了系统分析。

4. 定量和定性分析法

除了定性分析和研究相关概念、进城务工人员社会网络信息需求、进城务工人员社会网络信息生态链、进城务工人员社会网络信息传播等基本理论外，还采用扎根调研、问卷调研、模糊层次分析等定量方法研究了进城务工人员社会网络信息寻求的影响因素和进城务工人员信息寻求网站的评价研究。

三、研究技术路线

本书采用提出问题、分析问题和解决问题的研究思路，按照"背景分析与现状研判→基础理论阐释→模型构建→实证分析→优化策略"的步骤进行研究。在研判国内外进城务工人员信息寻求研究现状及阐释进城务工人员相关概念内涵的基础上，论述进城务工人员信息需求、进城务工人员社会网络信息生态链及信息传播，探讨进城务工人员社会网络信息寻求机理，实证进城务工人员社会网络信息寻求影响因素，评价进城务工人员信息寻求网站影响力，提出进城务工人员社会网络信息寻求的优化策略。研究技术路线如图1-10所示。

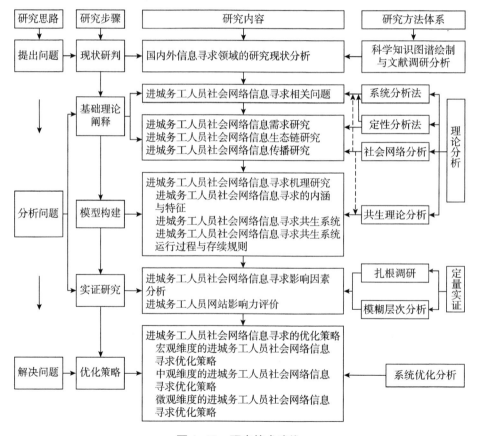

图 1-10　研究技术路线

第四节 研究创新之处

一、研究思想的创新之处

广大的进城务工人员群体在推进社会经济发展中发挥着越来越重要的作用，进城务工人员已成为我国产业工人的主体，是推动国家现代化建设的重要力量，为经济社会发展作出了巨大贡献。而他们与城市市民的融入程度及和谐程度是我国城镇化成败的重要标志之一。

以往对进城务工人员信息寻求方面的研究多侧重于进城务工人员被动地接受图书馆等信息服务机构提供的服务，对进城务工人员主动进行信息寻求研究不足。本书的创新思想在于引入社会网络的分析视域，探讨城镇化背景下进城务工人员信息寻求的相关问题。在系统分析进城务工人员信息需求特征和进城务工人员社会网络信息传播的基础上，明确划分进城务工人员在信息寻求中所扮演的角色，深入调查进城务工人员信息寻求的影响因素，并采用实证研究方法对影响因素进行系统研究，最后从多个维度提出进城务工人员信息寻求的优化策略。

二、研究观点的创新之处

进城务工人员一直被认为是信息能力弱势群体之一，以往研究主要将进城务工人员看作一种孤立的社会存在，似乎与他们所投入建设力量的城市生活关联甚少，而且将进城务工人员置于被动的需要帮助的社会境地来研究，而没有将进城务工人员看作积极主动的社会实体来研究。

本书以社会网络理论中的社会嵌入观点为理论依据，将进城务工人员置于整个社会的网络结构中来研究城镇化背景下进城务工人员社会网络信息寻求问题。在分析和调研进城务工人员信息需求特征及其网络信息传播的基础上，对进城务工人员在信息寻求中的多重角色予以划分，调研信息寻求影响因素及揭示进城务工人员信息寻求的现存问题，进而从宏观政策和社会支持、中观群体信用机制和心理契约及微观个体情境等维度提出进城务工人员信息寻求的优化策略。

三、研究方法的创新之处

1. 调查研究方法的创新

进城务工人员普遍文化水平不高，采用传统的问卷调研方法获取的信息难以达到真实的调查效果，所以本书除了传统问卷调查外，还通过大量的访谈来获得第一手资料，然后采用扎根理论方法对所调研资料予以总结，获取进城务工人员信息寻求的现状及信息寻求中存在的各种问题，最后通过制作实际问卷来调查进城务工人员信息寻求的各种影响因素，采用口头访谈的方式辅助进城务工人员填写实际问卷，作为实证研究的数据资料。

2. 理论研究与实证研究方法的创新

从理论意义而言，进城务工人员作为一种社会存在主体，无论从个体层次上还是群体层次上，都或多或少地与其他社会实体存在着一定的联系，这些实体及他们之间的联系构成了社会网络，以社会网络和社会嵌入思想为基本理论依据来研究进城务工人员信息寻求问题，有其理论上的适用性和实践上的应用性，既能体现进城务工人员作为独立社会主体在信息寻求中的主动积极性，又可揭示进城务工人员作为一种特殊的社会存在对其所有社会关系的依赖性。在理论研究的基础上，构建实证调研的设计方案，采用扎根理论调研进城务工人员社会网络信息寻求的影响因素，揭示进城务工人员信息寻求的现存问题，提出进城务工人员社会网络信息寻求优化策略。

第二章

城镇化背景下进城务工人员
社会网络及其信息寻求相关问题

第一节　进城务工人员产生的时代背景

一、进城务工人员的内涵及类型

1. 进城务工人员的内涵

"进城务工人员"一词是对农民工群体称谓随着时代的发展几经更迭演化而来的，主要是指那些户口仍在农村但已完全脱离或基本脱离传统农业生产经营活动，主要以在城镇各类所有制企业打工、经商及从事其他服务行业为生的一类人群。"这一叫法出现于 20 世纪末，通行于当下，是一个正式称谓，主要为官方和媒体使用，民间很少使用。"❶ 进城务工人员在城市和乡村之间流动，不仅具有农民的身份属性，而且具有从事产业劳动的工人身份属性，正是这种"亦农亦工"的双重身份，让进城务工人员成为连接城乡之间发展的纽带和沟通城乡产业均衡的桥梁。据国家相关部门统

---

❶ 张军.社会语言学视角下农民工称谓的嬗变[J].陕西理工大学学报（社会科学版）,2021（2）:48-54.

计，近年来，全国进城务工人员总人数一直保持稳中增长，作为社会的一个特殊群体，进城务工人员数量的迅速膨胀是我国经济持续增长的重要标志，它代表着农村人口在一定程度获得了解放，真正拥有了自主择业和自由选择生活方式的权利。也就是说，即使出生在农村，也可以实现在城市工作和生活，增加经济收益，提升物质生活水平的愿望。

2. 进城务工人员的类型

进城务工人员作为城市里一个数量庞大的群体，它的分类方式有很多种。按照流动性的差异，可将进城务工人员分为三类，即长期在城市里打工，有着比较稳定的居住场所、职业和工资的进城务工人员；农闲时候去城市打工的进城务工人员；长期在城市打工，但没有固定居住场所、职业、工资的进城务工人员。这也是最普遍的分类方法。基于这种分类思想，朱磊等将进城务工人员群体分成四种类型，即两栖群体、移民群体、打工群体、无根群体。❶ 两栖群体是指在城市和乡村的融入程度都比较高的进城务工人员。一方面，他们在城市有着稳定的工作、住所和交际圈；另一方面，他们没有完全脱离乡村，家乡留有房屋和土地，情感和人际关系没有割断，与乡村的亲朋好友保持着紧密的联系。移民群体是指完全脱离乡村，在城市开始了全新生活的进城务工人员。他们放弃了家乡的房屋和土地，与乡村的亲朋好友较少往来，不再介入乡村的活动，而在城市逐渐改变原有的生活习惯、行为方式、思想理念，建立全新的社会网络关系，逐渐实现市民化。打工群体是指身处于城市打工，但仍把家乡当作唯一依附的进城务工人员。他们在城市生活只是为了维持生计、打工赚钱，而一旦空闲或放假，便会回到乡村，思想观念、行为方式、生活习惯等方面都没有发生改变，与家乡亲朋好友关系仍然紧密。无根群体是指在城市和乡村都没有真正融入的一类进城务工人员。由于长时间在城市里生活，他们习惯了城市的生活方式、行为习惯、思想观念，有着融入城市的强烈愿望，但却没有取得城市户口，在城市也没有形成稳定的社会网络。赵晓霞等将进城务工人员群体分为离土离乡和离土不离乡两种类型。❷ 离土离乡是指离开家乡，

---

❶ 朱磊,雷洪.论农民工的分类及其转型[J].社会学评论,2015,3(5):78-87.

❷ 赵晓霞,张广博,高淑桃.我国农村非农产业群体社会保障问题研究[J].农村经济,2003(11):65-67.

在异地工作，从事非农产业的进城务工人员。这一类进城务工人员普遍工作不稳定，流动性较大。离土不离乡是指在本乡本村的乡镇企业或附近城镇企业工作，且居住在农村或小城镇的进城务工人员。他们大多是个体劳动者或个体工商户，有着专门手艺、技术或拥有一定的生产资料等。

按照融入城市的程度，可将进城务工人员分为隔离型、徘徊型和融入型。隔离型进城务工人员在生活方式、思想观念、消费理念等方面仍保持着固有的状态，他们的收入一般较低，与城市居民交流较少，不适应城市的生活。徘徊型进城务工人员在某些方面适应了城市的生活，与城市居民有一定的互动，但在思想或风俗上仍然保持着农村的传统和特色。融入型进城务工人员在行为方式、心理认同等方面都与城市居民相差不大，他们有着稳定的收入，与城市居民保持着良好关系，完全融入了城市的生活中。

按照就业岗位的差异，可将进城务工人员分为建筑业进城务工人员、服务业进城务工人员、制造业进城务工人员、交通运输业进城务工人员等。近年来，由于国内房价增长，房地产及建筑业持续升温，因此人员需求量较大，增加了很多就业机会。目前，从事建筑行业的进城务工人员最多，约占进城务工人员总量的1/3，并且大多数进城务工人员都处于一线岗位，从整体上看，他们文化素养和生活水平较低。随着第三产业的发展，城市商业机构吸引了大量的进城务工人员。服务业多以年龄较小的进城务工人员为主，生产与消费同步进行。由于年轻人更容易接受城市的文化特色与生活方式，因此饮食娱乐消费场所成为青年进城务工人员的第一选择。这类进城务工人员由于在工作中与城市居民交流较多，充分体会到城市的现代化气息和流行文化，因此对城市的认同感较高。

按照对社会认同的主导机制和表现形式不同，进城务工人员可以分为内城外城型（思想理念和行为表现彻底被城市同化）、内农外农型（思想理念和行为表现都保持进城前的状态）、内城外农型（思想理念被城市同化，行为表现仍保持农村生活的状态）、外城内农型（行为表现与城市居民无异，思想理念保持进城前的状态）。正是内隐思想与外显表现的不同，使得进城务工人员群体在城市融入程度和未来的发展方向等方面出现了很大的差异。

以出生年份为分类标准，进城务工人员能够分为两类，即第一代进城务工人员和新生代进城务工人员。通常情况下，第一代进城务工人员是指1980年以前出生的进城务工人员，新生代进城务工人员是指1980年以后出生的进城务工人员。由于出生年代的不同，成长环境、文化水平、生活方式、思想理念等方面都存在着很大的差异。通常来说，第一代进城务工人员就业多以体力劳动为主，生活水平和质量较低，思想理念和消费观念比较传统，与城市居民交流互动不多，因此城市融入程度不高。新生代进城务工人员多从事与服务和技术相关的工作，喜欢接受城市的多元文化和现代化消费观念，乐于接受新鲜事物，建立了丰富的社会关系网络，对城市认同感较高，因此城市融入程度比第一代进城务工人员要高。

二、城镇化背景

"十二五"规划中强调，要以大城市为依托，以中小城市为重点，逐步形成辐射作用大的城市群，促进大中小城市和小城镇协调发展。随着改革开放，中国城镇化发展开始加快进程，1979年城镇化比例为18%。近10年间，中国常住人口城镇化率在突破50%后仍保持快速增长趋势，而且还将延续大规模的乡城迁移流动。"2020年，大陆地区常住人口城镇化率达63.9%，相较于2010年第六次全国人口普查时的49.7%，上升了14.2个百分点"。● 通过数据可以看出，城镇一体化是我国立足于基本国情，解放和发展社会生产力，构建新型社会治理体系的必然趋势，也是我国正在实施的国家发展战略。关注进城务工人员群体，维护他们的合法权益，解决他们的困难和问题，是发展我国城镇一体化的必经之路。在这一背景下，第二、第三产业不断向城镇聚集，城镇规模逐渐扩大，进而大量的农村人口也就从农村向城镇转移，形成了大规模的跨区域流动。在城镇化发展和推进的过程中，社会资源的配置会发生很大的改变，因此进城务工人员的就业问题也会受到城镇化建设的影响。城镇化建设能够扩大人们日常活动的范围，扩大城市规模，增加公共设施的数量。由于这一过程需要大量的劳动力，进而为进城务工人员提供了更多的岗位和就业机会。城市产业结构的转型吸引了大量的农民进城打工，缓解了农民的就业问题。大量的进城务工人员进城打工为我国城镇经济发展作出了重大贡献，但也会使城市压力过大，造成人口聚集的局面。过去，由于城乡二元体制，进城务工人员的文化程度、接受能力、生活方式等方面都与城市居民有着差距，但自从

● 翟振武.新时代高质量发展的人口机遇和挑战——第七次全国人口普查公报解读[EB/OL].[2021-10-17]. https://proapi.jingjiribao.cn/detail.html? id=339961.

新型城镇化的顺利推进，二元户籍制度出现松动，进城务工人员开始走向市民化，这大大消除了进城务工人员与城市居民的差距，使进城务工人员获得更多的就业机会，更好地融入并适应城市生活。

三、社会背景

自从 21 世纪"新型城镇化"战略发展以来，我国经济高速增长，城市劳动力短缺，特别是工作条件较差，需要体力的工作种类，于是大量的进城务工人员涌入城镇，促使我国社会结构从传统的城乡二元结构转变为城镇人群、农村人群和城镇进城务工人员人群"三元"结构。[1] 我国城市处于现代化的发展进程中，它的社会体系、文化特质等都有别于乡村。城市不仅是传统意义上的概念，即一部分人居住和生存的地域，它还代表着一种具有"城市性"的生活态度和思想境界。进城务工人员进城务工时，由于所处的生活环境和担任的社会角色发生了很大的改变，迫使他们在思想理念、生活方式、工作方式等方面都要进行自我调整，来更好地适应城市生活。在短时间内，进城务工人员通常能够适应城市的经济结构和消费方式，然而对于生活方式和思想理念上则需要经过很长一段时间才能够真正地适应。目前，从总体上说，我国进城务工人员对城市的适应程度还停留在较低的层次，只是生存上的适应，还不足以像城市市民一样融入城市的方方面面。近年来，国家制定了户籍政策、社会保障等一系列针对进城务工人员的制度，但进城务工人员仍然没有完全实现市民化，而是逐渐分化，形成了内部具有多个层次的新型社会结构。虽然属于同一社会结构，但隶属于不同层次的群体在思想、观念、社会地位等方面都具有很大的差异。

第二节　进城务工人员社会网络及其信息寻求

一、什么是社会网络

社会网络是西方社会学从 20 世纪 60 年代兴起的一种分析问题视角，它是指社会成员之间通过互动和交流而形成的具有一定稳定性的关系体系。

---

[1]　顾东东,杜海峰,刘茜,李姚军.新型城镇化背景下农民工社会分层与流动现状[J].西北农林科技大学学拓(社会科学版),2016,16(4):69.

社会网络成员之间形成的错综复杂的社会关系，是其中某个或者某些社会成员对整个网络产生支撑和推动作用的影响因子。我国学者张文宏等认为，社会网络是一个相对稳定的体系，它是由个体间的社会关系构成，个体是指个人、组织、机构等，社会关系指人际关系、交流方式、贸易往来等，总的来说，社会网络是以社会结构为基础而发展出来的概念。

法国社会学家皮埃尔·布尔迪厄（Pierre Bourdieu）认为，社会网络实际上是一种社会资本，是社会成员拥有的社会关系并通过这些社会关系获取和利用社会资源的能力，如信任、友谊、亲情、互利互惠等。

社会网络是由许多个节点和连线构成的一种社会结构，节点一般是指各个社会行动者，可以是个人、组织、群落等，连线指的是社会行动者之间的各种社会关系，如血缘关系、朋友关系、上下级关系、合作关系等。这些连线可以是有方向的，也可以是无方向的。经由这些社会关系，把这些个人或组织联系起来。社会网络的分析方法一般分为个体网络分析法和整体网络分析法。个体网络分析法以网络中的个体为主要关注对象，以个体的角度来分析整个社会网络中的复杂社会关系。整体网络分析法以社会网络中个体关系的整体构架为主要研究内容，研究的重点是整体网络结构，分析单位是群体、组织等，不研究社会网络中的个体。近年来，社会网络分析已经被社会大众广泛地运用于社会学和其他相关学科的研究中。目前，社会网络研究受到了国内外学者的广泛关注，它关注节点间的互动，利用量化的语言对网络数据的结构进行描述，从社会关系的角度对问题进行分析，具有客观性。

二、进城务工人员社会网络的内涵及特点

1. 进城务工人员社会网络的内涵

进城务工人员社会网络是指进城务工人员与进城务工人员或进城务工人员与社会其他成员彼此形成的关系模式，它将个体与个体连接起来，形成一个社会群体。这种社会网络包括有形的集体组织和无形的制度体系两个方面。有形的集体组织指的是基于社会网络关系而形成的互动社区、交流团体等各种组织形式，无形的制度体系是基于有形组织基础上衍生出的规则体例。有形的集体组织与无形的制度体系将进城务工人员社会网络成员紧密联系在一起，通过交流互动等方式，成员之间形成错综复杂的社会

关系，从而构成完整的社会网络。对于社会大环境来说，进城务工人员社会网络是众多社会网络中的一种，在很多层面发挥着积极的作用。进城务工人员社会网络不仅可以影响进城务工人员个体的思想和行为，帮助进城务工人员解决问题，使社会网络成员获得安全感和幸福感，而且组织的有效运行还关系到国家的发展方向，维护和巩固社会秩序，促进社会稳定发展。

2. 进城务工人员社会网络的特点

（1）农村网络向城市网络转变

进城务工人员从农村转移至城市，他们的社会网络也随之发生着改变，由传统封闭型社会网络向现代开放型社会网络迁移。农村的社会环境相对是封闭的和落后的，一个村庄的人们在同一块土地上生活、劳作，大家互相都比较熟悉，社交关系局限在一个非常有限的地域和空间内，形成的社会网络比较固定。而相较于农村，我国城市的发展速度快，现代信息技术比较发达，交通、通信等方面的设施比较完备。由于城市有很多外来务工人员，他们来自全国各地，与城市居民的社交突破了地域差异、文化差异等种种限制，因此呈现出多元化、放射性的发展状态。进城务工人员在城市工作和生活，尝试并吸收社会上的多种元素，能够通过与同事和朋友沟通互动拓宽原有封闭的社会网络，建立更多、更丰富的社会关系。因此，随着进城务工人员的社会网络由农村网络转变为城市网络，网络结构和层次都变得更复杂。

（2）阶层趋同性高且异质性低

虽然进城务工人员在城市工作和生活，但是由于社会制度和体系不够完善，加之与城市居民交流较少，大多数进城务工人员没有真正地融入城市的生活中，他们仍然处于城市生活的边缘地带。由于来自同一个地区的进城务工人员具有相同或相似的生活方式、语言习惯、思维认知等，所以往往会喜欢聚集在一起，从而形成了以血缘关系和地缘关系为基础，具有较高趋同性的社会关系网络。大部分进城务工人员比较依赖于这种以血缘和地缘关系为基础的强关系，只有在不得已的情况下，他们才会向基于弱关系的其他社会人群寻求帮助和支持。一般情况下，进城务工人员在城市生活了一段时间后，会出现由于工资、社会地位、工作性质等差异产生的等级分化，从而使社会网络产生异质性。收入、社会地位较高的进城务工人员的生活圈往往会更加宽广，社会交往机会和选择也较多；收入、社会地位较低的进城务工人员的生活圈往往会局限于生活经历相仿的人群圈内。正是这种异质性，使社会网络对其成员重新进行自然选择，差异较大的成员逐渐从这个社会网络中分化出来，重新融入适合自己的其他社会群体。但相较于其他社会群体，进城务工人员群体社会网络的趋同性较高、异质性较低。

（3）社会网络规模小且紧密度高

进城务工人员群体的流动性较大，导致了他们要不断地重新构建新的社会关系网络和社交环境。进城务工人员在流动的过程中，虽然生活环境和工作场所发生了一些变化，但并没有从根本上改变他们以血缘、地缘为基础的社会网络的本质。尽管在很多时候，进城务工人员群体会调整他们的社交区域和社交人群，但他们仍然信任最初建立的基于血缘和地缘为基础的社交网络内的成员。进城务工人员群体形成的新的社会网络往往是以非制度化信任为基础，是以人与人因互动交流而形成的纽带为依托，最终形成的多种复杂的社会关系，因此进城务工人员的社会网络紧密程度非常高。从空间上来看，进城务工人员群体生活空间小、社交范围狭窄，再加之日常工作繁忙，与城市居民交流互动不多，导致他们的社交网络规模较小，无法真正地融入城市的多元化体系中。

3. 进城务工人员社会网络的发展

（1）进城务工人员社会网络的关系愈发多元化

20世纪70年代后期，随着党的十一届三中全会的召开，中国社会政治经济形势发生了巨大变化，进城务工人员集体进城务工。在20世纪80年代中期，我国城市经济改革的热潮开始兴起，企业转制的推进为进城务工人员大量进城务工扫除了制度上的障碍。到1997年，进城务工人员已达到8000万人，到2004年已是1.2亿人，并且逐年递增。❶ 国家统计局2021年4月30日发布的《2020年农民工监测调查报告》显示，2020年全国农民工总量28 560万人。❷

随着时代的发展，进城务工人员群体的规模在不断扩大；随着政策的

---

❶ 张跃进.中国农民工问题解决[M].北京:光明日报出版社,2007:107.

❷ 2020年农民工监测调查报告[EB/OL].http://www.stats.gov.cn/tjsj/zxfb/[2021-04-30][2021-10-16]202104/t20210430_1816933.html.

改变与经济制度的不断转变，进城务工人员群体逐渐成为中国各个城市的重要成员，而进城务工人员在融入城市的过程中，其社会关系网络也在不断发生变迁。

在进城务工人员进城后，随着时间的推移，进城务工人员的社会网络关系不断扩大，社会交往群体也在逐渐增多，他们打破传统单一的以血缘、地缘为主的强关系，以信息交流为主的弱关系也在持续增强，进城务工人员通过这些关系获取社会的支持和帮助，其中，与进城务工人员存在弱关系的群体主要包括政府、企业、组织等。

进城务工人员进城务工使得强关系与弱关系的共同作用更加突出，并在一定程度上扩充了进城务工人员原有的社会资本，在当今这个信息时代，进城务工人员的社会网络关系也扩展到虚拟世界。以网络技术为基础的社会网络信息传播与交互，包括微信、微博、视频分享、在线办公、互动问答等，很大程度上拉近了进城务工人员与社会其他群体之间的距离，进而扩大了进城务工人员的社会网络。

（2）进城务工人员社会网络的结构逐渐扩展

社会网络是指人与人因互动交流而形成的关系网络。在关系网络中，把每个人看作一个点，人与人之间的关系看作线，社会网络就是由这些点与线构成的，其中，特定者的社会网络都是以自我为中心并以自我为出发点向外延伸的。每个进城务工人员个体都遵循着这样的关系结构，与其他个人或是组织相连接起来。

近年来，随着中国的城镇化进程持续推进，越来越多的农村人口进入城镇务工，他们生活和工作地点由农村迁移至城市，因职业和行业的不同逐渐建立了业缘关系，这种关系改变了进城务工人员的社会交往模式，由以传统地域社会为特征的封闭型网络向以现代社会为特征的开放型网络转变，并且呈现出持续向外拓展和增长的趋势。进城务工人员社会网络关系的结构随着社会网络关系的扩大而产生向外扩展的趋势，并且愈渐复杂。

（3）进城务工人员社会网络的信息作用逐渐加强

张文宏在研究经济体制下社会网络对于职业流动的作用时，认为频繁更换工作的人的社会网络大部分由亲人和朋友两种强关系组成，他们的社会网络主要靠人情发挥作用，偶尔会依靠交换信息发挥作用。

田维绪、罗鑫指出在经济社会转型时期，社会网络的作用方式不再依靠以提供人情为主的传统方式，这种突破有效地加强了信息的传递功能，从而有效地拓展和推动了进城务工人员社会网络的变迁，助推中国的城镇化进程。❶

社会网络的作用随着社会网络的发展与变迁也将产生一定的变化，随着社会的发展，进城务工人员群体社会网络的信息作用逐渐增强，即进城务工人员社会网络会随着社会经济的发展及其自身的发展而发生作用和功能上的变化，这种作用上的变化主要体现在信息获取方式的多元化及信息种类的多样化上。

三、进城务工人员社会网络信息寻求的内涵及特点

1. 城务工人员社会网络信息寻求的内涵

进城务工人员社会网络信息寻求是指进城务工人员群体通过社会网络中形成的各种复杂的社会关系来获取信息、分享信息资源的行为过程。

在当今信息时代，进城务工人员群体与社会其他成员一样，对信息有着强烈的需求，如父母的养老政策、儿女的教育问题、家乡建设、户籍制度、就业招聘、政治参与制度、文化娱乐等。然而事实上，由于进城务工人员群体文化水平普遍不高、社会体系制度不完善、缺少电子设备等原因，他们在寻求信息的过程中障碍重重，导致了获取信息不及时或者无法获取到有效的信息。进城务工人员社会网络信息寻求行为是以人作为信息源，能够打破进城务工人员在信息寻求中遇到的一部分困难，通过社会化问答的方式获取有效信息，使得获取信息的行为便捷、高效，因此是进城务工人员信息寻求行为的重要组成部分。

2. 进城务工人员社会网络信息寻求的特点

当今社会正处在一个信息技术和电子科技高速发展的时代。信息资源涉及日常生活的方方面面，与我们每个人的利益息息相关。目前，人们获取信息的主要渠道有手机、计算机、电视、书籍、广播、亲友等，进城务工人员也是如此。虽然新生代进城务工人员能够熟练地运用电子设备，通过互联网或新媒体渠道来获取信息资源，但从总体上来看，由于文化水平、

---

❶ 田维绪,罗鑫.社会网络变迁背景下进城农民工社会资本构建研究——基于 2010 年 CSSC 贵州项目数据[J].广西社会科学,2014(10):138-145.

经济条件、工作环境、思想观念等方面的限制和社会保障制度体系的不够完善，社会网络仍然是进城务工人员群体目前寻求信息资源的主要渠道之一。

（1）个体间的信息寻求行为相互影响

当进城务工人员对某方面信息具有需求时，最方便和最常见的方式就是向社会网络内的其他成员寻求帮助，他们往往会通过形成的各种复杂社会关系，利用口口相传的方式来获取信息资源。这种因信息交流而形成的社会网络符合小世界效应，具有一定的聚类性。也就是说，在同一社会关系网络内的成员在进行信息寻求行为时会呈现相似的趋势。随着交往的深入，个体间的信息行为相互影响，最终社会网络成员的信息获取途径、信息需求类型等方面表现出同质性的特点。反过来，也正是由于信息需求和信息行为的相似性，这些进城务工人员及社会其他成员聚集在一起，形成一个社会网络。

（2）信息寻求行为具有流动性

进城务工人员信息寻求行为的流动性表现为两个方面。一方面，当进城务工人员所在的社会网络不足以满足自身的信息需求时，进城务工人员群体往往会冲破自己目前所在的社会网络，向占有更多信息资源的其他人群寻求帮助，从而融入其他的社会网络。另一方面，由于进城务工人员群体的流动性较大，当更换工作岗位、工作单位、生活环境时，他们就要重新构建新的社会关系网络和社交环境，由此导致了他们在信息寻求的过程中具有一定的流动性。也正是这种信息行为的流动性，使进城务工人员群体逐渐扩大交际圈，建立更多、更丰富的社会关系，拓宽网络结构，从而促进进城务工人员群体更好地融入城市生活。

（3）信息传播效率低且更新速度慢

目前，随着多种信息技术的高速发展，城镇化进程的不断推进，进城务工人员群体寻求信息的渠道和方式也越来越多。与虚拟的网络信息相比，进城务工人员群体对以亲朋好友为基础的社会网络信息获取的渠道信任度更高，但由于网络成员知识水平有限、社会阅历不足、交流能力有限，以及社会大环境下造成的信息不对称、信息制度体系不完善等多种原因，通过社会网络这种信息获取渠道存在传播效率低、信息更新缓慢等特点。社会网络内的信息寻求行为往往都是通过面对面或口口相传的方式进行传播和交流，相较于发达的互联网技术，无论是信息更新速度，还是信息传输效率，这种传统的信息寻求方式都会明显处于劣势状态。

第三节　社会网络与进城务工人员信息寻求的相互作用因素

一、社会传染

进城务工人员进城务工后，由于大部分时间都会生活在城市，因此原有的社会关系网络会发生断裂，形成一个大多以血缘和地缘为基础的新的社会关系网络。进城务工人员群体文化水平相对较低，工作环境较封闭，导致了他们信息获取能力不足，而社会关系网络成为进城务工人员日常获取信息资源的重要渠道。虽然进城务工人员在城市里存在一定的流动性，但其生活圈相对比较固定，圈内群体大多具有相似经历或相同文化素养，因此交流的信息比较单一，信息资源的获取也存在局限性。由于年龄、性别、生活经历、家庭情况、文化程度、工作经历、工资收入等方面的差异，进城务工人员群体中的每个人对信息的需求也不尽相同。然而，随着时间的推移，处于同一社会关系网络中的进城务工人员往往会受到其他人的影响，对信息的需求呈现出趋同化。在信息的交流和传播过程中，社会大环境往往会影响每个社会网络团体，而社会关系网络往往会影响网络成员的个体行为。反过来，进城务工人员一旦获取了信息资源后，会将信息资源分享给社会关系网络中的其他成员，资源逐渐积聚，最后形成一个小型的"信息知识库"。

二、社会资本

社会资本是指在具有信任、制度等特征的社会组织内，个体与个体之间因长期的交流与互动，而形成的一种资源集合体。实质上，社会资本是社会网络催生的一种无形产物，它能够帮助网络内成员获取相应的资源，维护社会网络关系稳定，促进社会网络内部机制有效运转。进城务工人员从农村进入城市，由于生活方式、工作状态、消费理念等方面与城市居民存在差异，无法适应城市的生活，在很多方面存在着信息需求。他们在依靠社会网络寻求信息时，网络中的其他成员会将自己拥有的资源贡献出来，以填补信息的空白。长此以往，信息资源逐渐累积，最后使社会网络内形成一定规模的社会资本。这种基于进城务工人员社会网络的社会资本不是固定不变的，而是具有一定流动性和相对稳定性，随着时间的推移，进城务工人员信息需求不断增加，社会网络内信息资源不断积聚，信息的供求关系趋于平稳，规模逐渐扩大。也正是这种无形的社会资本，促使社会网络中的成员逐渐建立信任机制，从而对城市产生归属感。

三、社会选择

由于进城务工人员具有一定的群聚性，其原有的社会网络使进城务工人员在信息资源方面具有相似的需求，即刚进入城市的进城务工人员会因具有相同来源地、工作接触、相同生活习惯等原因聚集在一起，通过日常的信息交流，形成一个信息需求、信息获取能力等方面表现出同质性特点的社会网络群体。进城务工人员的信息需求还具有不确定性，也就是说，随着时间的推移，思想观念、文化水平、年龄等存在差异，工作方式、生活环境等方面的改变，处于同一个社会网络的个体出现不同信息需求的情况，如新生代进城务工人员与老一代进城务工人员由于年龄和文化程度的不同，他们信息寻求方向和渠道也有着很大的区别。老一代进城务工人员更需要户籍制度、子女教育、医疗和养老政策等方面的信息，而新生代进城务工人员则更需要社会招聘、娱乐交友、现代科技等方面的信息。正是这些信息需求的差异，使得这个社会网络呈现出一定的异质性和排他性，逐渐将信息需求不同于其他成员的个体淘汰出去，然后这个个体通过与其他社会网络的交流，逐渐找到并融入具有相同信息需求、信息获取能力的社会网络。由此可以看出，进城务工人员信息寻求不仅与社会关系网络中的个体因素有关，还与外在环境和社会成员等客观因素密切相关。

第四节　建立一个积极的进城务工人员社会网络的意义

一、塑造积极的社会心态

进城务工人员刚来到城市工作时，往往对城市生活充满了好奇，并抱着较高的期望。然而社会制度的不够完善及进城务工人员与城市居民在思想观念、生活方式、消费理念、文化素养等方面的差异，使得进城务工人员群体易受到城市大众的排斥，成为城市社会的"边缘人群"，从而会产生很多负面情绪和消极心理，长此以往，会对他们的心理健康造成很大的伤害。通过建立一个积极的进城务工人员社会网络，能够加强进城务工人员群体与外界人群的沟通和交流。当进城务工人员遇到困难或挑战的时候，可以通过社交网络的渠道与朋友亲人诉说或是求助，及时地将负面情绪宣泄出来，尝试着寻找原因并解决问题。不仅如此，随着时间的推移，进城务工人员的社会网络会逐渐扩大，成员数量与日俱增且来自社会各行各业，城市居民也会加入其中。通过日常的交流与分享，使进城务工人员群体与社会其他人群建立密切的联系，从而加大城市居民对进城务工人员群体的了解程度，久而久之，这种因沟通交流而产生的"城市代入感"能够缓解甚至消除进城务工人员的心理落差和精神压力，使进城务工人员体会到城市温暖的一面，逐渐产生城市归属感和亲切感，从而以积极的社会心态来面对城市的生活。

二、促进进城务工人员稳定就业

工作稳定性是指在同一岗位上持续工作的时间及是否经常存在更换工作的想法。就业的流动性大，工作稳定性差，频繁更换工作单位和岗位是我国进城务工人员群体的重要特点之一。我国进城务工人员的流动性不仅高于普通的城市职工，而且还超过了很多具有成熟市场经济国家的劳动者。虽然进城务工人员有着很多支撑其频繁更换工作的理由，例如获取更高的工资、获得更好的就业前景，追求更多的社会保障等，但从社会角度出发，就业流动性过大不利于城市人力资本的累积，会降低社会生产效率，而且从整体上来看，并不能提高城市劳动者的工资水平。从某种程度上来说，积极的社会关系网络相当于一个知识资源库，成员之间的交流能够促使进城务工人员群体及时地获得更多的就业信息。进城务工人员一旦获得充分的就业信息，就会在短时间内明确自己的爱好和工作意向，提高其工作的匹配程度，从而提升工作质量和生产效率，促进进城务工人员群体高质量就业。此外，进城务工人员社会网络内成员的互动沟通，能够消除进城务工人员因工作而带来的浮躁和不安心理，使他们尽快适应城市的生活节奏，促进进城务工人员在城市稳定就业和长期发展，推动我国经济社会可持续发展。

三、增强进城务工人员心理认同感

进城务工人员作为城市建设和发展的重要力量，其流动强度一直关乎着我国未来乡村振兴发展的道路快慢，进城务工人员定居意愿的强烈程度又与城镇化发展进程和质量密切相关。当今社会大多数进城务工人员只实现了空间上的转换，由于社会制度的障碍和主观认知的差异，进城务工人员群体并没有真正实现与城市的融合。要想真正适应并融入城市的生活，内心对城市产生认同感是第一步。心理认同是指进城务工人员对自己在城市中扮演角色和身份的认可程度，是进城务工人员融入城市生活的最高表现形式。心理认同具有很大的个体差异，它受主观和客观两个方面因素的影响。主观因素大多取决于进城务工人员对城市的社会印象和记忆、是否存在长期居住意愿、对当前工作是否满意等。客观因素大多是指社会环境，由于人类具有社会属性，易受到外界环境的干扰，因此客观因素往往能够改变进城务工人员主观的思想。当进城务工人员开始尝试并乐意与城市居民接触和交往时，他们的社会网络就从最初基于血缘、地缘为基础的同质性转化为具有多元化交流的异质性。随着时间的推移，进城务工人员逐渐适应城市的生活，能够接受并理解城市居民的生活方式和消费理念，对城市产生认同感和归属感，将城市生活作为自己生活的归宿，进而开始追求更高品质的城市生活，向往成为城市的一员。

四、实现信息资源共享

以往很多进城务工人员通过电视、广播、报刊等方式来获取信息资源，现如今电子科技和信息技术高度发达，新生代进城务工人员已经具备了运用手机、平板电脑等移动设备来获取信息的能力。即便如此，由于住宿条件不佳、文化水平不高等主观或客观原因，仍有很多进城务工人员不会运用移动设备，没有掌握信息寻求的方法，导致无法及时地获取所需要的信息，而且信息获取渠道、信息寻求手段比较单一，因此社会网络是进城务工人员获取信息的主要渠道之一。通过社会选择和个人需求形成的社会关系网络，其成员日常的交流和互动能够使信息资源发挥实践性作用，通过信息积聚逐渐形成一个小型的知识资源库，成为宝贵的社会资本。建立一个积极的进城务工人员社会网络，网络内部形成的信息交流平台可以帮助社会网络中的成员实现信息资源共享，让进城务工人员获得更多有关就业、户籍、教育、娱乐、医疗等方面的信息，发挥信息利用的最大化，缓解社会群体信息不对称的问题。社会网络中的成员数量和类型越丰富，形成的关系网络就越紧密，其成员获取信息资源的数量和类型就越多，效率越高。除此以外，社会网络成员的互动交流能够排除无用信息，识别和筛选有效的信息。在文化知识和个人经验不足时，进城务工人员可以依靠所在的社会网络向他人请教，每个人将自己的想法意见和社会阅历分享给社会网络中的其他人，久而久之，实现了信息的有效利用和资源共享。

五、推进进城务工人员市民化

进城务工人员市民化是农村居民转变为城市居民的一个必经过程，是我国落实新时代全面深化改革、推进建设城镇一体化时必须要解决的庞大而复杂的系统工程，也是保障进城务工人员合法权益，完善相关社会保障体系，使进城务工人员更好地融入城市的必然解决路径。随着城镇化进程的加速推进，进城务工人员的社会网络也在发生着一些积极的转变，从以地缘和血缘为基础的单一、原始的社会网络向多元化、开放型社会网络发展。社会网络内成员已经不局限于进城务工人员群体，还有城市居民和其他社会群体。建立一个积极的、开放型的进城务工人员社会网络，能够增加进城务工人员与社会其他群体的交流频率，加深进城务工人员群体与城市居民的沟通，拓展进城务工人员的日常社交圈，消除他们因生活方式和环境的改变而对城市产生的陌生感和恐惧感，突破原有的社会制度差异，打破因地区发展不均衡而带来的信息不对称的障碍，让进城务工人员学到更多城市的生存技能，培养城市社会规范，转变和提升思维理念及文化层次，使他们更快地适应城市的生活，满足他们对城市美好生活的期待，让进城务工人员感受到城市的包容性，收获归属感和幸福感，从而有序推进我国进城务工人员市民化向前发展。

六、促进城镇稳定发展

随着我国城镇化进程的不断推进，大量的居民从农村流向城市，进城务工人员的人数在与日俱增。作为城市不可缺少的一个群体，进城务工人员的状况关乎着城市的未来发展。近年来，为了加快进城务工人员市民化的进程，国家对进城务工人员给予了高度的关注，并为进城务工人员等社会特殊群体制定了一系列的政策和制度，以维护他们的合法权益，保障他们在城市中长期稳定发展。例如 2019 年中央一号文件强调，要落实积极就业政策，推进城镇基本公共服务常住人口全覆盖。即便如此，这些政策在落实时仍存在着许多困难，建立积极、和谐的进城务工人员社会网络，不仅能够减轻进城务工人员群体内部的两极化和分层现象，而且能消除进城务工人员地位不平等、信息不对称、社会流动性大等问题，能够加强进城务工人员与城市居民的沟通和交流，消除进城务工人员与社会其他成员之间的误解，逐渐形成一个团结互助、融洽健康的"大家庭"，从而维护社会秩序，促进城镇稳定和谐发展。

第五节　城镇化背景下进城务工人员社会网络信息寻求的相关理论基础

一、协调发展理论

随着区域经济一体化的不断发展，统筹兼顾、协调稳定发展成为我国区域经济发展的重要路径和基本要求，区域协调发展强调区域产业经济、城乡结构、基础设施及生态环境与资源循环等方面的绿色可持续发展，直到最终达到一种和谐稳定的状态。协调发展理论是一项综合性的研究项目，不只是要注重内部的发展历程，还要兼顾其外沿发展状态，要将区域内部和谐与区域外部稳定共生发展，形成一个具有相互促进、协同发展的有机体，打造经济、社会、生态、文明等方面联动的可持续发展战略。目前我国区域经济不平衡的主要原因是城乡二元结构比较明显，因此城市经常出现劳动力短缺的问题。作为沟通城市和农村的重要桥梁，进城务工人员群体也是城乡二元结构的主要载体，其流动性关乎着城乡协调发展是否能取得实质性的进展。从建设中国特色社会主义事业的战略角度出发，健全法律制度，完善社会体系，充分了解并解决进城务工人员问题，消除城市社会对进城务工人员的歧视因素，缩小城市与农村的差异，才能够实现城乡一体化协调发展。

二、社会支持理论

社会支持理论一词起源于心理学研究领域。19 世纪法国著名社会心理学家迪尔凯姆（Durkheim）通过研究发现，社会中个体的心理和生理的发展都受社会各方面因素的影响，这些影响因素是具有一定秩序性的有机体。从那以后，社会适应和社会支持理论引起了大量学者的关注和重视。社会支持是连接社会不同个体的系统，从制度、物质、精神等多方面对具有困难的社会群体进行援助的手段，它具有互动性、融合性、交叉性等特点，是针对弱势群体给予社会支持的理论体系。21 世纪，进城务工人员从农村向城市转移，就业状态和生活状态具有很大的流动性，随之而来的是心理状态、社会地位、生活方式、工作内容等方面的大幅度转变。社会支持理论作为减少进城务工人员出现困难和负面状态的一种社会资源，能够突出政府部门和社会组织在社会支持体系中的重要地位，起到加强区域政策制定和监管力度的作用，结合实际情况对进城务工人员群体进行系统划分，为进城务工人员更好地融入城市生活提供理论支持，并能够解决进城务工人员问题的有效模式。

三、社会关系理论

从历史唯物主义观点出发，社会关系是一个基础而重要的研究范畴。马克思认为社会关系是复杂且相互关联的，它分为人与人和人与自然两种社会关系。人与人之间的社会关系以物质生产活动为前提，是人与自然之间的社会关系的中介。这两种关系虽然是相互联系的，但却体现了不同的认识论视角。当进城务工人员带着对城市的美好幻想来到城市工作和生活时，大多会出现无所适从的感受，由于各方面的不适应，他们只能将最低的生活条件作为生存的底线。进城务工人员要想真正融入城市生活，获取信息资源是其必经之路。进城务工人员群体无法像城市居民那样完全依靠制度和生活环境来获取信息，由于很多方面存在困难，由社会关系形成的交际网络成为他们日常获取信息的重要渠道。这种社会网络会随着时间的推移和社会阅历的增加而不断扩大，通过互动交流逐渐形成信任纽带，为进城务工人员成员形成一个保护屏障。正是依靠这种多元化的社会关系，进城务工人员才减轻了心理上的紧张感和不适感，逐渐适应城市的生活模式。

四、信息行为理论

信息行为理论主要是研究用户为满足某一特定的信息需求或基于某一心理动机，在进行信息行为的过程中表现出来的信息活动。信息行为理论是信息科学的重要研究领域，近年来备受国内外学者的关注，因此研究成果日渐成熟，学术水平也在不断提高。虽然信息行为理论及模型有成百上千种，但各理论之间缺乏有机的联系，学科领域结构不够紧密，难以形成统一的整体概念和理论框架。随着我国信息化产业的转型和发展，人们对信息的需求也在日益迫切，信息行为也在不断加剧，进城务工人员作为我国社会结构中一个重要的社会群体，从本质上来看，研究进城务工人员信息行为问题就是研究我国构建城乡协调稳定共同发展的问题，也是研究百姓最关注、最实际的利益问题。从进城务工人员的信息需求和信息行为入手，调查进城务工人员在生产生活中的信息习惯，分析存在的差异性和形成的原因，才能有针对性地解决进城务工人员在信息寻求过程中出现的困难和问题，提升相关服务。

第三章

进城务工人员信息需求分析

第一节　基于相关理论的进城务工人员信息需求

一、基于信息需求层次理论的进城务工人员信息需求

信息学家柯恩（Kohen）将用户的信息需求划分为三个级别：客观状态级别的信息需求、认知级别的信息需求和表达级别的信息需求。第一级别是客观状态级别的信息需求，这个阶段的信息需求看重用户的工作环境、职业与教育背景等客观条件。同时，它的客观需求状态并不会被用户自身的主观意愿所改变。第二级别是认知水平的信息需求，是从客观状态级别的信息需求转化而来，需要用户通过主观意识或主观认识到一些潜在的信息，例如在实际工作、社会生活中的信息需求，这样的信息需求主要受到用户心理、知识水平、信息素养、主动寻求信息程度等因素影响。第三级别是表达水平的信息需求，是从认知级别的信息需求转化而来，需要用户受到一些启发或通过咨询来将其所需的信息需求进行表达，这样的信息需求会受到用户的认知能力、语言表达能力、逻辑思维能力、信息交互程度等因素影响。一般情况下，将表达级别的信息需求称为显性信息需求，而

认知级别和客观状态级别的信息需求称为隐性信息需求。对于进城务工人员而言，由于进城务工人员身份特殊性和社会流动性等特点，进城务工人员的信息需求处在一种发展变化的"运动状态"，最终呈现出进城务工人员不同状态的信息需求形成的不同信息需求类型。

1. 客观信息需求

进城务工人员在城市中谋求生存发展，其生活起居、职业活动、发展规划等各方面都存在客观信息需求，这时的客观信息需求完全由进城务工人员自己的客观条件决定。当进城务工人员客观上因生活、工作或学习而产生信息需要时，会存在信息获取、消息发布、信息交流、信息咨询等需求状态。但进城务工人员受教育程度偏低，文化水平有限，自身的信息素质有待提高，使得进城务工人员常无法察觉自身的信息需求，从而对进城务工人员自身客观条件产生影响。也就是说，进城务工人员的客观信息需求在三种信息需求中，是一种最为隐蔽的信息需求形式，这是因为其不由主观意识所决定，而由进城务工人员客观条件决定。对于进城务工人员而言，他们所需的物质信息包括衣食住行方面的信息，哪里的衣服、食物、出租房的价格便宜，出行是搭乘公交车划算还是地铁划算等都是他们日常生活中所需要了解的信息。

2. 认识信息需求

认识层次的信息需求受到工作状况、社会压力等外界因素和自身知识结构、信息素养、信息服务主动程度等自身因素影响，因而进城务工人员对自身客观信息需求认识存在以下四种情况。第一，进城务工人员认识需求与其客观信息需求完全相吻合，即进城务工人员准确无误地意识到自己的信息需求；第二，进城务工人员对自身的客观信息需求只是部分认识，即进城务工人员虽然意识到自身的信息需求，但并未对自身的信息需求产生全面认识，而只是停留在表面认识层次；第三，进城务工人员认识需求并未被实质性体现，即进城务工人员并未意识到自己的信息需求，其信息需求仍是以潜在形式存在；第四，进城务工人员认识需求与客观信息需求出现差异，即这种需求并不全是或不是进城务工人员真正的客观需求，而差异出现的原因在于进城务工人员自身错觉导致的认识需求。其中，第一种情况是最理想的；第二种情况是正常现象；第三种情况是潜在的信息需求形式，需要一些外在因素刺激或启示下唤醒才能转化成正式的信息需求形式；而第四种情况是需要通过进城务工人员主观意识上的克服，才能转化成其余三种情况。

3. 表达信息需求

尊重信息和自我实现需求是进城务工人员更为高层次的信息需求，当他们想获取更高报酬，获得更多尊重的时候，他们往往会主动去获取职业技能培训方面的信息来提升自我，进而实现自己的价值。但是，进城务工人员由于自身条件，如教育水平、年龄层次或性格原因，即使认识到了信息需求但也存在无法表达的状况。结合进城务工人员自身信息需求与自身信息需求被认识情况，进城务工人员的客观信息需求存在以下七种情形。第一，进城务工人员的客观信息需求得以准确认识并且被表达出来，这是一种非常好的状态；第二，信息需求被认识到，但并没有被表达出来；第三，没有被认识，同时也没有被表达的一种状态；第四，认识到了信息需求，但认识有误，而且也未将其需求表达出来；第五，认识到了特定需求，但并不是客观的信息需求（被认为是有误信息），而且也将这种认识到的有误信息表达了出来；第六，认识有误并错误表达；第七，处在未被唤醒的潜在形式。第一种情形是最佳状态；第二种情形需要通过一定途径帮助进城务工人员准确表达被认识到的信息需求，如图书馆的指导与帮助；第三、第七种情形需要一些外在因素的刺激或启示；第四、第五、第六种情形，需要克服进城务工人员主观意识上的错误信息需求，才能朝着第一、第二种情形状态发展。

二、基于马斯洛需求层次理论的进城务工人员信息需求

马斯洛需求层次理论是亚伯拉罕·马斯洛（Maslow. A. H）于 1943 年提出的，其基本内容是将人们的需求从低到高进行划分。其中，处在最底层的是生理需求，其次是安全需求、社交需求、尊重需求，最高层次的是自我实现需求。这五个需求是分层且相关的，并且不同时期的需求也是不同的。在当今信息时代，使用有效的信息来解决自己的问题已逐渐成为人们关注的焦点和趋势。从马斯洛的需求层次理论出发，对进城务工人员的信息需求进行分析，可以为改善进城务工人员信息服务的现状提供有力的参考。对于进城务工人员信息需求来说，它是具有层次性的。进城务工人员信息需求的各个层次的信息需求可对应马斯洛需求层次从低到高排列，并

且同样具有共融性。

本书将进城务工人员的信息需求按照马斯洛需求层次理论进行划分，可分为以下五个方面：从衣、食、住、行等方面考虑的生理信息需求；从医疗保健等方面考虑的安全信息需求；以获取亲友信息等角度考虑的社交信息需求；通过自我提升等视角考虑的受尊重信息需求；从知识技能和工作岗位等方面考虑的自我实现信息需求。

1. 生理信息需求

生理需求即满足人类生理健康所需要的相关信息，如衣物、食物、住所与交通等基本物质方面的信息。进城务工人员离开原来熟悉的农村进入陌生的城市环境时，将会面对许多原来居住在农村时不用太多考虑的事情，如衣物与食物的品种类别和购买方式，住所的选择与租赁，交通的种类与选择方式等。确切来说，衣、食、住、行是进城务工人员进城后生存的基础，进城务工人员要想在城市生存，就必须对这些物质需求进行考虑。就食品而言，进城务工人员的信息需求主要体现在他们对粮食的价格等信息的获取上；就出行而言，进城务工人员的信息需求主要体现在获取出行时间、出行路线和票务信息等。值得注意的是，进城务工人员为城市繁荣、社会经济发展作出巨大贡献，倘若连基本的生理信息需求都得不到满足，将难以保障其继续为城市与社会做出努力，因而需要注意到进城务工人员的生理信息需求。

2. 安全信息需求

从进城务工人员信息需求的整个层次来看，安全需求是除了满足基本生理需求之外的另一个重要需求。安全信息需求是指满足人类对自身安全、稳定的需要，或对于保护者实力的要求等方面所需要获取的信息需求，如医疗卫生、财产安全、求职就业等方面的信息需求。当进城务工人员成为城市一员，其基本物质生活需要得到保障后，便会寻找更高层次的安全信息需求来保证所得，进而规避风险，确保其他信息需求不受到干扰。对于进城务工人员来说，主要从事的职业为加工制造业、建筑业、采掘业及环卫、家政、餐饮等服务业，且大多面临着劳动时间长，安全条件差，缺乏社会保障，职业病和工伤事故多的问题。因而有关进城务工人员身体健康的医疗卫生信息，是保障进城务工人员继续工作与生活的重要部分。

3. 社交信息需求

社交信息需求涉及人们对于情感、归属方面所需要获取的信息需求。当进城务工人员的生理信息需求和安全信息需求得到了满足，便会产生有关于情感和归属方面的信息需求。进城务工人员除了满足基本的物质需求外，更多地会去追求精神上的需求。在这个层次上，进城务工人员的需求会更多地集中在亲友之间的情感交流上。进城务工人员离开自己的亲人、朋友进入城市打工，脱离了原有环境，因此迫切希望在新的地方建立新的社交关系，渴望同他人有一种情感的关系，渴望在家庭或所在团体中拥有一定地位，否则会感觉到孤独、举目无亲的痛苦，此时，朋友、家庭成员之间的情感交流可以为进城务工人员提供心理支撑和情感安慰，归属和爱的信息需求便产生作用。他们利用手机、网络等通信设备获取更多的亲朋好友信息，加强彼此之间的情感交流，在很大程度上满足了进城务工人员的社交信息需求。城市中强大的通信网络和多样化的社交平台信息，更加深了进城务工人员的人际网络关系。

4. 尊重的信息需求

马斯洛认为，尊重需求得到满足，能使人们对自己充满信心，对社会充满热情，发挥自己的人生价值。尊重的需求是满足自我接纳和他人对自己认可的一种需要。尊重信息需求是指满足自尊、自重和来自他人的尊重、评价的需求或者欲望所需要获取的信息需求，如维权保障、社会认可与自我评价等方面的信息需求。自尊需要的满足会导致一种自信的感情，使人觉得有价值、有力量、有能力、有位置、有用处和必不可少。然而尊重需要一旦受挫，便会走向相反一面，如产生自卑、弱小与无力等负面心理。进城务工人员来到城市进行城市建设，相关的维权信息是确保进城务工人员参加经济活动获得合法劳动所得的保障。进城务工人员通过学习有关社会发展的新信息，从而获得尊重和改善自己的重要途径。在这个层次上，信息需求主要体现在进城务工人员获取国家政策、社会保障等政策信息的信息渠道上。

5. 自我实现的信息需求

自我实现的信息需求是指满足审美、成长、责任、创新、自我价值与社会价值等所需要获取的信息需求，如潜力挖掘、知识技能和工作岗位等方面的信息需求。自我实现需求是马斯洛需求理论层次结构中的最高需求。

同样，最高层次的信息需求也是获取知识技能和工作岗位等自我实现信息。自我实现的信息需求通常需要依赖生理、安全、社交与尊重信息需求的满足。当进城务工人员的生理、安全、社交与尊重需求都得到了满足后，便会寻求更高层次的需要，即寻求发挥自身才能和实现自我价值的机会。进城务工人员自我价值的实现可以表现在对自身职业规划、对子女教育的关心及对父母养老的安排等方面，而这些都可以在一定程度上决定进城务工人员未来的发展。

三、基于泰勒信息需求理论的信息需求

1968 年，英国学者泰勒（Taylor）发表 *Question-Negotiation and Information Seeking in Libraries* 一文，提出信息需求 Q4 层次理论。泰勒认为用户的信息需求有四个级别或者是四个阶段：第一层次（Q1）：用户实际存在信息需求，但未被表达出来（内在阶段）；第二层次（Q2）：用户的大脑有意识要将存在的信息需求进行描述（意识阶段）；第三层次（Q3）：用户将自己的信息需求进行正式的需求表达（形式化阶段）；第四层次（Q4）：用户向某些信息系统（包括人，如图书馆员）提交问题（折中阶段）。可见，用户的需求既包含显性需求，又包含隐性需求。其中，内在需求是真正的却无法表达出来的信息需求；意识需求是用户有所察觉，但仍然无法确切表达的信息需求；正式的需求表达代表用户对问题具有一定描述；而折中需求是使问题经过信息系统（包括人，如图书馆员）后产生作用而有所修正的信息需求。从泰勒的这个理论中，如果把 Q1、Q2、Q3 横向从左向右依次排列，那么越向左，越能接近用户真正的信息需求（Q1 阶段），而越向右，则用户越难以接近真正的信息需求。只有等用户到了 Q3 甚至 Q4 阶段，图书馆员或信息系统才能起到帮助用户的作用。而回归用户真正的信息需求，需要 Q3 走到 Q2 阶段，最后再到 Q1，然后产生 Q4。

1. 内在阶段的信息需求

内在阶段的信息需求是指实际存在却尚未意识到的信息需求。进城务工人员熟悉原有传统地域的封闭型社会网络，在向开放型的城市社会网络转变过程中，难免需要适应一些不同于往常的生活习惯，如交通的选择、支付方式的选择等。而在适应过程中，往往会出现实际存在却尚未意识到的信息需求。由于意识的无形性和抽象性，因此需要更高层次的信息需求

将进城务工人员的意识具体化。

2. 意识阶段的信息需求

意识阶段的信息需求是指大脑有意识地对需求进行描述时所需要获取的信息需求。进城务工人员在构建不同于原有农村的新型社会网络过程中，实际存在一些和生活、工作或学习有关的信息需求。这些信息需求不仅实际存在，且在进城务工人员大脑中有意识地将这些需求进行转化，使得原来隐蔽的、潜伏的或者短暂的信息需求得以进入下一个阶段。

3. 形式化阶段的信息需求

形式化阶段的信息需求是指正式地将需求进行表达后，所需要获取的信息需求。当进城务工人员的实际需求开始有意识进行一定描述，而后将需求进行形式化表达，或者是对认知进行表达时，进城务工人员的信息需求便进入泰勒信息需求的第三层次。受进城务工人员自身表达能力不强，信息素质偏低等自身条件因素的影响，进城务工人员进行表达的信息需求并不一定能完全准确地代表进城务工人员本身想要表达的信息需求。

4. 折中阶段的信息需求

折中阶段的信息需求是指经过形式化表达，问题经过信息系统后有所调整并修正后所需要获取的信息需求。进城务工人员经过意识阶段和形式化阶段，将想要的信息需求表达出来。但是由于多种原因，如自身表达方式、接受教育程度、社会保障程度等，进城务工人员最终未能清楚地表达其真正所需求的信息。这时需要通过信息系统（包括人，如图书馆馆员）对其问题进行分析、折中、修正，随后再通过一定方式，例如开展个性化信息服务等，最大化满足进城务工人员用户的最终信息需求。

第二节　进城务工人员信息需求的影响因素及特点

从现有文献看，国内对于分析进城务工人员信息需求影响因素的实证研究已有一定成果，这对于本书以当前城镇化背景下进城务工人员社会网络信息需求的影响因素研究具有一定的借鉴意义。例如，王建华借助二元Logistic 回归分析，将进城务工人员信息需求的影响因素分为主观、客观两个层面。从主观层面的信息因素来看，主要是通过进城务工人员性别、年龄、籍贯、文化程度、婚姻状况等方面来详细描述个人特征；从客观层面的信息因素来看，主要包含就业单位的性质、工作渠道及劳动合同等方面。陶建杰将进城务工人员信息需求的影响因素归类为五个方面：个人特征、流动特征、社会融合、信息环境及信息成本。❶ 刁松龄针对珠三角地区，在10个城市共发放2400份进城务工人员调查问卷，研究后得出结论：决定进城务工人员信息需求现状的主要原因在于制度阻隔、信息传递渠道单一、教育分化这三大因素。❷ 本书在借鉴上述研究成果的基础上，将进城务工人员的信息需求的影响因素划分为个人特征、流动特征、信息环境、信息成本这四个方面。

一、个人特征

进城务工人员是我国产业大军中的一支重要力量，进城务工人员的政治思想、科学文化和生产技能水平直接关系到我国产业素质、竞争力和现代化水平。就进城务工人员本身而言，进城务工人员的受教育程度仍以初中为主，而高中文化水平的进城务工人员占比不高，体现了进城务工人员的总体受教育程度偏低的现象。进城务工人员总体受教育程度偏低，文化程度不高，使得他们的信息素质普遍偏低。而进城务工人员信息素质偏低会导致他们出现无法正确认识自身信息需求，或意识到信息需求却不知如何表达或是错误表达，或将自身所需的信息需求正确表达后却不知道如何获取、解决等现象。

二、流动特征

进城务工人员群体是庞大的社会群体，为促进我国经济发展提供充足的劳动力。随着进城务工人员涌入城市，关于进城务工人员的流动性将会对他们的信息需求造成一定影响。国家统计局2021年4月30日发布的《2020年农民工监测调查报告》显示，2020年全国农民工总量28 560万人。

---

❶ 陶建杰. 新生代农民工的信息需求及影响因素研究——兼与老一代农民工的比较[J]. 人口与经济,2013(5):48-55.

❷ 刁松龄. 城市化进程中外来农民工信息服务研究——以珠三角为例[J]. 图书情报工作,2009,53(4):136-139.

其中，外出农民工 16 959 万人，本地农民工 11 601 万人。在外出农民工中，年末在城镇居住的进城农民工达 13 101 万人。❶ 分析进城务工人员流动性大的原因，主要是城乡差距较大，农村收益较低，城市住房条件、子女教育、医疗卫生更为优越等。由于进城务工人员群体具有一定流动性，因而在进城务工人员构建城市社会网络过程中存在不稳定性与复杂性的现象，这使得进城务工人员的信息需求会遭受到一定程度的影响，故而无论从哪个角度分析进城务工人员的社会网络需求，都需要时刻注意到流动性这一影响因素。

三、信息环境

信息环境是指与社会信息交流过程有关的社会因素的集合，是影响整个社会信息交流活动的具体社会条件和社会基础的表征，由政治、经济、科学、文化、教育、技术等多方面因素构成。城市的信息环境与农村的信息环境相比，不仅发展变化快速，而且由多种因素相互紧密联系、互相作用。单就教育这一因素而言，城市中大多学校很早就使用无纸化办公、数字化教学工具、国际化教师、E-Learning 学习方式等，使得城市教育方面的信息环境相比农村而言好很多。进城务工人员进城市后，面临与原来农村不同的信息环境，这将会对进城务工人员的信息意识、信息行为与信息需求产生一定影响。

四、信息成本

信息在经济社会中是重要的经济资源，想要获得信息是需要一定成本的。随着计算机技术、通信技术、信息技术的高速发展，信息呈爆炸式增长，用户为获得自己想要的信息就需要付出时间、精力与财力，而付出越多，信息成本也就越高。信息化对农村社会网络的影响很大程度上取决于信息的成本，而信息成本受到信息的传播与扩散程度的影响。进城务工人员由于教育程度、文化水平普遍不高，对信息的传播与扩散程度难以较好地把握，故寻找所需信息就需要付出更多的固定成本、搜寻成本、投入成

---

❶　2020 年农民工监测调查报告 [2021-04-30] [2021-10-16] [EB/OL]. http://www. stats. gov. cn/tjsj/zxfb/202104/t20210430_1816933. html.

本和获得成本，而进城务工人员投入信息成本的多少将会影响进城务工人员信息需求的效果。

第三节　进城务工人员信息需求的现状调查

一、调查内容及方法

1. 调查内容

2020年2月28日，国家统计局发布数据，初步核算2019年中国国内生产总值高达990 865亿元。从城乡结构来看，至2019年年末我国城镇化率达到了60.60%。❶ 中国的城镇化是离不开进城务工人员功劳的，他们日夜奔波，无论刮风下雨都在为城市建设而劳碌。因此，了解城镇化背景下进城务工人员信息需求的现状，主要获取信息的途径，进城务工人员信息需求的影响因素及进城务工人员信息需求的特点，是促进进城务工人员更好地融入城市生活的前提条件。

2. 调查方法

本书的问卷调查采用网络调查与实地调查相结合的方法，通过微信小程序问卷星发放及重点实地调查东部沿海城市来进行，因为东部沿海地区既是我国经济活动最为活跃的地区，也是农村流向城市的主要目的地，在一定程度上代表了我国进城务工人员的状况，时间从2019年7月开始历时两个月。问卷主要面向进城务工人员聚集地发放（主要以工厂、工地、大型超市、餐饮店等地为主），在这些场所内分别随机选取进城务工人员进行抽样调查。本次调查一共收回问卷1039份，去除无效问卷，有效问卷993份，有效率为95.6%，问卷内容见附录1。

部分问卷调查选项采用了滑动条，选项的数值越大则代表被调查者的认同度越高。问卷收集完毕后，使用SPSS 22统计软件进行分析整理。

---

❶ 新型城镇化建设促乡村经济多元化［EB/OL］.［2020-05-05］. http://www. gov. cn/xinwen/2020-03/18/content_5492534. html.

二、进城务工人员信息需求的现状调查

1. 问卷调查的设计描述

问卷由个人基本情况、信息需求情况、信息成本情况三个部分组成。本书借鉴前人对于影响进城务工人员信息需求因素的总结成果，将个人基本情况调查指标主要划分为性别、年龄、婚姻状态、文化程度、从业类别、外出累积时间、外出务工目的、工作稳定性、居住方式等基本情况，共同组成了本书研究中进城务工人员信息需求影响因素的四大特征，分别由个体特征（4题）、流动特征（3题）、信息环境（3题）和信息成本（3题）四个方面组成，以此作为研究城镇化背景下农民信息需求具体情况的基础，见表3-1。

表3-1　进城务工人员信息需求问卷设计

问题设计范围		问卷的问题设计
进城务工人员的基本情况	个性特征（性别、年龄、婚姻、文化程度）	您的性别
		您的年龄
		您的婚姻
		您的文化程度
	流动特征（从业类别、外出务工目的、工作稳定性）	您从业类别是
		您外出的目的
		在过去三年内，您换过几次工作
进城务工人员的信息环境	居住方式	您目前居住在什么地方
	是否有公告栏	您周围是否有社区或企业的信息公告栏
	是否有老乡会	你们有老乡会吗
进城务工人员信息需求情况	生理需求	您对于衣食住行信息需求的程度
	安全需求	您对于权益维护、法律法规信息的需求程度
	社交需求	您对于医疗保健、养老保险信息的需求程度
	受尊重需求	您对于子女教育、职业技能培训信息的需求程度

续表

问题设计范围		问卷的问题设计
信息获取情况	信息获取途径	您的信息获取途径及这种途径获取的信息对您工作生活的影响
	信息获取成本	您认为目前获取信息的成本如何
	信息获取的时间成本	您认为获取信息所花费时间成本如何

2. 调查对象基本情况分析

针对进城务工人员的自然情况，主要调查被调查者的性别、年龄、婚姻状况、文化程度和从业类型等情况，统计结果见表3-2。从表3-2可以看出，男性进城务工人员与女性进城务工人员的人数分别是765人、228人，男性进城务工人员的数量大约是女性进城务工人员的三倍多。男性进城务工人员的数量与女性进城务工人员数量之比是77∶23，较为接近《2019年农民工监测调查报告》中男性进城务工人员的数量比（64.9%）与女性进城务工人员数量比（35.1%）。国家统计局公布的2019年国民经济数据显示，截至2019年年末，中国总人口140 005万人，其中，男性人口71 527万人，女性人口68 478万人，总人口性别比为104.45（以女性为100），所以男性人口多于女性人口。在此数据下，男性进城务工人员的数量远大于女性进城务工人员数量成为正常现象。此外，国内目前进城务工人员往往女性多留在家里照顾家庭和孩子，而男性以在外工作为主。从年龄段可以看出，本次调查的进城务工人员群体中690人年龄为23~45岁，占总人数的69.4%。23~45岁主要是以青壮年为代表的这一类群体，青壮年往往是一个家庭收入的主力军，青壮年无论是体力还是年龄也都符合城镇化务工人员的要求。从婚姻状态来看，有741名进城务工人员是已婚的。进城务工人员大部分学历不高，因此他们往往结婚得比较早，通常农村男性在不读书的情况下20岁左右就已经会考虑婚姻的问题了。从文化程度上看，初中和高中及以上水平的进城务工人员占78%，这与我国普及九年义务教育方面有着很大的联系。而在20世纪七八十年代的时候，进城务工人员大部分以小学文化程度为主。由此，进城务工人员的素质也有所提高，最基础的识字能力已基本具备，也能更加适应当前的经济、科技技术迅速发展的社会。从从业类别来看，从事建筑装潢、运输物流、加工制造行业的进城务工人员占总人数的83.4%。因此，进城务工人员还是主要以劳动型工作为主。建筑装潢类主要是以城市化建设为主，如住宅、写字楼、商场的建造人员都是来自进城务工人员。现如今随着我国电商行业的迅猛发展，物流业也往往成为进城务工人员求职的主要方向之一。

表3-2　被调研者的基本信息

统计项		频率	百分比/%	总有效样本数	总有效样本率/%
性别	男	765	77.0	993	100
	女	228	23.0		
年龄段	18 岁以下	3	0.3	993	100
	18~22 岁	45	4.5		
	23~30 岁	348	35.0		
	31~45 岁	342	34.4		
	46~60 岁	225	22.7		
	60 岁以上	30	3.0		
婚姻状况	未婚	252	25.4	993	100
	已婚	741	74.6		
文化程度	小学及以下	219	22.1	993	100
	初中	375	37.8		
	高中及以上	399	40.2		
从业类别	建筑装潢	312	31.4	993	100
	运输物流	264	26.6		
	加工制造	252	25.4		
	商业服务	78	7.9		
	批发零售	18	1.8		
	其他	69	6.9		

3. 进城务工人员信息需求现状分析

在问卷各项具体指标的设计中，借鉴了前人的研究成果，结合当前进城务工人员具体情况，将进城务工人员信息需求的影响因素从个人特征、流动特征、信息环境、信息成本这四个方面进行总结，并且此次调查问卷的各项指标内容由这四方面特征的具体影响因素构成。在本次研究中，作者借助马斯洛的"需求层次理论"，将进城务工人员的信息需求分别用以下四类需求为代表："衣食住行类信息需求""法律法规类信息需求""养老医疗类信息需求""子女教育类信息需求"，并将调查问卷各个选项按照信息需求的评价标准，测量出拥有不同特征的进城务工人员对于上述四类信息需求的需求程度（0~3分别代表从"从不需要"到"非常需要"的递增水平），最后通过计算分别得出影响进城务工人员信息需求的四类特征的具体分值，见表3-3。

表3-3　进城务工人员信息需求现状

信息类别	平均值	非常需要（3）		比较需要（2）		一般需要（1）		从不需要（0）		有效样本数
		频数	百分数/%	频数	百分数/%	频数	百分数/%	频数	百分数/%	
衣食住行类信息需求	2.3958	561	56.5	267	26.9	162	16.3	3	0.3	993
法律法规类信息需求	2.4139	573	57.7	258	26.0	162	16.3	0	0.0	993
养老医疗类信息需求	2.5106	615	61.9	270	27.2	108	10.9	0	0.0	993
子女教育类信息需求	2.4290	576	58.0	267	26.9	150	15.1	0	0.0	993

通过SPSS的均值分析，如表3-3所示，对于进城务工人员而言，在工作生活中需要的信息从外出目的角度由高到低依次是医疗保健（2.5106）、子女教育（2.4290）、权益维护（2.4139）、衣食住行（2.3958）。根据数据衣食住行的需求最低，也表明了当下进城务工人员的生理需求降低了很多，从而可以得出进城务工人员不再受生理需求的信息困扰。有关四类信息需求的平均值见表3-4。

表3-4　进城务工人员四种信息需求均值

内容		子女教育	衣食住行	权益维护	医疗保健
性别	男	2.4275	2.3882	2.4275	2.5059
	女	2.4342	2.4211	2.3684	2.5263
婚姻状态	已婚	2.5182	2.4656	2.5020	2.5992
	未婚	2.1667	2.1905	2.1548	2.2500
文化程度	小学及以下	2.1507	2.0411	2.1918	2.2740
	初中	2.3840	2.3920	2.3760	2.5040
	高中及以上	2.6241	2.5940	2.5714	2.6466
居住地	企业员工宿舍	2.4261	2.4087	2.4000	2.4957
	出租屋	2.4151	2.3648	2.3962	2.4969
	自己买的房子	2.4857	2.4857	2.4857	2.6000
外出目的	提高收入水平	2.5108	2.4086	2.4624	2.5376
	学习技术	2.4241	2.4114	2.4304	2.5380
	开阔眼界	2.4290	2.3958	2.4139	2.5106
工作稳定性	稳定	2.2267	2.2880	2.2536	2.3170
	不稳定	2.7895	2.7895	2.7544	2.8421

如表3-4所示，从性别角度来看，男性进城务工人员和女性进城务工人员对于子女教育、医疗保健方面的需求并无明显差别，而在衣食住行需求方面，女性进城务工人员的需求更为强烈，这或许与女性主要以家庭生活为主，会关心着日常生活所需要关注的内容，而男性进城务工人员在权益维护方面的需求比女性进城务工人员更为强烈，这由男性进城务工人员的工作性质所决定的。

在婚姻状态方面，已婚的进城务工人员在四类信息需求方面均高于未婚的进城务工人员，由此可以看出婚姻状态影响着进城务工人员对信息需求的强度。主要是因为有了家庭，人们往往考虑的事情会多一些，会更加关注自己或者家人的健康，子女上学教育问题及自己工作的稳定性。

从文化程度角度来看，我们可以发现，无论是在子女教育需求方面、衣食住行需求方面、权益维护需求方面，还是医疗保健需求方面，文化程度越高则对信息需求越强。

从居住地角度来看，自己买房的进城务工人员对四类信息需求均高于住企业员工宿舍和出租屋的进城务工人员。由此可以看出，生活质量的提高往往对信息需求方面的关注更为强烈。

从外出目的角度来看，为了提高收入水平和学习技术的进城务工人员对信息需求高于只为了开阔眼界的进城务工人员。我们知道大城市的生活成本和房价很高，那么只是以开阔自己眼界为目的来到大城市务工的进城务工人员往往只是抱着一时冲动来到大城市，他们没有打算要留在这个城市，因而对四类信息需求相对少些。

从工作稳定性的角度来看，工作不稳定的进城务工人员对信息需求关注度高于工作稳定的进城务工人员。工作不稳定时期，人们往往会比较焦虑，因此更会对自己的生活、工作、健康、权益方面的信息更为关注。

4. 信息获取情况分析

问卷调查中对信息获取途径以及通过这种途径获取的信息对工作生活的影响程度，是以数字 1~5 来代表的，数字越大则代表影响程度越大。被调查者根据自身真实情况选择每项的数字。最终将 993 名被调查者选择的数字进行 SPSS 均值分析排序，得出进城务工人员主要依靠信息公示栏（3.7432）、工友（3.7915）及手机（3.9879）获取信息。他们使用图书的人不多（3.5710），广播电台（3.5740）对他们生活影响力也在下降，也很少通过参加培训讲座（3.6465）获取信息。这也侧面说明了进城务工人员已熟悉使用移动智能终端的数字化信息传播这一渠道。其中，排在第二的信息获取渠道是来自"工友"，这也是进城务工人员一直以来喜欢运用的渠道（表3-5）。

表3-5　信息获取情况

项目	统计	均值
图书	993	3.5710
广播电台	993	3.5740
培训讲座	993	3.6465
电视	993	3.7311
信息公示栏	993	3.7432
工友	993	3.7915
手机	993	3.9879

5. 进城务工人员信息需求影响因素调查分析

（1）个人特征对进城务工人员信息需求的影响

通过 SPSS 的回归分析，由表3-6可知，从性别这个变量来看，进城务工人员对衣食住行、权益维护、医疗保健及子女教育这四类需求上的显著性值均大于0.05。因此，对于进城务工人员来说，他们的信息需求并不会因为性别的差异而受影响。

表3-6　个人特征对进城务工人员信息需求的影响（回归系数）

变量属性		衣食住行	权益维护	医疗保健	子女教育
性别：男		-0.750（0.203）	0.471（0.324）	1.011（0.102）	0.460（0.337）
年龄	18 岁以下	17.391（1.000）	21.029（1.000）	20.911（1.000）	22.908（1.000）
	18~22 岁	20.179（0.998）	20.923（0.998）	1.541（0.429）	3.127（0.409）
	23~30 岁	1.893（0.091）	0.612（0.544）	2.062（0.061）	2.371（0.009）
	31~45 岁	0.979（0.353）	0.180（0.856）	1.003（0.332）	2.329（0.010）
	46~60 岁	0.062（0.955）	-0.634（0.530）	1.248（0.248）	1.475（0.105）
婚姻状态	已婚	-1.869（0.000）	-2.046（0.000）	-2.964（0.000）	-1.911（0.000）
文化程度	小学及以下	-3.162（0.000）	-1.651（0.004）	-2.070（0.003）	-2.523（0.000）
	初中	-1.201（0.040）	-1.362（0.009）	-1.023（0.123）	-1.724（0.002）

注：①表格中括号里的 t 值，代表判断参数估计值是否显著。

②年龄以60岁以上为参考项，婚姻状态以未婚为参考项，文化程度以高中以上为参考项。

从年龄段上看，23~30岁、31~45岁的进城务工人员对子女教育的信息需求具有显著作用。23~30岁、31~45岁两年龄段的回归系数为正，且在1%的水平上显著，这说明在年龄60岁以上作为参照项的情况下，年龄是影响他们信息需求的正向因素，其信息需求的发生比率分别为237.1%和232.9%。年龄越小则对信息的需求就越高。而在23~45岁年龄段的进城务工人员子女也正处于义务教育阶段，需要父母对子女在学业上的关注。

从婚姻状态上看，以未婚作为参考项，已婚的进城务工人员对这四类需求的回归系数为负，且在1%的水平上显著，说明已婚进城务工人员与未婚进城务工人员信息需求的相关系数符号正好相反。

从文化程度上看，小学及以下学历的回归系数为负，且在1%的水平上显著。这说明在以高中以上文化程度作为参照项的情况下，文化程度是影响他们信息需求的负向因素，即文化程度越高则对信息需求就越高。一般而言，文化程度越高的人，由于他们大多能够充分认识到信息的重要性，因而接受新鲜事物的能力就越强。另外，对于文化程度较低的进城务工人员而言，文化程度较高的进城务工人员收入较高，故而他们承受信息获取成本的能力较强。

（2）流动特征对进城务工人员信息需求的影响

通过 SPSS 的回归分析，由表 3-7 来看，从业类别对进城务工人员的信息需求没有显著影响。尽管变量的回归系数为正，但统计检验结果在 1% 的水平上不显著，说明在其他条件不变的情况下，进城务工人员对信息需求并无明显的从业类别差异，也就是说无论进城务工人员从事什么行业都不影响他们的信息需求。

表 3-7　流动特征对进城务工人员信息需求的影响（回归系数）

变量属性		衣食住行	权益维护	医疗保健	子女教育
从业类别	建筑业	-1.459（0.315）	-1.034（0.433）	-1.758（0.232）	0.266（0.806）
	交通运输、仓储和邮政业	-0.725（0.618）	-1.106（0.404）	-2.403（0.109）	-0.208（0.812）
	制造类	-0.351（0.810）	-0.442（0.742）	-2.365（0.122）	0.829（2.290）
	住宿和餐饮业	0.624（0.701）	-0.503（0.718）	-1.562（0.325）	0.544（1.723）
	批发和零售业	-4.116（0.021）	-0.359（0.857）	-2.102（0.272）	-1.466（0.231）
更换工作	稳定	-3.124（0.057）	-5.362（0.000）	-21.560（0.996）	-4.997（0.000）

注：从业类别以其他为参考项。

工作的稳定性是以工作更换次数来判断的，在此处以三年内更换次数为 2 次和 3 次为不稳定，0 次和 1 次为稳定来计算。如果稳定性的回归系数为负，则表明工作稳定性将对信息需求产生负面影响关系。其中工作稳定性对权益维护信息需求和子女教育信息需求的回归系数为负，且在 1% 的水平上显著，这说明工作越稳定的进城务工人员对权益维护信息和子女教育信息方面的需求越低，这也表明工作更换得越频繁，对信息需求的欲望就更强烈。我们知道一旦工作地发生改变，对于进城务工人员来说，子女更换学校的可能性就越大。因此工作不稳定的进城务工人员会对子女教育方面的信息需求更加强烈。

（3）信息环境对进城务工人员信息需求的影响

通过 SPSS 的回归分析，从表 3-8 来看，居住在企业员工宿舍和出租屋对衣食住行信息需求的回归系数为正，且在 1% 的水平上显著，这说明住在企业员工宿舍和出租房的进城务工人员对衣食住行方面的信息需求更强烈。

表 3-8   信息环境对进城务工人员信息需求的影响（回归系数）

变量属性		衣食住行	权益维护	医疗保健	子女教育
目前居住地	企业员工宿舍	2.307（0.010）	0.822（0.339）	-0.046（0.965）	1.345（0.101）
	出租屋	1.772（0.038）	0.355（0.672）	0.117（0.914）	0.958（0.225）
	自己购买房	1.410（0.210）	-0.121（0.905）	0.380（0.765）	0.343（0.714）
是否有信息公示栏	有	0.031（0.954）	0.054（0.918）	-1.209（0.073）	0.338（0.510）
	没有	0.846（0.134）	0.317（0.551）	-0.895（0.202）	0.833（0.107）
参加老乡聚会	有，参加过	-0.089（0.874）	-0.473（0.362）	0.921（0.125）	0.088（0.865）
	有，没有参加	-0.720（0.218）	-0.683（0.204）	1.628（0.104）	0.203（0.701）

注：目前居住地以其他为参考项，是否有信息公开栏以不清楚为参考项，参加老乡聚会以不清楚为参考项。

从信息公示栏和参加老乡聚会看，进城务工人员对这四类信息需求的显著性值均大于 0.05，依据问卷调查可知，进城务工人员大部分居住在企业员工宿舍或者出租屋里，他们基本上是集体的生活环境。因此，老乡聚会对于进城务工人员来说没有太大意义。而信息公告栏上的信息都是以工作地或者居住地地方的负责人粘贴为主，关于群众的、广泛的信息、有关进城务工人员想要的需求信息很少。因此信息公示栏和参加老乡聚会对进城务工人员获取信息需求来说并无明显差别。

（4）信息成本对进城务工人员信息需求的影响

通过 SPSS 的回归分析，从表 3-9 来看，信息获取的花费成本和信息获取的时间成本对衣食住行、权益维护、医疗保健及子女教育这四类信息需求基本上没有显著影响，显著性值均大于 0.05。一般而言，进城务工人员都是以手机这种移动智能终端或者通过工友来获取信息的，他们获取信息的成本和时间成本几乎不存在，这表明进城务工人员的信息需求不会受到信息成本高低以及获取信息所花时间多少而影响。

表 3-9　信息成本对进城务工人员信息需求的影响（回归系数）

变量属性		衣食住行	权益维护	医疗保健	子女教育
信息获取成本	极低	16.439（0.999）	−1.296（0.669）	19.193（0.999）	−1.172（0.528）
所花时间成本	极少	18.015（0.999）	18.210（0.999）	17.753（0.999）	18.414（0.999）

注：信息获取成本以极高为参考项，所花时间成本以极多为参考项。

三、进城务工人员信息需求的特点

1. 差异性

进城务工人员信息需求从弱到强依次为衣食住行、权益维护、医疗保健、子女教育。进城务工人员对尊重信息和自我实现信息的需求，相比物质信息和安全信息来说会显得更加迫切。

进城务工人员由农村进入城市，社会网络中心随着迁移而改变，进城务工人员在新型的社会网络中的信息需求也随着改变出现差异。原有农村网络相对封闭，社会网络关系在一个相当有限的地域空间内发展，使得个体之间彼此联系、交往透明，因而对信息的需求相对较少且大体相似。而进城务工人员进入城市后，交通的便利与通信快速的移动网络，更新并延展了进城务工人员原来由地域与血缘的强纽带关系组成的社会网络，使得融入城市网络的进城务工人员的新一代社会网络的结构和层次变得复杂，信息需求大幅上升，如增加关于基础生活、医疗卫生、维权保障、教育发展等方面的信息等。此外，进城务工人员个体的信息需求会随着其年龄层次、知识结构、教育水平、生活环境、职业性质的不同而差异性发展。

2. 层次性

现实中，进城务工人员的信息需求是分层的。目前，他们对较低层次的物质信息与安全信息的需求较低，而对高层次的尊重信息和自我实现信息的需求较高。这主要是因为在满足基本需求方面社会向进城务工人员提供了较为丰富的信息，基本满足了进城务工人员对较低层次的需求，因此他们就有了追求更高层次的需求。

进城务工人员离开农村到了城市，在城市化的潮流中，需要接受城市的理念，融入城市氛围，以便适用城市的生活。进城务工人员社会网络信息需求源于信息需要，但进城务工人员在满足城市的需求的同时，对于自身的信息需要有的表达出来了，有的却未表达。这种现象表明了进城务工人员的信息需求存在两个层次，即现实需求和潜在需求。现实需求表明进城务工人员具有需求意识，并能以提问的形式表达出来，容易被自己和他人识别；潜在需求表明进城务工人员虽然意识到自身的信息需求，并对其问题具有一定描述，但还没有或无法用语言正式地表述出来，只有当他人提醒或其他客观条件刺激之下才会被激发出来，最终转变成现实需求。

3. 发展性

进城务工人员不仅关注衣食住行方面的信息需求，而且对子女教育信息、医疗养老、自我价值实现等信息同样关注，这表明进城务工人员的信息需求是发展性的。信息需求的发展性意味着信息需求不是固定的，而是随着社会的发展、年龄的增长和生活经验的不同而变化的。

进城务工人员在进行社会实践活动时，为构筑新型社会网络而产生进城务工人员社会网络信息需求。初入城市的进城务工人员，活动范围与社交能力有限，社会信息量不大，信息需求也不太明显。随着社会网络中心由农村转向城市，进城务工人员逐渐接受各式各样新思想的熏陶，学习知识技能，并尝试以移动互联网络等方式拓展人际关系网络，使得进城务工人员在后期社会实践活动的发展过程中遇到的问题也越来越多。所以，进城务工人员在进行各项社会活动时就需要了解情况、掌握知识，以便制定有效的决策，故其信息需求日益增长且处在不断发展的过程之中。此外，随着城市发展进程的加快、年龄的增长和生活经验的累积，促使进城务工人员社会网络的总体信息需求不断扩大，信息需求层次也走向更高级的层次。

第四节　社会学视域下的进城务工人员社会网络信息需求分析

一、社会资本分析

社会资本理论的系统性研究起始于 20 世纪 80 年代。人们对社会关系网络的关注诞生了社会资本理论。社会资本这一概念最早为社会学家使用，并且最早被应用于公共设施，后来随着社会资本理论逐渐成为各个学科重点关注的前沿与焦点问题，不同学科的学者对社会资本开展了研究，最终各界对于社会资本的看法不一，如经济学家洛瑞（Loury）认为影响个人获得经济回报的社会环境质量可被称为社会资本。

法国社会学家皮埃尔·布尔迪厄把社会资本界定为一种社会网络，且是"体制化关系网络"，即"社会资本是实际的或潜在的资源的集合体"。美国社会学家普特南（Putnam）把社会资本界定为规则、网络与信任，并认为社会资本是一种组织特点，如信任、规范和网络等。美国社会学家科尔曼（Coleman）认为，"社会资本是个人拥有的表现为社会结构资源的资本财产，由构成社会结构的要素组成，主要存在于人际关系和社会结构之中，并为结构内部的个人行动提供便利"。这期间，布尔迪厄和科尔曼最早对社会资本的概念进行了更为明确的论证，即社会资本如同经济学概念中的人力资本、物质资本一样具有生产性，并且社会资本由个人所在的社会关系网络组成，只要个人所在的社会网络的异质性越强、规模越大、资源获取能力越强，那么个人的社会资本就越丰富。

但是，待科尔曼将社会资本的范围延伸到社会规范、社会信任等公共社会特征之后，有关社会资本的解释变得更为宽泛起来。有一批学者如普特南等支持科尔曼对社会资本的解释，并将科尔曼含有公共性思想的社会资本概念推广到政治学的研究之中。这些学者认为，涉及社会网络、社会规范、社会信任等方面的社会资本是社会组织的特征。而一些社会网络研究者追随布尔迪厄关于社会资本个体性思想的解释，并将社会资本概念用于分析个人的社会网络状况与社会地位等之间关系。也就是说，社会资本指的是人们在人际关系网络中及通过人际关系网络所能得到的多种资源，这些资源包括信息、构思、线索、商业契机、金融资本、权力、情感支持、良好的祝愿、信任和合作等。如果按照社会网络进行分析，就可以从社会关系的角度来分析社会资本的概念，也就是说，社会资本不仅包含在社会关系之中，也是个体所拥有一种资本类型。因此，对社会资本理论进行研究，也就是对资本展开研究。由此而来，社会资本理论出现了从集体层面进行研究的社会资本（集体社会资本）和从个体层面进行研究的社会资本（个体社会资本）这两个分支领域。

信任是社会网络关系特征的重要组成部分。阿克巴·扎希尔（Akbar Za-heer）等人认为信任指的是社会网络主体对其他网络成员的彼此信任倾向程度。信任机制的建立有助于各网络主体之间保持关系的持久性，同时网络主体间的信任程度也直接反映了关系质量的高低。汉森认为信任是指在正式的、诚实和合作行为的共同体内基于共享规范的期望，被认为是对他人期望可靠性的感知和解释。黄彦博认为信任有助于行动者减少社会关系中的不确定性和易变性，信任程度不同的交易双方为达成同样的交易所需支付的成本不同，交易更容易发生于相互信任的主体之间。这种以亲缘和地缘关系为基础的"特殊信任"是中国农民走向合作的行动逻辑，它促使个体农民在面临市场挑战时能够发起合作行为并建立和发展合作经济组织。

当前进城务工人员鉴识、甄别、接受和消化信息的能力相对较弱，要想加强进城务工人员与信息服务主体的信任关系，提高进城务工人员对信息服务主体提供的相关信息的接纳程度，需要通过一些频繁和紧密培养的方式进行。对于信息服务主体而言，进城务工人员对其信任程度的提升也相应地提高了他们提供信息服务的积极性和主动性，使得他们更愿意将有效的信息提供给进城务工人员。总之，进城务工人员对各信息服务主体的信任有利于信息获取和利用，也有助于提高信息服务效果。

进城务工人员进入城市发展新的社会网络，为谋求更好的生活、更满意的工作、更高的薪资、更快的提升，会产生许多信息需求，并在需求的驱动下寻找所需的信息资源。信息资源作为社会资本的一种，既可以作为物质财富也可以作为精神财富，在进城务工人员人际关系网络中占据十分重要的地位。

二、社会节点分析

社会是一个关系网，网罗了相关社会里的人，每个人在整个社会网络中都可以被看成一个点，而这个点就是社会节点。社会网络由节点连接构成，节点越多关系也就越多，故而形成的社会网络也就越大。进城务工人员作为社会的一个节点，在日常生活、工作和学习中，会与其他的社会节点相互联系，且联系形式多种多样，如父母与子女的亲属关系、上级与下属的同事关系、卖家与买家之间的合作关系等，共同形成了不同的关系纽带。通过这些关系纽带直接或间接地将网络成员联系在一起。然而，在这个社会网络中，进城务工人员的年龄层次、知识结构、工作环境、信息素养的不同，会使节点之间联系的纽带出现不对称的现象，再加上复杂的社会网络导致进城务工人员群体出现信息资源分配不平等的现象。进城务工人员离开原有熟悉的农村环境，在城市中构建新型社会网络是有一定信息需求的。而如何确保信息资源分配平等，将影响进城务工人员社会网络的信息需求。

三、关系强度分析

1973 年，格兰诺维特（Granovetter）在美国社会学杂志上发表了《弱关系的力量》一文，提出了弱连接理论，这是关系强度理论的开山之作。通过详细阐述小规模互动二方关系的力量的宏观影响，格兰诺维特把社会网络分析视为一种工具来连接微观层次与宏观层次的社会学理论。他指出，朋友之间关系网络的重叠程度，与他们相互之间的关系强度直接相关，且关系强度、关系的重叠程度对于影响力、信息扩散、调动机会及社区组织方面有着极大影响，因此他提出了弱关系能够传递更有价值的非重复信息的"弱关系假设"。他认为，每个人接触最频繁的人莫过于自己的亲人、同学、朋友、同事等，但不可否认的是，这的确是一种十分稳定却传播范围有限制的社会关系，他们彼此是一种"强连接"。但是除了强连接，还存在另外一种社会关系更为广泛的联系，即"弱连接"，然而社会网络中的弱连接比强连接更有力量。弱连接的发生群体不像强连接那样具有亲密性，但弱连接具有更强的穿透力，可以穿越不同的社会群体，穿过更大的社会距离，因此弱连接能接触到更多的人，传播效率也更快、更高效。之后，格兰诺维特提出关系强度可以分为强关系和弱关系。其中，就强关系而言，格兰诺维特认为大多数行为都紧密嵌入人际关系网络，人际关系网络中不同强度的社会关系将会对成员的行为产生不同的影响，强连接的作用集中体现在对关系网络中成员的促进作用，且具有强连接关系的成员会加强群体成员的交流与凝聚性。也就是说，强关系在那些具有相同文化背景、社会经验、教育背景与经济背景的社会网络主体之间，即这些主体之间的相似度较高；而弱关系与强关系恰恰相反，不仅各网络主体之间的文化、教育、经济等背景差异性较大，而且网络主体之间的分布范围较广，使得在这种情形下提供的信息具有较高的异质性。由此可知，强关系充当着一种"维修工"功能，它维持着群体或组织内部的关系；而弱关系则充当着一种

"信息桥"功能，连通着群体或组织内部的关系。

边燕杰基于已有研究和具体分析中国社会制度结构现状后，提出了"强关系假设"，即"通过个人网络获得的工作，更多的是通过强关系，而非弱关系"。

随着进城务工人员日益增长的信息需求，进城务工人员在城市发展，免不了要依靠本身拥有的强连接关系网络，一旦有信息需求，其强连接社会网络便是解决进城务工人员信息需求的好办法。但是，进城务工人员若仅仅依靠强关系网络来获取所需信息是无法满足其全部需求的，还需通过建立弱关系来获取更为宽泛、丰富的信息资源，如加强进城务工人员与政府、企事业单位、行业协会等外部力量的关系来建立进城务工人员的弱关系网络。此外，还应加大对网络的宣传，鼓励进城务工人员更多地使用互联网来拓宽进城务工人员原有在农村较为封闭的人际关系网络，使得进城务工人员有更多的交友平台与渠道，而其信息需求也可以通过两个互不相识的人在虚拟世界或"朋友的朋友"来解决，从而获得更多的信息交流与共享的机会。

博伊德（Boyd）指出利用互联网，虚拟社区的用户可以更方便地进行交流和扩大社会网络圈，成员间能够共享兴趣并建立社会联系。人们通过社交网络，可以看到好友的好友列表，不仅如此，还可借助"信息桥"的力量，扩大个人的社会网络圈子，增加其社会网络交流机会。倘若进城务工人员盲目"从众意识"减少，而信息意识提高，就可通过互联网和各类社交网站来搭建进城务工人员个体之间的"弱联系"，一旦搭建成功，将会比原有的"强联系"形成的社会网络更能起到"信息桥"的作用，也能够获得更多的信息。

四、社会资源分析

社会资源理论是美国社会学家林南（Linnan）对格兰诺维特"弱关系假设"的修订和扩展，认为社会是一个等级结构。地位较高的人拥有更多的社会资源，而地位较低的人则拥有较少的社会资源。但是，同一阶层的人拥有的社会资源相近，相互关系往往是强关系；而不同阶层的人们拥有的社会资源差别很大，相互的联系往往是弱关系。拥有不同社会资源的阶层通过弱关系进行连接，而拥有同质性社会资源的相同阶层则通过强关系进行联系。当个体想要采取具体行动来获取信息时，弱关系能寻求到更多的信息，也就是说，弱关系较强关系而言更为有效。

进城务工人员所处的外部环境较为复杂多变，要想使进城务工人员能获得及时有效的信息资源，最终达到提升进城务工人员信息服务的效果，需要加强进城务工人员与其他信息服务主体之间的联结强度与结网意愿，加速信息资源的有效流通。就进城务工人员群体而言，其结网意愿取决于彼此之间知识存量差异性，而各群体间知识的差势，则由信息资源分布的非均衡性所造成。一旦形成了知识差势，将加速进城务工人员社会网络的联结，进而实现信息资源的转移。具体而言，信息的流向总是由高势能者向低势能者转移。

就信息服务系统而言，一方面，信息存量少的进城务工人员若想加强各网络主体间的联结强度，得到更多的信息交流与获取机会，须通过增强与政府机关、科研机构、企事业单位等其他信息存量高的主体之间的结网意愿，以便获取丰富信息。另一方面，信息存量多的信息服务主体也需要向进城务工人员群体递出"橄榄枝"，不仅要连续、主动地向他们输出信息，还要注重收集进城务工人员对于输出信息的反馈意见，以便能向进城务工人员群体提供更能满足其信息需求的信息服务。在信息服务网络中，进城务工人员的结网意愿的增强，能促使各网络主体之间信息资源的交流与共享；进城务工人员联结强度的深化，有利于各网络主体之间建立牢固的信任机制与提升信息服务效果。

第五节　城镇化背景下进城务工人员信息需求制约因素模型构建

一、概念模型设定

依据前文中的需求理论分析结果可知，在当前城镇化发展的背景下进城务工人员对信息的需求是客观存在的，即进城务工人员对信息的需求是一种刚性需求。并且，从社会学视域来讲，在当前的信息社会中，只要进城务工人员具备一定条件，均对社会中的各类信息有着各种各样的需求。

另外，综合前文的研究可以得知，在广域的社会网络中进城务工人员信息需求主要受到下述因素的制约：首先，从进城务工人员信息需求所赖以存在的时空维度来看，如果将信息看作一种社会资源时，进城务工人员能否获得所需的信息还会受到进城务工人员与信息之间的可达性（信息获取渠道）所左右；其次，在这种可达性存在的前提下，进城务工人员是否愿意获取信息不仅会受到其所愿意付诸的信息获取时间、精力、成本等条件因素所制约，更会受其对信息的价值预期要素所影响。其中，以上所描述的进城务工人员信息需求与其信息获取条件、可达性（信息获取渠道）及其对信息的价值预期之间存在的相互制约关系可概括为如图 3-1 所示形式。

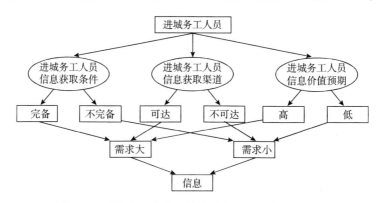

图 3-1　进城务工人员的信息需求制约因素作用关系

当然在社会学中，图 3-1 中的进城务工人员信息需求大小主要是通过个人信息获取意愿强弱水平来体现的。也就是说任意一个进城务工人员的信息需求因变量主要是通过自身的信息获取意愿（The Intention of Information Acquisition，IIA）来体现，并且任何一个进城务工人员对任意信息的获取意愿越强，则其对相应信息的需求水平就越高。由于进城务工人员个人信息获取的条件完备性、渠道可达性和预期价值构成了主要的影响因素，所以可将进城务工人员信息获取意愿的主要影响变量确定为进城务工人员所具备的"信息获取条件（The Conditions of Information Acquisition，CIA）"、进城务工人员所拥有的"信息渠道——信息可达性（Information Accessibility，IA）"及其对对应信息的"价值预期（Value Expectation，VE）"。以上变量所构成的进城务工人员信息需求制约因素概念模型可表达为如图 3-2 所示形式。

上述变量的特点是不能直接通过特定的值直接度量，需要我们在研究中结合实际来挖掘出影响这些变量的潜在影响因素。在结构方程模型分析中，这些潜在的影响因素也被称为构念或者是因子。

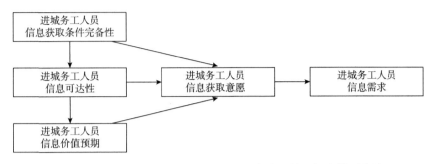

图 3-2　进城务工人员信息需求制约因素作用关系概念模型表达

二、假设条件提出

综上分析，我们可以将进城务工人员信息需求制约因素作用关系中的变量进行合理假设，主要有以下几个方面。

首先，进城务工人员的"信息获取条件 CIA""信息可达性 IA"和"价值预期 VE"对进城务工人员的信息获取意愿 IIA 有正向影响，本书中将这种正向影响的假设关系标记为 H1。

其次，进城务工人员的"信息获取条件 CIA"对"信息可达性 IA"有正向影响，进而也会进一步影响到进城务工人员对特定信息的"价值预期 VE"。本书中将这种正向影响假设为 H2。

前文中也明确指出了"进城务工人员的信息获取意愿越强，则信息需求水平就越高"，所以只要上述进城务工人员的"信息获取意愿"影响假设成立，则即可揭示出进城务工人员的信息需求 IN（Information Needs）制约因素作用关系。

三、数据采集及其信度分析

基于上述的假设，本书设计了相关的网络调查问卷（见本书附录 2），最终收集了来自全国 31 个省级行政区域的调查问卷共计 1530 份，时间从 2020 年 3 月 23 日至 4 月 27 日。为了验证本次问卷调查的可靠性，本问卷借助 SPSS 软件对所收集的问卷数据进行了分析，得出了 Cronbach's Alpha 指数，以便判断每个潜变量的信度，分析结果如表 3-10 至表 3-17 所示。

表 3-10　信息获取意愿的信度

Cronbach's Alpha	基于标准化项的 Cronbach's Alpha	项数
0.784	0.792	3

表 3-11　信息获取意愿的统计量

	均值	标准偏差	N
IIA1	4.59	0.691	1530
IIA2	4.36	0.825	1530
IIA3	4.13	0.940	1530

表 3-12　信息获取条件的信度

Cronbach's Alpha	基于标准化项的 Cronbach's Alpha	项数
0.784	0.785	3

表 3-13　信息获取条件的统计量

	均值	标准偏差	N
CIA1	4.29	0.881	1530
CIA2	3.56	1.144	1530
CIA3	3.22	1.221	1530

表 3-14　信息可达性的信度

Cronbach's Alpha	基于标准化项的 Cronbach's Alpha	项数
0.819	0.824	3

表 3-15　信息可达性的统计量

	均值	标准偏差	N
IA1	3.80	1.042	1530
IA2	4.32	0.810	1530
IA3	4.08	0.923	1530

表 3-16　价值预期的信度

Cronbach's Alpha	基于标准化项的 Cronbach's Alpha	项数
0.878	0.878	4

表 3-17 价值预期的统计量

	均值	标准偏差	N
VE1	4.29	0.840	1530
VE2	4.33	0.786	1530
VE3	4.22	0.838	1530
VE4	4.31	0.825	1530

依据统计分析中信度的基本要求,Cronbach's Alpha 大于 0.7 则调查可信。结合表 3-10、表 3-12、表 3-14 和表 3-16 中的信度数据可知,进城务工人员的信息获取意愿、信息获取条件、信息可达性及其价值预期所对应的 Cronbach's Alpha 分别为 0.784、0.784、0.819 和 0.878,说明本次的问卷调查数据均具有可信度。

四、数据模型构建与分析

依据前文中的相关假设,借助 AMOS 构建出对应的结构方程,同时导入所收集的数据进行分析,最终可分析得出如图 3-3 所示的带路径系数的模型分析结果。

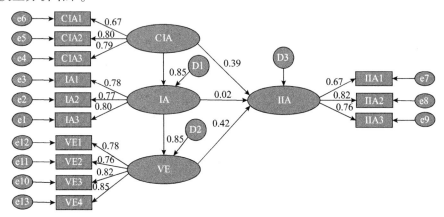

图 3-3 带路径系数的模型分析图

此外,通过 AMOS 结构方程模型分析,可得出如表 3-18 所示的"回归系数"分析结果。

表 3-18   回归系数

			Estimate	S. E.	C. R.	P	Label
IA	<---	CIA	0.649	0.043	15.265	＊＊＊	
VE	<---	IA	0.795	0.047	16.893	＊＊＊	
IIA	<---	CIA	0.187	0.053	3.523	＊＊＊	
IIA	<---	VE	0.284	0.070	4.061	＊＊＊	
IIA	<---	IA	0.013	0.097	0.130	0.897	
IA3	<---	IA	1.000				
IA2	<---	IA	0.845	0.046	18.399	＊＊＊	
IA1	<---	IA	1.106	0.059	18.795	＊＊＊	
CIA3	<---	CIA	1.000				
CIA2	<---	CIA	0.950	0.053	17.783	＊＊＊	
CIA1	<---	CIA	0.614	0.041	14.812	＊＊＊	
IIA1	<---	IIA	1.000				
IIA2	<---	IIA	1.466	0.099	14.820	＊＊＊	
IIA3	<---	IIA	1.546	0.109	14.180	＊＊＊	
VE3	<---	VE	1.000				
VE2	<---	VE	0.873	0.046	19.172	＊＊＊	
VE1	<---	VE	0.953	0.048	19.686	＊＊＊	
VE4	<---	VE	1.020	0.046	22.136	＊＊＊	

注：表中<---代表因素之间的影响关系，＊＊＊代表显著，本书其他表格中相同符号含义相同。

通过表 3-18 中的 Regression Weights 数据可知：除"信息可达性"到"信息获取意愿"的路径系数不显著外，其余路径系数和载荷系数均是显著的。由此说明了进城务工人员"信息可达性"不会对其"信息获取意愿"有直接影响，而是通过"价值预期"间接影响到进城务工人员"信息获取意愿"，进而影响到进城务工人员的信息需求。

除此之外，还得到了表 3-19 所示的"标准回归系数"值。

表 3-19   标准回归系数

			Estimate
IA	<---	CIA	0.845
VE	<---	IA	0.853
IIA	<---	CIA	0.388
IIA	<---	VE	0.422

			Estimate
IIA	<---	IA	0.020
IA3	<---	IA	0.800
IA2	<---	IA	0.770
IA1	<---	IA	0.784
CIA3	<---	CIA	0.788
CIA2	<---	CIA	0.799
CIA1	<---	CIA	0.670
IIA1	<---	IIA	0.670
IIA2	<---	IIA	0.823
IIA3	<---	IIA	0.761
VE3	<---	VE	0.821
VE2	<---	VE	0.765
VE1	<---	VE	0.780
VE4	<---	VE	0.851

结合表3-19中的标准化系数，可以直接判断出变量之间的相互影响强度，比如进城务工人员"信息获取条件"对"信息可达性"的影响强度是0.845，而进城务工人员的"信息可达性"对"价值预期"的影响强度是0.853，进城务工人员的"信息获取条件"对其"信息获取意愿"的影响强度是0.388，进城务工人员信息"价值预期"对进城务工人员"信息获取意愿"的影响强度为0.422；而进城务工人员的"信息可达性"对进城务工人员"信息获取意愿"的影响强度为0.020，处于很低的水平，这种影响可以忽略不计。

五、数据模型优化及其结论

结合表3-18和表3-19中"信息可达性"到"信息获取意愿"之间的路径系数显著性和标准化的系数可知：进城务工人员的"信息可达性"基本上不会对进城务工人员的"信息获取意愿"产生影响，所以本研究将对图3-3中的结构方程进行优化，移除"信息可达性"到"信息获取意愿"之间的路径，最终经优化后的带路径系数模型分析结果如图3-4所示。

其中，图3-4所对应的"优化后的回归系数"如表3-20所示。

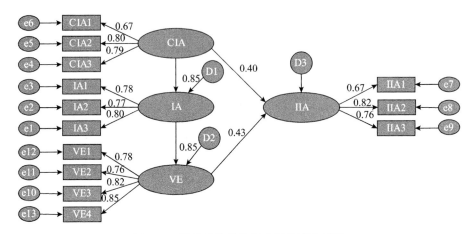

图 3-4　优化后的带路径系数模型分析图

表 3-20　优化后的回归系数

			Estimate	S. E.	C. R.	P	Label
IA	<---	CIA	0.649	0.042	15.309	***	
VE	<---	IA	0.795	0.047	16.895	***	
IIA	<---	CIA	0.192	0.035	5.471	***	
IIA	<---	VE	0.291	0.048	6.057	***	
IA3	<---	IA	1.000				
IA2	<---	IA	0.845	0.046	18.399	***	
IA1	<---	IA	1.106	0.059	18.797	***	
CIA3	<---	CIA	1.000				
CIA2	<---	CIA	0.950	0.053	17.775	***	
CIA1	<---	CIA	0.615	0.041	14.819	***	
IIA1	<---	IIA	1.000				
IIA2	<---	IIA	1.465	0.099	14.814	***	
IIA3	<---	IIA	1.547	0.109	14.184	***	
VE3	<---	VE	1.000				
VE2	<---	VE	0.873	0.046	19.170	***	
VE1	<---	VE	0.953	0.048	19.686	***	
VE4	<---	VE	1.020	0.046	22.130		

从表 3-20 中可以看出，经过优化后所有的路径系数和载荷都是显著的，并且可得出如表 3-21 所示的"优化后的标准回归系数"值。

表 3-21　优化后的标准回归系数

			Estimate
IA	<---	CIA	0.845
VE	<---	IA	0.853
IIA	<---	CIA	0.399
IIA	<---	VE	0.432
IA3	<---	IA	0.800
IA2	<---	IA	0.770
IA1	<---	IA	0.784
CIA3	<---	CIA	0.787
CIA2	<---	CIA	0.799
CIA1	<---	CIA	0.670
IIA1	<---	IIA	0.670
IIA2	<---	IIA	0.822
IIA3	<---	IIA	0.762
VE3	<---	VE	0.821
VE2	<---	VE	0.765
VE1	<---	VE	0.780
VE4	<---	VE	0.850

依据表 3-21 中的"优化后的标准回归系数"值可知，进城务工人员"信息获取条件"对"信息可达性"的影响强度是 0.845，而进城务工人员的"信息可达性"对"价值预期"的影响强度是 0.853，进城务工人员的"信息获取条件"对其"信息获取意愿"的影响强度从之前的 0.388 提升到了 0.399，进城务工人员信息"价值预期"对进城务工人员"信息获取意愿"的影响强度从之前的 0.422 提升到了 0.432。

上述分析过程所对应的 CMIN 和基准线比较统计量（Baseline Comparisons）拟合指数见表 3-22 和表 3-23。

表 3-22   CMIN

Model	NPAR	CMIN	DF	P	CMIN/DF
Default model	43	131.046	61	0	2.148
Saturated model	104	0	0		

表 3-23   基准比较系数（Baseline Comparisons）

Model	NFI Delta1	RFI rho1	IFI Delta2	TLI rho2	CFI
Default model	0.893	0.863	0.907	0.880	0.906
Saturated model	1.000		1.000		1.000

由表 3-22 可以查看卡方检验结果。当卡方与自由度的比值小于 3，说明模型的协方差阵与数据的协方差阵有可以接受的拟合效果。另外，由于 Baseline Comparisons 中的规范拟合指数 NFI = 0.893、相对拟合指数 RFI = 0.863、增量拟合指数 IFI = 0.907、比较拟合指数 CFI = 0.906，上述各个指标均接近 0.9，从而表明了该模型在一定程度上有较好的解释能力。

综合上述的研究结果，可知："信息可达性 IA" 对进城务工人员的 "信息获取意愿 IIA" 有直接的正向影响假设条件不成立之外，其余的假设条件均成立。至此，可得出以下结论：

①进城务工人员的 "信息获取条件 CIA" 对进城务工人员的 "信息获取意愿 IIA" 有着正向影响。

②进城务工人员的 "信息获取条件 CIA" 对 "信息可达性 IA" 有正向影响，进城务工人员的 "信息可达性 IA" 对 "价值预期 VE" 有正向影响，并且 "价值预期 VE" 进一步影响到进城务工人员的 "信息获取意愿 IIA"，最终影响到进城务工人员的信息需求。

因此，本节开始的概念模型基本成立，并存在如图 3-5 所示的进城务工人员信息需求制约因素作用关系。

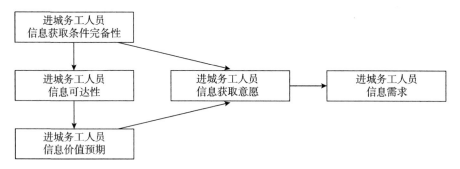

图 3-5 进城务工人员信息需求制约因素作用关系图

第四章

进城务工人员社会网络信息生态链

随着进城务工人员群体的发展与壮大，进城务工人员对信息服务的需求日益增长，不同的渠道为进城务工人员的生活提供了相关资讯，使进城务工人员的生活更为便捷。进城务工人员社会网络中信息的有效运转为他们的日常工作、生活提供了保障，因此，建设和谐、稳定的进城务工人员社会网络信息生态链是极为重要的。

本章以进城务工人员社会网络信息生态链为研究对象，在阐述相关概念的基础上阐述了进城务工人员社会网络信息生态链的构成要素及结构特征，根据进城务工人员的信息来源分别构建了政府信息型、社会参与型和个人社交型结构模型，分析了进城务工人员社会网络信息生态链运转的驱动力，揭示了进城务工人员信息获取的路径，为相关研究提供参考借鉴。

第一节　进城务工人员社会网络信息生态链概述

在信息管理领域，信息生态理论的研究建立在信息科学和生态学的学科基础之上，利用了生态学的观点和方法，研究信息生态系统的构成因子、因子之间的相互作用、信息流和能量流的传递等问题。其中，信息生态链理论强调了信息主体与信息之间的关系，其研究重点在于信息的传递与利用。在研究进城务工人员对信息寻求时，也是需要将重点放在信息主体与信息之间的关系上。因此，基于信息生态链的分析能够为进城务工人员社会网络的信息研究提供全新的视角。

一、进城务工人员社会网络信息生态链的内涵

1998 年，我国学者李美娣明确提出了信息链的概念，强调了信息链的重要性。2007 年，韩刚、覃正提出了信息生态链的概念，认为信息生态链是存在于特定的信息生态中的、由多种要素构成的信息共享系统，其具有空间结构特征、时序变动特征和管理特征，是信息生态的集中体现。同年，娄策群、周承聪提出，信息生态链的功能实质是不同种类信息人之间的信息流转，并将信息生态链定义为：信息生态系统中不同种类信息人之间信息流转的链式依存关系。

立足信息生态链理论与进城务工人员社会网络理论可以发现，进城务工人员社会网络中的信息传递形成了信息生态链，随着进城务工人员社会网络的变迁，该信息生态链随着进城务工人员社会网络的逐步发展而走向成熟，现对其做出了初步定位：

①从组成来看，进城务工人员社会网络信息生态链由信息、信息主体和信息环境组成，进城务工人员是最主要的信息主体。

②从结构来看，进城务工人员社会网络信息生态链是因进城务工人员社会网络的发展而围绕进城务工人员形成的链式依存关系，信息在其中流转。

③从功能实质来看，进城务工人员社会网络信息生态链中的信息流转旨在促进进城务工人员的信息获取，实现信息共享，以满足进城务工人员的信息需求。

综上所述，进城务工人员社会网络信息生态链可以被概括为：在城镇化背景下，为了确保进城务工人员城镇化生活中有可用的、足够的、不同类型的信息能够传递，依托于进城务工人员社会网络，以进城务工人员为中心与其他个人或组织形成了有序的链状结构，各类信息在其间流转，满足进城务工人员生活的信息需求。

二、进城务工人员社会网络信息生态链的特征

进城务工人员社会网络信息生态链通过信息的传播，将以进城务工人员为中心的社会交往群体联系起来，形成了一个整体，反映出了进城务工人员所获取信息的流动情况。信息传递给进城务工人员的整个过程是复杂的，这种过程的复杂性让进城务工人员社会网络信息生态链系统具备了多种特征。

1. 整体性

进城务工人员社会网络信息生态链是由所有进城务工人员个人的社交网络信息链而组成的整体功能复杂的信息生态链，它将独立的进城务工人员个人社会网络信息链整合在了一起，包含着不同种类、不同层级的要素，信息生态链中每一个要素所发生的变化会影响其他要素，并对信息生态链的运行造成一定的影响，但信息生态链的整体性特征正是体现在这方面。如当信息环境发生一定的变化时，信息主体的信息获取行为会随之改变，而信息的流转也会因此而变化。因此，进城务工人员社会网络信息生态链是作为整体而存在的，其整体性特征是最基本的特征。

2. 差异性

不同进城务工人员个人的社会网络信息链都存在其各自的特点，这些特点包括信息获取上的不同、链接模式上的区别、社会关系上的个性化等，进城务工人员社会网络信息生态链内部的差异性即体现于此，这些差异的共存丰富了信息生态链的各个要素，生态链的整体性包含并制约着这些差异，使整个信息生态链平衡运行并持续发展。因此，在整体性的包含与制约下，进城务工人员社会网络信息生态链的差异性让信息生态链在流畅运作的同时多元而平衡地发展。

3. 动态性

动态性是指进城务工人员社会网络信息生态链具有内在的动态变化能力，其动态变化主要体现在结构特征的变化。随着进城务工人员社会网络的发展，信息生态链的结构也会随之变化，而外界环境的变化也会影响到节点与节点之间的信息传播模式，如信息技术的发展使得进城务工人员信息获取方式发生变化，进而对传播模式造成影响。因此，进城务工人员社会网络信息生态链的链条是动态性地发展的，并以此方式保持了信息生态链的稳态。另外，信息生态链内部环境与外部环境既相互制约又相互适应

也反映了信息生态链的动态性。

4. 适应性

进城务工人员社会网络信息生态链中，众多环境因素会直接或间接地影响到信息主体的信息行为，并对信息生态链的结构产生影响，为了与环境相适应，信息主体通过不断地自我调整与改进，以此优化信息生态链的结构。进城务工人员社会网络信息生态链这样不断地完善发展，显示出其对于环境的适应性。适应性的存在使进城务工人员社会网络信息生态链能随着外界环境的变化而发展，对进城务工人员的信息获取产生更大的作用。

第二节　进城务工人员社会网络信息生态链的构成要素

信息生态链包含了信息、信息人（信息主体）和信息环境等基本要素，进城务工人员社会网络信息生态链同样包含这些要素。其中，信息要素为进城务工人员通过社会网络所获取各类信息，这些信息将信息生态链的各个环节联系起来，是关键性要素。信息主体以进城务工人员为中心，包含了进城务工人员社会网络中的所有主体类型，是核心要素。信息环境是进城务工人员社会网络信息生态链存在的支撑性要素，影响着信息生态链的发展。这三者之间，信息在信息主体之间传递，信息环境对信息主体的行为与信息流转产生影响，实现了进城务工人员社会网络信息生态链的联系和互动。

一、信息

一般来说，进城务工人员社会网络中传递的信息包括其获取的多方面信息，包括基本生活信息、工作信息、娱乐及政府信息等。结合马斯洛需求层次理论，将进城务工人员所获取的信息内容按照作用进行分类，可分为基本生活信息、就业信息、技能培训信息、医疗与社会保障信息、权益维护信息、文化娱乐信息、子女教育信息、政治参与信息等。这些不同种类的信息满足了进城务工人员在城镇生活的生理相关、安全相关、社交与归属相关、尊重相关及自我实现相关的信息需求等。

在实际的信息获取中，这些不同种类的信息，按照来源的主体不同，可简单地将其分为两类，一是进城务工人员个人从其他个人所获取的信息，二是进城务工人员个人通过用人单位、社区或社会组织、政府等所获取的信息。

进城务工人员通过这些不同种类的个体所获取的信息存在着一定的差异性，主要获取的具体情况如下。

①进城务工人员社会网络中的个人社交主要为进城务工人员因亲缘关系、地缘关系而一直存在的亲属、同乡朋友等，随着进城务工人员外出务工，其社交网络中的个体数量会逐渐增多，包括其同事、新认识的现实朋友、因网络发展而结识的网友等。进城务工人员个人与这些个人在日常的社交中，会获取各个方面的信息，信息种类及数量与进城务工人员个人的人际交往情况息息相关，如这些个人的人数、关系紧密程度、所在的行业及职位等，这些因素对于进城务工人员个人的信息获取均存在一定的影响。因此，进城务工人员个人通过个人所获取的信息种类、数量及质量等均存在较大的差异性。

②在进城务工人员社会网络中，进城务工人员也通过用人单位、社会组织、社区或政府等获取的信息，并且还可将这些细分为政府与非政府组织这两类。政府是最主要的信息发生源，其他社会各界在政府的主导下对进城务工人员进行信息传播。进城务工人员群体在城市的生存较依赖于政策环境。因此，政府信息于进城务工人员来说极其重要。在政府的主导下，社会各界所提供的内容主要包括：基本生活信息、就业信息、医疗信息等生存层次的生理相关信息，社会保障、权益维护、子女教育等基本安全相关的保障信息，政治参与等涉及自身社会地位的尊重相关信息，技能培训等与自我提升相关的自我实现信息。此外，文化娱乐、社会文化等社会交往方面的社交与归属信息也与政府相关。

此外，在当今信息时代，进城务工人员也通过大众传媒与网络平台获取信息，这两者往往发挥信息传递的功能，无论是进城务工人员的个人社交所获取的信息，还是进城务工人员个人从组织所获取的信息，都离不开传播媒介与网络平台的信息传递功能，如报社借助报纸传递新闻，企业借助报纸、电视或网络发布广告等。

二、信息主体

韩刚、覃正指出，信息生态链由信息供应者、信息传递者、信息消费者和信息分解者四类信息主体构成。在此后的研究中，还发展出了信息组织者的角色，进城务工人员社会网络信息生态链中也存在各种信息主体扮演着这些功能角色。

上述对信息内容及信息来源的分析可以发现，进城务工人员社会网络信息生态链的信息主体主要包括：进城务工人员个人，进城务工人员亲属、朋友等个人，用人单位、社会组织、社区或政府等组织，大众传媒与网络平台等。

第一，进城务工人员社会网络信息生态链中的信息并不是凭空产生的，而是来源于信息生产者。进城务工人员个人所接收到的信息来源，都属于信息生产者的范畴，既可以是群体，也可以是个人，如政府对进城务工人员发布的社会保障信息、用人单位对进城务工人员发布的招聘信息及其他个人对进城务工人员产生的社交信息等。在进城务工人员社会网络信息生态链中，信息生产者最主要的服务对象为进城务工人员。

第二，信息在生产之后需传递给进城务工人员，信息传递者扮演的便是这个角色，主要由大众媒体承担这一职责，包括广播、电视、网络和报纸等。信息传递者通过信息的传递将信息生产者与信息消费者连接起来，为进城务工人员信息的获取提供关键性条件。

第三，信息在通过信息传递者传递给进城务工人员的整个过程中，并不是毫无变化的，信息生产者产生的信息种类繁多、质量参差不齐且处于无序化，为了提高信息利用率，则存在个人或组织作为信息组织者对信息进行过滤及排序处理。信息传递者与信息组织者对于信息生态链的信息传递来说，作用是具有相似性的，皆对信息进行了处理。因此，两者可并称为信息管理者。

第四，进城务工人员社会网络信息生态链的核心是让进城务工人员获取信息，不论是信息的产生，抑或是信息的传播及组织，其目的都是让进城务工人员消费、让进城务工人员能够及时地接收并运用信息。因此，进城务工人员是最主要的信息消费者。

第五，信息分解者是信息被进城务工人员使用之后对信息进行处理，或是将进城务工人员社会网络信息生态链中的虚假、错误信息进行及时删除的角色。同时，信息分解者也承担着为信息的二次加工做好储备工作的责任。在进城务工人员社会网络信息生态链中，信息分解者在不同的情况下由不同的信息主体担任。

第六，以上的功能角色在一定条件下可以相互转化，如进城务工人员在制造信息时是信息生产者，将信息传递给他人时为信息传递者，获取各类信息时是信息消费者，再对自身信息进行删除时为信息分解者。

最后，这些角色也可能同时具备两种或两种以上的功能，如社区在对进城务工人员传播政府发布的社会保障信息时，会对政策性文件进行处理使信息适用于进城务工人员。此时，社区是信息传递者的同时也是信息组织者。

三、信息环境

在自然界中，自然环境与生物之间保持着密切的关系，自然环境能够对生物的行为产生影响，生物也能够从外界环境中获其所需。同样地，进城务工人员社会网络信息生态链的信息环境也影响着信息主体及信息，反之，信息主体及信息的发展也对环境产生一定的影响。对于信息生态链来说，信息环境可分为内外两部分。

①外部环境包括政治环境、经济环境、法律环境等方面。其中，政治环境直接影响着信息生态的发展，良好的政治环境有利于信息生态的平衡和进化；经济环境对信息生态的发展起着重要的影响作用，经济发展的良好有利于信息生态的建设；完善的法律环境有利于信息生态的健康、有序、和谐发展。

②内部环境即各信息主体间的运营环境，包括存在于进城务工人员社会网络信息生态链内部并与整个系统的运营与发展密切相关的要素，如作为信息生态链的基础要素存在的信息资源，影响着人们信息使用行为的信息文化及对信息资源开发利用的信息技术等。

信息内外部环境的变化与相互协调，共同对进城务工人员社会网络信息生态链的发展产生影响。

第三节　进城务工人员社会网络信息生态链的结构特征

从进城务工人员社会网络信息生态链的结构来看，各类信息主体都作为节点存在，节点与节点之间通过信息而链接，信息在节点之间流动和转换。

首先，进城务工人员社会网络信息生态链中节点之间的关系影响着信息生态链的运作，影响了信息的流动。其次，信息在节点之间的流转反映了信息生态链的功能实质，既有正向信息流，又存在反向信息流；信息流转既包括信息的流动，又包括信息的转换。最后，进城务工人员社会网络信息生态链中节点与节点的链接模式依据社会网络的链条而形成，其模式反映了节点联系的紧密程度与结构的稳定性。

一、节点关系

进城务工人员社会网络信息生态链的节点，是由上述各类信息主体抽象而成的，既可以是个人，也可以是组织。在进城务工人员社会网络信息生态链中，每个节点对于信息生态链的运作都发挥着一致或不同的功能，功能的良好发挥使得信息生态链正常运转。

节点功能的发挥往往不是独立进行的，而是依赖于节点之间的关系，主要表现为合作关系与竞争关系。具有不同功能的节点扮演着不同的角色，有的节点致力于信息生产，有的则是传递信息，节点之间的合作让信息的流转顺利进行，让信息共享得以实现，如政府作为一个核心节点，其主要功能是信息生产，与其他节点的关系多为合作互惠的关系。同时，功能一致的节点往往有着相同的利益诉求，因此节点之间的竞争也是在所难免的，但正是因为竞争的存在保证了信息生产与传递的活力。

二、信息流

一般来说，进城务工人员社会网络信息生态链中传递的信息是对进城务工人员生活的客观描述，是进城务工人员在城镇化背景下信息获取的直接反映。

在进城务工人员社会网络信息生态链中，信息在节点之间流转形成信息流，信息的流动加强了节点之间的联系，使得信息生态链中的节点与节点之间的关系更为紧密。

信息生态链中的信息流转具有双向性，会进行正向流转与反向流转，正向流转的信息由上游信息人传递给下游信息人，反向流转的信息由下游信息人传递给上游信息人。进城务工人员社会网络信息生态链中的信息流同样具有这样的特点。正向信息多为进城务工人员通过各个途径所接收的信息，这些信息自上而下经过生产、组织、传播等处理，一级级地流向进城务工人员，正向流转的信息汇聚成正向信息流，是进城务工人员社会网络信息生态链中的最主要的信息流转。反向流转的信息是下级节点对于上级信息的反应所产生的反馈信息，反馈信息在一定程度上具有指导作用，上级节点能通过反馈信息调整自身的信息行为，反馈信息的流动汇聚成逆向信息流，对信息的正向流转起着促进作用。

三、链接模式

进城务工人员社会网络信息生态链中节点与节点的链接模式依据社会网络的链条而形成，具有不同的链接方式，反映了节点联系的紧密程度与结构的稳定性。稳定的链接模式能为信息流转提供保障，帮助进城务工人员更好地在城镇化背景下寻求所需信息，得到更好的生活；同时也是政府对于进城务工人员进行社会保障的基础。

在不同的情况下，进城务工人员社会网络信息生态链节点的链接模式存在差异，主要表现为一对一、一对多、多对一及网状链接模式，如图4-1所示。

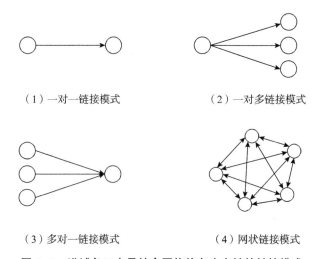

（1）一对一链接模式　　　　（2）一对多链接模式

（3）多对一链接模式　　　　（4）网状链接模式

图4-1　进城务工人员社会网络信息生态链的链接模式

一对一模式是信息在两个节点之间流动所产生的链接方式，是其他链接模式的基础，也是进城务工人员社会网络信息生态链中最基本的链接方式。

一对多模式是信息自同一个上级节点向多个下级节点流动所产生的链

接方式，一般存在于面向广大进城务工人员群体发布相关政策信息的政府部门，如人力资源和社会保障部门面向社会组织及进城务工人员发布相关保障政策信息。

多对一模式是信息自多个上级节点向同一个下级节点流动所产生的链接方式，一般表现在多个信息生产者将面向进城务工人员的信息发布在同一个网络平台上，网络平台对于多个来源的信息进行汇集，为信息共享做好准备。

网状链接模式一般存在于进城务工人员个人社交网络结构中，进城务工人员与其他节点的联系是直接的，信息流动的层级较少，各个节点所发挥的功能是多样且多变的。

第四节　进城务工人员社会网络信息生态链的结构模型构建

通过前文对于进城务工人员信息来源的分析可以发现，影响进城务工人员城镇化生活的大部分信息，都在政府及社会其他组织的影响下，政府是最主要的信息发生源。在政府的主导下，社会其他组织参与其中，对进城务工人员社会网络信息生态链的发展起到至关重要的作用。

进城务工人员群体作为进城务工人员社会网络信息生态链最重要的信息主体，是整个进城务工人员社会网络信息生态链的核心。进城务工人员社会网络信息生态链通过信息的流转，在政府及其他社会组织的保障下，旨在帮助进城务工人员更好地进行信息获取，充分地满足进城务工人员群体的信息需求，从而实现进城务工人员群体与国家、社会的效率、价值、效益的最大化。

进城务工人员社会网络信息生态链涉及进城务工人员群体所获取的方方面面的信息，由于信息来源复杂，其信息生态链的结构也存在一定的差异。因此，在构建进城务工人员社会网络信息生态链的结构模型时，根据其信息生态链的信息来源，将其分为三类：一是以政府信息的流转而形成的政府信息型进城务工人员社会网络信息生态链；二是非政府组织，如用人单位、社会组织、社区等提供的信息流转所形成的社会参与型进城务工人员社会网络信息生态链；三是进城务工人员个人社交而产生信息流转所形成的个人社交型进城务工人员社会网络信息生态链。

一、政府信息型结构模型

1. 主体

任婕将政府信息的传播渠道分为政府主导的官方渠道、企业主导的市场渠道与非营利组织主导的公益渠道。这三类渠道也揭示了政府信息型进城务工人员社会网络信息生态链中，政府信息的流动途径。因此，此类信息生态链主要由政府部门、政府官方平台、企业主导的运营平台、非营利组织主导的公益平台、相关企业及进城务工人员等构成。

在这类进城务工人员社会网络信息生态链中，信息的来源为政府相关部门；而信息管理者的角色主要由政府官方平台、企业主导的运营平台、非营利组织主导的公益平台承担；信息消费者主要是进城务工人员，有时相关企业需要了解相关政策以制订发展计划，也属于信息消费者。此外，信息主体之间存在着多种关系，影响着信息生态链的运作。政府官方平台、营利组织主导的运营平台与非营利组织主导的公益平台皆属于信息管理者，它们之间存在一定的竞争关系，但更为主要的是协作关系，因为这三个类型平台的性质不同，其对于信息组织的侧重点不同、对于进城务工人员所提供的信息服务也存在较大差异，这三个平台之间的协作关系是有利于信息全面流动的，信息内容上的相互补充有利于提高信息消费者对于信息的利用率。此外，政府部门这一信息主体与其他信息主体之间则是互惠的关系，各方发挥着不同的功能，共同保证信息生态链的和谐运作。

2. 信息内容

政府针对进城务工人员发布的信息主要有两类：管理类信息和民生类信息。管理类信息包括人口流动管理、户籍管理、安全知识宣传等，民生类信息即关系到其自身发展的信息，如社会保障信息、技能培训信息、子女教育信息、医疗信息、权益维护信息等。这些信息种类复杂多样，涉及进城务工人员多方面、多层次的信息需求，包括医疗、社会保障等较低层次的生理、安全相关的信息需求及技能培训等较高层次的自我实现相关的信息需求。

在此类信息生态链中，信息内容以政策性信息为主，政府作为信息生产者所产生的信息为社会各界提供了指导与方向，对于进城务工人员来说，此类信息生态链所提供的信息内容是最不可或缺的生活所需。

3. 链接模式与信息流转

在政府信息型进城务工人员社会网络信息生态链中，信息生产者与信息管理者之间多是一对多模式，如由政府发布信息，面向多个类型的信息管理者，信息管理者将信息传递给不同的进城务工人员个体。

其中，信息流转的内容是政府生产的进城务工人员相关信息。政府信息在流动过程中，信息内容或形式存在一定的转换与变化，主要为信息管理者在将信息传播给进城务工人员之前，进行人工转化，对信息进行编辑、组织、综合等加工处理，并将加工处理后的信息传递到自身平台中进行发布。

信息正向流动的动力来自政府部门对进城务工人员管理的需求及进城务工人员对生活相关信息的需求。解决进城务工人员问题是我国建设社会主义和谐社会的重大课题，政府发布的进城务工人员相关政策信息旨在帮助进城务工人员适应不断变化的生活、保障社会的和谐稳定发展，政府发布信息的利益诉求则是这些方面，其信息正向流动的动力主要来源于此。管理类信息发布的动力为政府对进城务工人员的管理诉求，一般都是政府的硬性要求，有专人负责并且确保信息落实到位，但进城务工人员群体往往不会主动关注此类信息；民生类信息发布的动力既来源于政府，又来源于进城务工人员对于此类信息的强烈需求，但对于此类信息，政府往往只是进行发布，较少关注进城务工人员获取及利用情况。同时，进城务工人员获取政府信息后，会主动反馈其收获，或是被动地由相关人员收集反馈，这些反馈行为造成了信息的逆向流动，促进了反馈信息流的形成，进城务工人员的相关反馈为政府信息的生产提供了一定的参考价值，同时也益于信息管理者改善信息的组织及传播方式。

4. 结构模型

基于上述描述，进城务工人员政府网络信息生态链结构模型如图 4-2 所示。

二、社会参与型结构模型

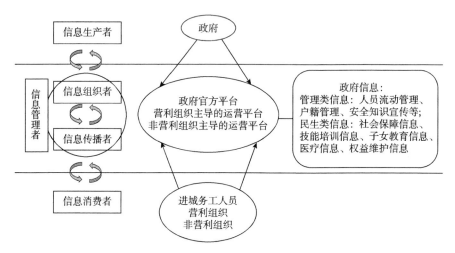

图 4-2 政府信息型结构模型

1. 信息主体

在社会参与型进城务工人员社会网络信息生态链中，信息生产者主要为以企业为主的营利组织、以社区为主的非营利组织等非政府组织；信息传递者往往为大众媒体或是网络平台；信息组织者往往是非政府组织自身或是将信息进行加工处理的其他个人或组织；信息消费者主要为进城务工人员群体。

此类信息生态链中，信息生产者中能提供信息种类相同的信息主体通常是竞争关系，但也存在着协作关系；而不同类型的信息主体之间通常是平等、合作的关系。

2. 信息内容

此类信息生态链由于信息生产者范围广泛，涉及社会各界，因此其提供的信息多种多样，进城务工人员可从中获取来自社会各界的各类型的信息，包括就业、基本生活、文化娱乐、子女教育等信息，并满足了进城务工人员各个层次的信息需求。尤其是现今自媒体的发展，使得进城务工人员信息的来源更广、所了解的信息更多，但与此同时，信息的碎片化也使进城务工人员所获取的信息质量存在一定程度的下降。不过不可否认的是，此类信息生态链在政府信息的基础上切实地丰富并满足了进城务工人员各个层次的信息需求。

3. 链接模式与信息流转

　　在社会参与型进城务工人员社会网络信息生态链中，信息生产者与信息管理者之间的链接一般为一对多及多对一模式，信息管理者与信息消费者进城务工人员之间共同形成了一对多及多对一、多个主体对应多个主体的链接模式，社会各界生产、组织、传播出来的信息对于进城务工人员是具有广泛性的。

　　此类信息生态链中，信息正向流动的动力来自营利组织的利益诉求、非营利组织的目标诉求及进城务工人员的信息需求。对于营利组织如企业来说，为进城务工人员提供信息服务既满足了自身利益的需求，又保障了进城务工人员的信息需要，双方互惠互利，在反馈信息中，进城务工人员所提供的建议能保障自身需求的实现并为营利组织生产传播信息而提供建议。对于非营利组织，比如社区来说，其提供的信息相较于营利组织存在一定的局限性，且信息流动的动力要弱于营利性组织。

4. 结构模型

　　基于上述描述，社会参与型进城务工人员社会网络信息生态链结构模型如图 4-3 所示。

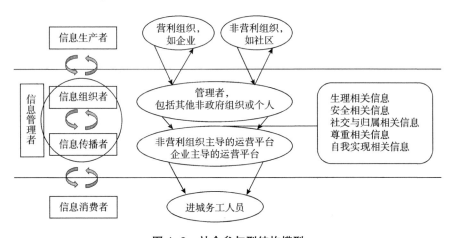

图 4-3　社会参与型结构模型

三、个人社交型结构模型

1. 信息主体

　　在个人社交型进城务工人员社会网络信息生态链中，发挥主要作用的信息主体为信息生产者、信息传递者和信息消费者。其中，进城务工人员为主要的信息生产者，与进城务工人员相联系的社交媒体用户也是信息生产者。社交平台作为信息传递者，提供了信息发布、共享与交流的场所。信息消费者往往是以进城务工人员群体为主的社交平台的广大用户。此外，进城务工人员虽然常常作为信息消费者，但在其分享与传播信息给其他人时，承担了信息传递者的角色。当他们将已获取的信息进行加工之后发布时，也承担了信息生产者的角色。因此，在进城务工人员个人社交网络信息生态链中，进城务工人员可承担的功能角色是因情况而变化的，这也体现了个人社交网络的交互性。

2. 信息内容

进城务工人员个人社交网络指的是基于社交媒体及社交网站而形成的信息网络，主要由进城务工人员、进城务工人员亲友、其他社会关系、社交媒体及社交网站等构成。个人社交网络使用的核心功能是分享，其信息内容种类繁多，涉及较广，包括基本生活、文化娱乐、新闻资讯、恋爱交友等各类信息，这些信息的互动交流既能满足进城务工人员的生活方面的基础需求，又能满足其社交需求。这些信息内容主要以文字、图片、视频、链接等形式流动。

3. 链接模式与信息流转

在信息社会，进城务工人员的个人社交关系也扩展到虚拟世界，与他们紧密联系的不仅仅是亲友，其他不同地域的进城务工人员、其他职业群体也因社交网络而与他们联系起来，形成了范围广泛、形式多样的个人社交网络，各类信息随着社交的进行而传播。因此，这种传播的方式呈现出传播层级较少、传播途径便捷、传播速度较快等特点。

在个人社交型进城务工人员社会网络信息生态链中，不同的信息主体之间可以相互进行信息传递，每个进城务工人员个体都属于一个节点。从个体层面来看，每个进城务工人员个体都以其自身为中心节点，与他人联系而构成了个人社交网络，节点与节点之间的链接模式为网状链接模式。此时，信息的流向具有明显的双向流动特征，由于层级较少，信息交互极为便捷，反馈信息的逆向流动可以在极短的时间段内发生。从群体层面来看，不同进城务工人员个体之间的联系使得进城务工人员的个人社交网络互相交集，形成了进城务工人员社交圈，其表现为复杂的网状结构。其中，每个进城务工人员个体皆可看作中心节点。同一社交圈的进城务工人员具有较多的共性，如出自同乡、同地工作等，而不同的社交圈也可能存在交集，但其链接多是一对一、一对多或多对一的线性模式。

在此类信息生态链中，信息流转的实现主要依赖于社交网络平台所提供的各种交互功能，信息在流动过程中存在较多的转换与变化，在各个节点都可能会出现，节点的角色也因信息的流转而出现变化。在信息流转的过程中，进城务工人员获取相关信息，此时作为信息消费者，进城务工人员在获取信息之后结合其他信息或已有信息对信息进行加工并发布，此时进城务工人员的角色进行了转换，承担了信息生产者或信息传递者的角色。

在个人社交型进城务工人员社会网络信息生态链中，信息流转的动力一是来源于社交平台的利益诉求，二是来源于进城务工人员的信息接收需求，包括其自我表达需求、人际交往需求及个人信息偏好要求。信息的双向流转满足了进城务工人员的生活及社交需求，社交平台的利益诉求促使其硬件设施的优化，推动信息的流动，满足进城务工人员对于社交信息的需求。同时，进城务工人员的信息接收需求反向推动了信息生态链信息流转的效率，其对于社交平台的反馈过程也是快速而便捷的。

4. 结构模型

基于上述描述，个人社交型进城务工人员社会网络信息生态链结构模型如图 4-4 所示。

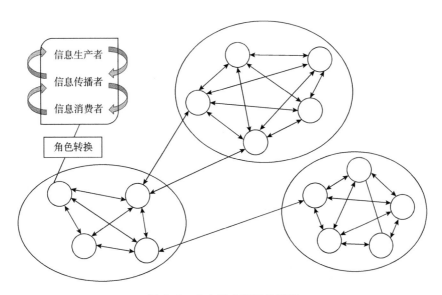

图 4-4　个人社交型结构模型

第五节　进城务工人员社会网络信息生态链
信息流转的驱动力

进城务工人员社会网络信息生态链的顺畅运行依赖于多种驱动力，这些驱动力来源于影响信息生态链的多种因素，这些因素的综合作用共同决定着信息生态链中信息流的方向和效率。

影响进城务工人员社会网络信息生态链信息流转的驱动力包括内在动力和外在动力两个方面。内在动力来源于进城务工人员社会网络信息生态链的本身要素及结构，包括信息主体的信息需求的拉动、信息供应的推动、信息需求与信息供应的循环及网络结构的驱动。外在动力来源于进城务工人员社会网络信息生态链的环境因素，包括信息技术的驱动力、信息政策的驱动力、信息文化的驱动力和社会契约的驱动力。

一、信息流转的内在动力

1. 信息需求的拉动作用

凯恩斯经济学理论认为"市场中先有需求而后产生供给"，信息生态链的形成也是如此，先有信息需求，而后产生信息供给。信息需求从人的内在驱动着信息行为。信息需求的出现并得到满足是实现信息生态链中信息交互的前提条件。

在进城务工人员社会网络信息生态链中，作为信息消费者的进城务工人员具有多方面的信息需求，这些信息需求来源于进城务工人员的"利益"及"兴趣"这两个方面。来自"利益"的信息需求主要指进城务工人员为了满足基本生活需要而产生的，具有全面性的特征，贯穿于生活的方方面面；来自"兴趣"的信息需求主要是指进城务工人员为了自身兴趣爱好而产生的，具有个性化及多样化的特征，不同的进城务工人员个体存在着不同的"兴趣"类型信息需求。

进城务工人员在信息寻求时，往往会根据自身的经验、需求及偏好，通过社会网络、利用各种平台及工具来进行。信息需求及偏好的影响集合在一起汇成了一股拉力，推动着进城务工人员的信息行为，促进着进城务工人员社会网络信息生态链中信息的流动，如图4-5所示。

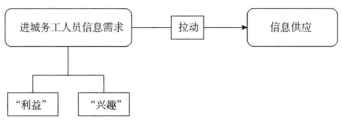

图 4-5　信息需求的拉动作用

2. 信息供应的推动作用

信息供应是信息供应方对于用户信息需求的反应。信息为人们的生活带来价值，信息的生产也为信息供应者带来或多或少的利益，信息供应方往往为了不同的利益追求而生产、组织并传递用户所需的信息。这些利益追求不仅是对于经济利益的追求，还包括各类荣誉、知名度、社会和谐等追求。例如，政府发布的进城务工人员所需信息，其目的主要是保障进城务工人员生活水平的提升及社会与国家和谐稳定发展，政府的这种目标诉求也是其供应信息的动力来源；一些非营利组织所追求的是保障进城务工人员群体的生活，并为社会的发展作出一定的贡献；对于大部分营利性组织来说，其信息供应的主要目的是获取经济利益。

进城务工人员的信息需求是个性且多样化的，信息供应方应当全面地考虑进城务工人员多方面的信息需求，以保障信息流通与共享的实现，如图 4-6 所示。

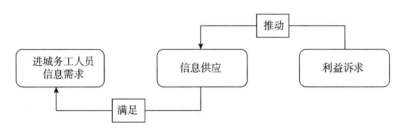

图 4-6　信息供应的推动作用

3. 信息需求与信息供应的循环作用

进城务工人员社会网络信息生态链的信息流转旨在满足进城务工人员各方面的信息需求，但进城务工人员的信息需求并不是一成不变的，而是受到信息供应方所提供信息的影响。

丁宇在研究网络信息用户需求的特点时，按照用户信息需求的明确化程度将其分为现实信息需求和潜在信息需求。依照其理论，进城务工人员各层次的信息需求并不是都由进城务工人员根据自身意识而表达出来的。第一，进城务工人员的现实信息需求，即自己意识到并且会主动表达出来的信息需求，可以激发信息供应方（包括信息生产者、信息组织者及信息传递者）对于进城务工人员的信息供应；第二，进城务工人员的潜在信息需求，即进城务工人员本身还未意识到或是意识到但未能完全正确表达出来的信息需求，这部分的信息需求主要由信息供应者察觉并主动将信息传递给进城务工人员，以激活进城务工人员的潜在信息需求。

因此，进城务工人员的现实信息需求激发了信息供应者对于相关信息的提供。与此同时，信息供应者在提供信息时激发出进城务工人员的潜在信息需求。进城务工人员与信息供应者的相互联系，逐渐达成了信息需求与信息供应的相互吻合；信息需求和信息供应所形成的循环，共同促进着进城务工人员社会网络信息生态链中的信息流转，如图4-7所示。

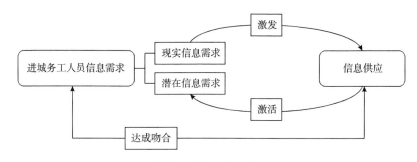

图4-7　信息需求与信息供应的循环作用

4. 网络结构的凝聚作用

在进城务工人员社会网络信息生态链中，每个进城务工人员都以自身为中心形成了社会关系网络，网络结构显示了进城务工人员个体与其周边联系人的关系，从整体来看，进城务工人员社会网络正是由一个个进城务工人员个体的社会关系网而构成的。

进城务工人员个体的社会关系网络是信息传递的基础，网络中的每个节点皆会产生与传播信息，且信息在传递过程中，每个节点会对信息进行一定程度的加工，信息会聚合后再次传递，这样的网络结构为信息流转提供了动力。这样的网络结构本身具备一定的凝聚作用，提供了用户进行信息传播和消费行为的路径动力。

对于个人社交型进城务工人员社会网络信息生态链来说，网络结构的凝聚作用带来了最强大的驱动力，进城务工人员依托社会网络的凝聚作用对信息进行获取与传播，这种凝聚作用对于信息的高效流转具有至关重要的作用。

二、信息流转的外在动力

1. 信息技术的驱动力

随着信息技术的飞速发展，人们的生活方式也在急速发生着变化。信息技术，尤其是网络技术的发展为人们的信息交互提供了更为便捷与舒适的方式，依托网络技术，进城务工人员的社会关系也在网络当中形成，并随着网络社交的发展逐步扩展和延伸。

对于进城务工人员来说，百度、搜狗等搜索引擎能使其快速获取所需信息，微信、QQ 等社交软件使其与亲友联系更为便捷并扩大了其交友范围，抖音、快手等短视频软件使其通过新的方式满足自身的信息需求。

信息技术的发展提升了进城务工人员的信息交流体验，政府所发布的信息借助网络技术也得到了更有效、更全面的利用，其他非政府组织也可以利用更广泛的途径进行信息的有效传递，进城务工人员与其他个体之间的信息交流也因为信息技术的发展拥有了更低成本、更高效的方式。

此外，建立在网络技术上的信息服务尤为具有双向性的特征。因此，除了传统的线下反馈方式外，利用网络平台进行自身的表达及反馈也更具有灵活性、更为方便、成本也更低，进城务工人员参与度的提升促进了整个信息生态链的信息流转效率及效益，同时也加速了个性化需求和个性化服务时代的到来。

2. 信息政策的驱动力

在当今信息化时代，信息的作用愈加凸显，各个国家都对信息资源的建设愈加重视，并积极推动信息化进程。近年来，我国信息资源建设政策在我国信息资源开发与利用方面发挥着重要作用。

第一，在政策的推动下，更多的政务活动通过电子化和网络化的手段施展，进城务工人员获取政府信息的途径得以增多，如政府主导的官方平台、企业主导的运营平台、非营利组织主导的公益平台等。

第二，在信息政策的鼓励下，进城务工人员社会网络信息生态链中各类信息主体之间的信息交互、信息共享得以更好地进行。

第三，信息政策有着规范信息主体行为的作用，为进城务工人员社会网络信息生态链的有序发展提供一定的支持。

3. 信息文化的驱动力

信息文化是人类群体与社会（国家、民族等）对待信息、围绕信息所形成的具有共同性和稳定性的精神传统及其行为习惯，即群体与社会信息现象中的一切稳定性、共同性因素的总称。

信息文化对进城务工人员的影响是潜移默化的过程，贯穿其成长过程。对于进城务工人员个体来说，信息文化影响了其社会化的过程，塑造了其价值观、文化精神等，这种影响反映在进城务工人员的生活方式、交往方式、思维方式等之上，同时也反映在进城务工人员的信息行为上，包括信息浏览、搜寻、与人交流、自我表达等。进城务工人员社会网络信息生态链中的信息流转在一定程度上受限于进城务工人员的信息行为，在一定程度上会因为进城务工人员的行为选择而产生或好或坏的影响。

4. 社会契约的驱动力

契约是维护人们社会关系的重要存在，体现了社会关系中诚信的人文精神。社会契约论认为，社会的形成基于个人间的契约，社会契约构成了国家权力的合法性和法律秩序的基础。契约的形成产生了一些行为规范，这些行为规范来自人群或社会共有的观念、目标和态度。社会契约思想旨在让社会的各种力量经过充分地谈判、协商达到平衡，社会稳定得以保障。

随着国家政策的改变与社会经济制度的不断转变，在中国的各个城市里，进城务工人员已经成为城市的重要成员。为了保障进城务工人员生活的需要，维持社会秩序和公正，政府发布各项相关政策，非营利组织在政府的领导下开展实践，营利组织也参与其中，这些行为皆在社会契约的影响与约束下进行着。保障进城务工人员的生活需求、维护社会稳定和发展是国家、社会及公民应该履行的义务，进城务工人员的信息寻求行为因社会契约的力量得以顺利稳定地进行，进城务工人员社会网络信息生态链中的信息也因此而顺畅地流动。

此外，社会契约的存在也使得进城务工人员个体在获取信息时具有自由平等的权利，进城务工人员信息行为的自主性丰富了信息生态链，让信息在正向流动后得到较好的反馈，形成良性循环，共同促进进城务工人员社会网络信息生态链的发展。

第五章

进城务工人员社会网络信息传播

第一节　进城务工人员社会网络与信息传播的关系

一、社会关系是信息传播的载体

"社会关系"即人与人之间关系的总和。自人类社会产生至今，人与人之间便形成了错综复杂的庞大关系网络，共同构筑起社会关系，并因为社会关系呈现出规范化程度的不同，即是否受程序与原则的制约，是否被制度化，而被划分为"正式社会关系"与"非正式社会关系"两种类别。正式社会关系可被举例表述为：我们是国家的公民，在社会中承担着相应的责任与义务，行为应以道德、法律为底线。非正式社会关系可被举例表述为：我们与其他人由于血缘、性格等因素而构筑起的亲戚关系、朋友关系等。人作为个体的存在，不仅是构建社会关系的重要组成部分，在信息传播过程中也同样发挥着重要的作用。拉斯韦尔（Lasswell）与马莱茨克（Maletzke）认为信息传播具有五个基本要素，分别是信息传播者、信息接受者、信息、媒介与反馈；香农（Shannon）认为信息传播是单向直线的过程，具有六个要素，分别是信源、发射器、信道、接收器、接受者与噪声；德弗勒（DeFleur）认为信息传播是双向过程，信息的接受者亦是信息的传播者，弥补了香农忽略"人"这一影响因素的疏漏。在信息传播的过程中，社会关系是信息传播者与接受者之间的桥梁与纽带，决定了信息是否传播、以何种方式传播及传播至何处等问题，也决定了是否反馈信息及以何种方式反馈信息等归向问题。

　　在正式社会关系中，进城务工人员群体在常规的经济活动中往往扮演着接受者的角色，即作为雇佣关系的被雇佣方，接受来自雇佣方的信息后付出劳动，得到相应的酬劳。根据社会交换理论，进城务工人员群体因为能够获取雇主提供的诱因，会主动地承担责任、付出劳动以满足雇主期望，以此来提高自身职业素养。因而在雇主按照劳动合同准时地提供诱因时，进城务工人员在信息传播过程中的参与感较低，多处于接受者的角色。然而，在雇主未能按照劳动合同准时地提供诱因时，进城务工人员群体在信息传播过程中的参与感与上述情况截然不同。当雇佣关系中双方利益对立无法缓解和消除时，进城务工人员群体为了自身的利益诉求所产生的负面情绪将直接成为激励集体行为的动员力量，其在信息传播过程中扮演的角色既是接受者又是传播者。由此可见，在正式的社会关系中利益是否对立是进城务工人员在信息传播过程中承担何种角色的重要影响因素。

　　在非正式社会关系中，进城务工人员群体因自身具有迁移性、流动性的特征而别于其他群体，在融入城市化进程中存有诸多问题，通常表现为能否在就业选择、居住环境、行为模式、地域文化等方面融入工作地的社会关系中，这也是影响进城务工人员在对赖以生存的城市和社会状态进行感知过程中更为关键和独特的因素。在这一特殊群体中，信息能否有效传播取决于进城务工人员个人感知的信息在群体范围内融合程度的高低。如果将进城务工人员在家乡与工作地的往返过程看作一个融合周期，融合周期的长短将直接关系到进城务工人员群体在融入工作地的初期是否存在生活方式等方面的不同，那么在一定程度上融合周期的长短决定了初期融合程度的高低，且二者之间表现为反比关系，即融合周期越长，初期融合程度越低；融合周期越短，初期融合程度越高。进城务工人员个体初期融合程度的不同影响着群体间的信息交流，进而直接影响着信息传播的过程。

二、网络结构决定信息传播效果

社会是一个由人类个体构成、开放耗散、具有适应性和自组织能力的复杂适应性系统。在社会系统中，"节点"为个人或组织机构，"边"代表人们之间的各种社会关系。复杂社会网络由若干个相互依赖、相互作用的智能性社会主体构成，并通过主体之间的相互作用来凸显社会系统的整体性结构特征。社会网络结构可以分为微观、中观和宏观三个层次：微观结构关注个人在网络中的地位和权力大小；中观结构关注网络中部分行动者之间的关系；宏观结构是指包括所有行动者在内的网络整体指标。在信息传播的双向性过程中，倘若将传播者的单向主体行为比作向平静的湖面抛掷石子，那么接受者对信息的反馈就是湖面泛起的层层涟漪，其中网络结构决定着"涟漪"的深度与广度。

在微观层面上，将"节点"立体化。工龄决定"节点"的嵌入深度，文化水平决定"节点"的自身重量，性别决定"节点"的形态大小（男性大于女性），"节点"自身体质量越高越靠近核心位置。在这样的进城务工人员社会网络结构视角下，"节点"的体质量高低决定了连接"边"的多少，在信息传播的过程中会呈现出这样的特征：越是接近核心位置的"节点"，信息传播的力度越大。

在中观层面上，将"节点"平面化。在进城务工人员的社会网络结构中，个体行为的主体性、趋同性影响着"节点"间的相互作用，因而所体现出的平面化社会结构中的"节点"疏密程度有所不同，在信息传播的过程中会呈现出这样的特征：在同等区域内，"节点"越密集，信息传播效率越高。

在宏观层面上，虽然现阶段进城务工人员群体在社会的分层体系中仍然处于基层位置，但是新生代的进城务工人员群体并不着眼于当下，出于对自身所处环境的正确审视，对未来美好生活的热切期待，他们对于改善当下所处环境的要求更为热烈，渴望融入发展迅速的工作地社会网络，能够将"根"从农村扎入城市，进城务工人员群体不再将目光局限于薪酬的高低，而是更加关注社会保障、子女教育、医疗保险等长足发展的福利政策。因此，在信息传播的过程中会呈现出这样的特征：信息越符合进城务工人员自身的长足发展，信息传播效果越好。

三、信息传播推动社会网络的再构建

格兰诺维特（Granovetter）把社会网络中的社会关系分为"同质性关系"和"异质性关系"，认为互动的次数多、或感情较深、或关系密切、或互惠交换多而广的为同质性关系，反之则为异质性关系。社会群体因社会网络的"同质性"而得以形成，因"异质性"而得以与其他群体交融。

在进城务工人员群体中，个体成员立足于自身的长远发展，更倾向于维持与构建同质性群体，主动结识与构建异质性群体。维持与构建同质性群体不具有难度，主动结识与构建异质性群体这种行为最初并非易事。对于个体进城务工人员而言，构建与维持同质性群体关系的成本较低，因其处于相同的社会阶层，故易于搭建社会网络，双方可以维系良好的互动关系。进城务工人员个体具有相似性，其诉求往往一致，个体的信息传播内容更容易在群体范围内得到反馈与探讨，在信息传播的双向过程中，反馈与探讨的对象并不完全是已结识的个体，也正是由于尚未结识的个体参与其中，进一步推动了进城务工人员个体同质性网络的再构建。对于个体进城务工人员而言，主动结识与维持异质性群体关系的成本更高，甚至有被拒绝的可能，相较于付出精力与金钱，信息传播成为进城务工人员群体构建与维持异质性网络最普遍、最节省成本的途径。得益于互联网的普及与发展，进城务工人员群体的眼界随之开阔，思考问题的角度得以变化，与他人沟通时的视角也不再完全囿于地域、文化等差异因素，因而在社会生活中更有可能结识到异质性群体，进一步构建个体社会网络。伫立于信息洪流中，进城务工人员群体普遍了解到自身阶层与其他阶层之间的差异，无论是网络上还是现实生活中，出于结识异质性群体的意愿，进城务工人员群体中的信息传播内容会更加积极，借助于互联网技术，进城务工人员群体信息传播的途径会更加多样化。无论进城务工人员个体最终是否能够真正实现阶层的上层流动，在信息传播过程中结识到的异质性群体对其都是大有裨益，都推动着进城务工人员个体社会网络的再构建。

第二节　进城务工人员社会网络信息传播的主体

所谓"主体"，是指某一活动的发出者。将这一概念嵌套在进城务工人员社会网络信息传播中，"主体"自然是被认定为"进城务工人员社会网络

中传播信息的一方"，小到进城务工人员个体、雇佣进城务工人员的企业经营者，大到为进城务工人员群体发声的网络媒体、关注进城务工人员群体的相关部门，都可以成为信息的传播者（主体），都能够影响信息传播的接受者（客体）。在进城务工人员社会网络中，"主体"是对客体施以影响的"节点"，在传播过程中明晰"主体"对象的关键要素多聚焦于以下几个方面：节点权威度、节点文化程度、节点社会地位与节点活跃度，见图5-1。

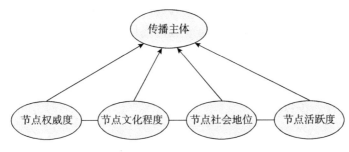

图 5-1　影响传播主体的主要因素

一、节点权威度

"节点权威度"是指在社会网络中的某一个节点使人信服的力量和威望。在进城务工人员社会网络信息传播中，权威度高的节点经个体与群体综合作用形成，充当媒介的角色，是连接信息本体与信息受众的桥梁。

从个体层面分析，如果某一个节点的权威度高，说明该节点可以高效地传播信息，能够在短时间内对信息受众施加影响，节点权威度的高低与其自身的经济水平与社会地位息息相关。1970 年，美国传播学家蒂奇诺（Tichenor）等人在一系列实证研究的基础上提出了知沟理论（Knowledge Gap Theory），诠释了大众信息传播与在信息化时代下的社会阶层分化现象。该理论认为，社会经济地位高低不同，获取消息的速度也不同，高者通常比低者更快地获得信息，大众媒介传播的信息越多，两者之间因获取消息的差异而产生知识鸿沟的趋势越显著。在进城务工人员社会网络信息传播中，社会经济地位高的节点权威度因自身的信息素养而得以提高，通常表现为经济水平的高低与节点权威度的高低成正比，经济水平越高，节点权威度越高，经济水平越低，则节点权威度越低。

从群体层面分析，如果某一个节点的权威度高，说明人们对于该节点的接受程度高，信息受众对接收到的信息更加信服，这与葛兰西（Gramsci）

在《狱中札记》中提出的媒介霸权理论如出一辙，他认为："一个社会制度的真正力量并不是统治阶级的暴力或其他国家机器的强制性权力，而是被统治者对于统治者世界观的接受。霸权的产生、再生产及转换是市民社会意识形态国家机器作用的结果，这与国家暴力机器的强制性不同。"❶ 从客观层面分析，权威度高的节点是群体选择的结果，体现着信息受众的群体意识倾向，节点权威度并不是一成不变，而是随着群众对其世界观的接受与否进行高低变化。故而在进城务工人员社会网络信息传播中，节点的权威度虽然偶有改变，但高权威度的节点始终代表着进城务工人员群体的共同利益诉求，因维系进城务工人员群体的长足发展而广受信赖，因保障进城务工人员群体的利益而备受赞誉。

二、节点文化程度

在进城务工人员社会网络信息传播中，节点是否居于主体角色主要取决于其文化程度的高低。因为作为信息传播的重要环节，节点文化程度的高低不仅影响着信息传播主体能否较好地理解消息本身，也影响着其能否将信息完整、清晰地传播给信息接受客体。

因信息传播主体的文化水平较低而可能产生的后果，主要体现在以下两个方面。一方面是信息传播主体不了解消息本身想要传递的内涵，将含糊不清的消息传递给信息接受客体，致使信息接受客体曲解甚至误解信息本身想要传递的内涵，使得信息传播反馈的真实结果与预期结果背道而驰。另一方面是信息传播主体缺乏礼貌用语的运用，表现出居高临下的情感倾向。言语的力量向来不可小觑，进城务工人员群体作为城市中的外来群体，自然希望在赚取薪资的同时，维系应有的体面。信息传播主体如果将消息生硬甚至无礼地传播给信息接受客体，极有可能令信息接受客体心情不佳、消极怠工。上述两种情况若是发生在进城务工人员群体中，小则误时、误工，产生怨怼不满的情绪，大则群情激愤、场面失控，造成不可回转的影响。

当信息传播主体的文化水平较高时，会与上述两种情况截然不同。一方面，信息传播主体能够正确、如实地理解相关信息，并能够清晰、及时地将信息传播给信息接受客体，不仅维护了信息本身的完整性、真实性，

---

❶ 佚名. 媒介霸权理论［EB/OL］［2022-2-15］https://baike.baidu.com/item/媒体霸权理论 448517.

也从源头处保障信息传播的顺利进行。另一方面，信息传播主体能够较好地措辞、表述，注重礼貌用语，将自身与信息接受客体置于对等的地位，关照信息接受客体的主观感受，更易于化被动传播为主动接受，既保障了信息传播过程的顺利进行，也为之后的信息传播过程营造和谐的氛围。长此以往，进城务工人员群体中便不会出现因错传、漏传消息而产生的不良影响的现象，既可以保障进城务工人员群体工作进程的合理有序，也可以维系进城务工人员群体内部的和谐与稳定。

三、节点社会地位

在进城务工人员社会网络信息传播中，节点的社会地位影响着信息传播主体地位的确立。因为社会地位往往代表着权力，节点社会地位越高，拥有的权力越大，信息传播的影响效果越显著。

自古以来，皆是如此。在我国古代，权力是衡量一个人社会地位的重要标准。例如，圣旨是中国古代帝王权力的象征，作为历代帝王下达的文书命令，圣旨也是传播信息的一种载体，它代表了一种命令，并且是一种地位至高无上的主体所发出的命令。漫长的封建帝制钳制着个体行为的自主性，一道圣旨小则提拔、贬谪官员等级，大则可令千军万马挥师疆场。出于对权力的敬畏，它的传播效果可想而知。在当今社会，政府部门下达的文书、雇用进城务工人员群体收到的"甲方"通知等都会对进城务工人员产生深远影响，因为推进进城务工人员群体融入城镇化的进程，并非进城务工人员群体中的个体独自发挥作用，政府下达的文书小则关系到进城务工人员群体的衣食住行，大则关系到子女教育、落户政策，足以改变个体生活轨迹。雇用进城务工人员群体的"甲方"通知，可因"招工"与"裁员"改变个体的工作状况，也会因"提薪"与"降薪"改变个体的生活质量。进城务工人员群体的发展需要有较高社会地位的节点对其关注与照拂，摒除对个人权力的敬畏因素，往往越有社会地位的节点，越能够对社会施以重大的影响，也就会因能够为进城务工人员群众谋福祉而产生更好的传递效果。

四、节点活跃度

在进城务工人员社会网络信息传播中，节点活跃度的高低是衡量其能否成为信息传播主体的重要因素。通常表现为节点活跃度越高，越有成为信息传播主体的倾向，越能够推动信息传播的顺利进行。

尼古拉斯·克里斯塔吉斯（Nicholas Christakis）在其撰写的社会学著作《大连接》中特别指出三度影响力原则（Three Degrees of Influence Rule），它是社会化网络的强连接原则。❶ 该理论中的三度分隔范围是指中心节点的朋友（一度）；中心节点的朋友的朋友（二度）；中心节点的朋友的朋友的朋友（三度）。强连接即三度分隔范围内的社会化关系，在此范围内人们更容易被中心节点影响。与之相对应的弱连接即超出三度分隔范围的社会化关系，此时中心节点的行为对外界产生的影响会因连接程度的递减而逐渐减弱。总之，中心节点所说或所做的任何事情，都会在社会化网络上泛起涟漪。在进城务工人员群体的社会化网络中，所有节点之间复杂的强、弱连接共同作用形成进城务工人员群体内部的人际关系网络。其中，势必某些节点与其他节点强连接关系建立得更为密集，我们将这一类节点看作活跃度较高。

1958 年社会心理学家舒茨（Schutz）提出的人际关系需要的三维理论佐证了为何在社会网络中，节点建立强、弱连接的能力有所不同。舒茨认为，社会中的个体在与外界进行人际互动时，都表现出包容需要、支配需要及情感需要。包容需要是指个体想与他人建立并维持一种满意的相互关系的需要。包容需要的足够与否与个体早年是否与父母、朋友进行密切的交流有着莫大关联，当个体有足够的包容需求时，他在未来的人际交往中就不会产生焦虑，性格也会因乐于与他人沟通自己的想法而变得更加豁达。反之，当个体没有足够的包容需求时，会因对人际交流的焦虑而在拥有信息资源后羞于开口或不乐于向他人传播信息，人际关系自然难以构建。支配需要是指个体控制别人（主动取向）或被别人控制（被动取向）的需要。当个体早年生活在要求严格的家庭氛围中，通常会表现为乐于服从的行为倾向；当个体早年生活在要求较为宽松的家庭氛围中，通常会表现为乐于支配的行为倾向；当个体早年生活在宽严相济的家庭氛围中，通常表现为既乐于服从又热衷支配的行为倾向。通常后者更善于解决人际关系中的支配问题，做到审时度势，明确群体中意见气候的情感倾向，清晰自身的定位与权力范围的界定。情感需要是个体爱别人及被别人爱的需要。当个体早年的生活经历较为和谐、美满时，

❶ 朱丽,杨杜.社会网络"大连结"的魅力——六度分隔和三度影响力[J].现代管理科学,2015(2):30-32.

他会因之前愉悦的人际互动而在未来进行人际交往中有着良好的表现。反之，当个体早年的生活经历较为冷漠、灰暗时，他会因之前惨淡的人际互动而在未来进行人际交往中产生排斥、抵触情绪。在进城务工人员群体的社会化网络中，以上三种基本的人际需要因早期生活环境与成长经历的不同而有所差异，影响着进城务工人员个体在与外界进行人际交往时自身的行为表现及对他人的行为预判，进而影响着人际关系网络的构建。

第三节　进城务工人员社会网络信息传播的客体

所谓"客体"，是指主体的对象性实践活动的指向。在进城务工人员社会网络信息传播中，客体即为信息接受方。信息接受方对信息反馈与二次传播影响较为显著，正确理解信息传播方传递信息的真正含义是信息接受方进行信息反馈与信息二次传播的先决条件，在信息传播的双向过程中，倘若信息接受方理解有误，即使信息传播方在表述内容及表述内容的方式上并无疏漏，也不能够将信息传播顺利进行。"三人成虎"说的是人多了，就能使人们把谣言当作事实。信息接受方在对信息进行二次传播时，如果因理解不明而对信息进行捏造加工，势必会让更多人接收错误信息，以讹传讹，最终"多人成虎"，正确理解信息传播方传递的真正含义能够避免上述情况的发生。在进城务工人员社会网络信息传播中，客体能否在反馈与二次传播的过程中发挥重要作用，与节点接受意愿、节点情感倾向和节点接受能力相关，其间关系如图 5-2 所示。

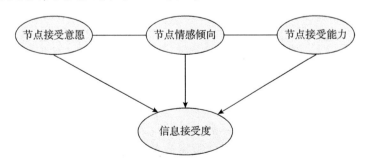

图 5-2　影响传播客体的主要因素

一、节点接受意愿

节点接受意愿是指处于社会网络中的节点在接收到信息传播方的信息后，经过自身的一系列心理活动对信息进行二次加工，对该信息是否想要接受的心理程度。在进城务工人员社会网络信息传播过程中，节点接受意愿是客体进行信息反馈与信息二次传播的重要动力源泉之一，尤为重要的是客体的接受意愿左右着信息在二次传播中能否保持本身的完整性。依据传播说服理论，传播效果不仅与传播者的传播意愿有关，还与接受者的接受意愿有关，而接受者的接受意愿又与传播者的说服性有关，传播者的说服性越强，接受者的接受意愿越高。由此可见，双方的语言交谈环境影响着信息接受者的接受意愿。当节点对于某信息有着强烈的接受意愿时，在信息的二次传播过程中，也会相应表现出强烈的传播意愿。传播意愿有显性与隐性之分，能够令节点将传播意愿付诸实践对信息传播过程产生影响的称为显性。与之相反，未能令节点将传播意愿付诸实践对信息传播过程产生影响的称为隐性。显性引发的行为即"传播行为"。由此可知，接受意愿之所以被重视，是因为其是信息进行二次传播的重要诱因。对于信息的期望程度影响着进城务工人员社会网络信息传播中的节点接受意愿。一般来说，进城务工人员群体更加愿意接受自己想要知道的信息，例如，与生活相关联的薪资待遇信息、与自身长远发展相关的社会福利政策信息、捍卫自身权益的相关法律信息，诸如此类的信息能激起进城务工人员的共鸣，被接受的概率也就越大，也越容易产生想传播的意愿。即使现阶段信息的传播媒介不断翻新、传播方式有所变化，但是只要在信息传播的过程中对节点的接受意愿加以重视，就能够及时、准确地了解该信息是否易于被人们传播。因此，以洞悉其心理对信息期望的程度为出发点，明确进城务工人员群体在接受信息时的情感倾向，会更利于了解进城务工人员群体的接受意愿与传播意愿，因为对信息的期望程度越高，接受意愿、传播意愿也越强烈。知其然，更要知其所以然，进一步分析影响进城务工人员群体信息期望程度的因素，不仅对于节省传播信息的时间成本与金钱成本大有裨益，也会使信息传播管控更加有的放矢。

二、节点情感倾向

所谓情感倾向是指信息传播客体对所传播信息的认可程度，情感倾向也和情感需求有关，情感需求会对信息传播施以影响。一般来说，消息本身所承载的情感倾向越强烈，越容易吸引信息接受方的关注，进而也就越容易被广泛地传播。安东尼等人认为：从信息本身来看，越是能够让人们产生焦虑情绪的谣言或信息，越容易被接受并传播。从传播者来看，传播者自身越是处于焦虑状态，越容易接受并传播谣言或信息。负面消息往往比正面消息更易给人们带来焦虑情绪，因此更容易被大范围传播。基于对传播者情感倾向的分析技术，可以将传播者的情感分为正向和负向两方面传播情感倾向。马斯洛的需求层次理论（Maslow's hierarchy of needs）把人的需求按照由低到高排列分为生理上的需求，安全上的需求，情感和归属的需求，尊重的需求，自我实现的需求。由此可见，情感需求是我们每个人最基本需求之一。而情感需求会引起情感倾向，具有情感倾向的消息也就是具有情感属性的消息，情感倾向是信息本身具备的情感属性，包含是否衍生于热点话题、是否与热点事件相关等特征。因情感属性的不同，通常将信息的情感倾向分为正向与负向。正向是指对个体来说积极的或者对个体有利的情感倾向，负向是指一些对个体不利的甚至有些威胁的情感倾向。正向传播一般指传播者把一些对接受方积极的信息传播出去给接受方，对于接受方来说正面积极的信息更容易让其接受。负向传播是指传播者把一些对接收方来说是负面的信息传播给接受方，这时候往往他们并不一定愿意接受，因为当人们面对对自己不利的信息时一般不会愿意接受。

三、节点接受能力

由上文我们知道越是负面的网络信息越容易被传播，越正面的信息越容易被接受。这是由于人们在判断信息传播的影响尤其是负面影响时存在着一种普遍的感知定式，即倾向于认为传播的信息对"我"或"你"未必产生多大影响，然而对"他"人会产生不可估量的影响。它包括两个基本的假设：一是知觉假设，人们感到传播内容对他人的影响大于对自己的影响；二是行为假设，人们以第三方视角认识事物后，会采取相应的行动，以免他人受传播内容影响后的行为影响到本人的权益和福利。对于传播客体来说信息传播出去后能否被接受也是一个问题，对于大部分的接受者来说只要不是影响自身利益的一些信息就能够被人们所接受。所以传播客体的接受能力也取决于信息对自己的利弊程度，很多时候人们愿意接受对别人不利但对自己没有影响的信息。以"第三人效果"为立足点，信息受众往往认为信息对于其他人的影响程度更深，而对自身的影响加以选择性忽视。在进城务工人员群体中这种现象也很明显，由于进城务工人员群体相对文化层次不是很高，思维深度有限，缺乏足够的批判性思维，很容易受到外部环境的影响，往往会直接接受这类信息并向其他同伴传播出去，认为这样能更加和同伴们有共同话题沟通，有时越是负面的消息越会给人留下深刻的影响。

第四节　进城务工人员社会网络信息传播的模式

模式因其自身呈现出的特点，能够有力地揭示事物各部分之间蕴含的规律与关系。在进城务工人员社会网络信息传播的研究过程中，信息传播的过程较为复杂，如果以"模式"为切入点，明晰各模式之间的区别与联系，便能够从理论层面科学地阐明进城务工人员社会网络信息传播的特点，为该研究领域提供切实可行的方法论指导。

一、"一对一"模式

"一对一"模式是信息传播最基础的模式。此时，信息的传播者与接受者双方置于互动的进程之中，通常呈现两种范式，一种是传播者将较为零碎的信息传递给接受者，接受者将获取的信息反馈给信息传播者（图5-3）；另一种是接受者将该信息传递给另一位信息接受者（图5-4），因为传播者与接受者人数有限，信息的传播范围较小。进城务工人员群体的流动性使其很难有固定的劳动伙伴，劳动伙伴随着地域的变化而变化，且繁重的工作任务会在很大程度上削减其人际沟通的热情，加之群体成员间分工会存在不明确合理情况等影响因素，进城务工人员的交际能力会因之减弱，该信息传播模式互动简单。因此，相较于其他模式，该模式在进城务工人员群体中较为盛行。在进城务工人员社会网络信息传播中，信息的传播者与接受者处于互动过程中，双方对于信息的理解囿于自身文化水平、个人世界观、人生观、价值观等因素，很大程度上未能将信息准确、客观地传播给信息接受者，当信息接受者反馈信息时，往往在此过程中无法弥补信息传播者之前理解信息的疏漏，因为该模式中信息接受者是信息传播者选择的特定对象，很大程度上具有相似的情感倾向，两者极有可能达成共识。该信息传播模式随时随地进行，当传递正确信息时无须监督，当传递错误信息时很难被两者之外的人察觉，使得信息监督无从下手。进城务工人员个体兼具信息传播者和信息接受者的角色，受自身传播信息频率、人际沟通能力、威信度等方面的影响，逐渐产生"意见领袖"，在信息传播的过程中起着"控制阀"的作用。

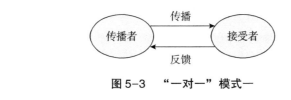

图5-3 "一对一"模式一

图5-4 "一对一"模式二

二、"一对多"模式

"一对多"模式是"一对一"模式的进阶。基于"一对一"模式的互动性，信息会在传播的过程中一级一级裂变下去，安东尼·吉登斯（Anthony Giddens）提出"控制辩证法"的思想，他认为个体具有改变能力，能够对世界进行干预或是摆脱干预。在日常生活中，个体能够影响事态的发展，也能够对其他人产生影响，其行为产生的结果呈现因果关系。信息在传播的过程中被传播者、接受者不断地补充和丰富，并通过"意见领袖"将其所承载的内容大范围传播，进而形成"一对多"的模式。通常情况下，我们把"意见领袖"也叫作"舆论领袖"，即社会媒介把信息传播给活跃在人际交往与信息传播中的"领袖"们，然后这些"领袖"又通过自身对信息的理解，二次加工后再传播给受众，从而对接受信息的受众产生一定的影响。在信息传播的过程中，由于"意见领袖"能够过滤不符合群体规范与自身价值观的信息，很大程度上影响着信息传播的效果。在进城务工人员的社会网络信息传播模式中，"意见领袖"囿于文化水平、理解能力受限等主观因素，传播出的消息质量有时有待考证，较之于"一对一"模式，"一对多"模式中的主观因素影响程度更甚，在信息传播的过程中受"意见领袖"的主观因素影响会浮现诸多问题，比如传播不当令群体交流产生负面情绪、负面传播效果因受众过多难以控制等。尤为注意的是，规范传播者的言行不仅影响其自身的发展，也能够影响接受者的行为。所以，需要在该模式中强化对于传播者的管理、监督机制，如图5-5所示。

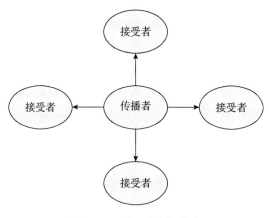

图 5-5   "一对多"模式

三、"多对多"模式

"多对多"模式是通过媒介构建的信息传播模式的最终状态。随着新技术的崛起，信息传播媒介先后经历了大众媒介、网络媒介和自媒体媒介等阶段。传统大众传媒是近现代意义上的信息传播媒介初始阶段的媒介环境。传统大众传媒一般指的是互联网出现并应用于信息传播以前的传播媒介，即所谓的传统四大媒体：报纸、杂志、广播、电视。20 世纪 90 年代中期以来，互联网诞生并迅速应用于信息传播，进入了媒介崛起阶段，对应的媒介环境是基于 Web 1.0 网络技术的传统网络媒介，包括搜索引擎、网页和门户网站。近年来逐渐进入媒介融合阶段，对应的媒介环境是自媒体媒介。在进城务工人员社会网络信息传播模式中，媒介是构建"多对多"模式的桥梁，在该传播模式中，传统的"意见领袖"影响力有所削减，进城务工人员获取的信息不经过"意见领袖"的二次加工，可以更准确地接收信息。

多方面的信息获取渠道虽然很大程度上改变、提升了进城务工人员群体的思维方式，但其无法甄别信息的真假，相较于前两种，更需要行之有效的监管方式。在传统大众媒介的作用下，进城务工人员获取的信息信源单一、层级控制、舆论一律，该群体在信息传播的过程中参与感不强。在网络媒介的作用下，进城务工人员在信息传播过程中的参与感极高，且不受时间、地域等限制，这使该群体信息传播的内容、范围和效果呈几何裂变状扩大，信息的传播不再局限于个人、群体，个人、群体与大众互相融合、交互，传播的作用和价值完全彰显，很大程度上实现进城务工人员群体的言论自由，但自由不是绝对的自由，仍需监管部门加以规范。在自媒体媒介的作用下，进城务工人员群体的主要信息渠道和社交工具变得更加灵活自主，真正实现了传播者、接受者的一体化，在自媒体作用下的信息传播过程激发了进城务工人员信息传播的积极性，使得传播过程呈现出传播自主性、情感感染性、行为交互性、效果融合性等特性，在一定程度上实现了进城务工人员群体与其他群体在信息参与过程中的平等性，有利于增强自身的认同感，如图5-6所示。

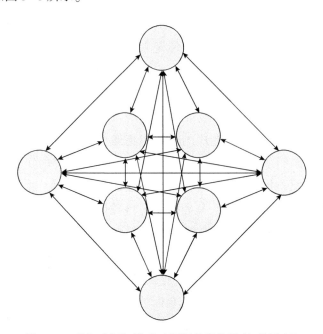

图5-6 "多对多"模式（圆圈代表传播者/接受者）

第五节　进城务工人员社会网络信息传播的特点、影响因素及时延问题

传播学家库利（Cooley）认为："传播是人类社会关系赖以生存和发展的机制，社会就是人与人之间的相互影响，而这种影响就是通过传播形成的，所以人类的历史也就是传播的历史。"伴随着改革的逐步深入和城镇化进程的推进，大量进城务工人员涌入城市，他们对于城市的认同大于对农村的认同，却在迫切融入城市化进程中遇到这样或那样的问题，值得人们关注。

一、进城务工人员社会网络信息传播的特点

进城务工人员进城务工后，一方面弱化了流出地政府的管理后缺乏归属感，另一方面又因进入一个新的城市环境缺乏被认同感。穿行于城乡之间的他们，在现代社会中往往是一个"边缘人"群体。正是这种边缘的社会地位，在进城务工人员社会网络传播的过程中，他们有着双重的传播角色，并通过不同的传播行为影响了传统束缚下的农村社会，也影响了逐渐接纳他们的城市文明。陶建杰采用社会网络分析法，从整体网的视角，通过中心性、无标度特征、结构洞等指标，对进城务工人员人际传播的微观结构进行分析，对"意见领袖"的特征进行实证检验；梁辉在宏观层面上探讨了进城务工人员在信息传播的过程中更倾向于人际传播网络；李红艳等学者基于北京市民与进城务工人员之间信息传播内容的实证研究，认为进城务工人员群体的内部分化是更需要关注的现实问题。通过学者们撰写的相关文献发现，因进城务工人员群体的特殊性，研究大都将关注点集中于传播过程本身，在细化研究进城务工人员在传播中处于何种角色、有何特点之处存在短板。作者在结合前人研究的基础上，将进城务工人员在信息传播过程中的双重角色进行剖析并据此进行特点分析。

1. 进城务工人员居于传播者角色时的特点

（1）自我认同、群体认同不足致使信息传播过程缓慢

群体认同是个体对本身的一种内在性认同，也是个体通过意识与他人的互动和渗透，从而对周围的外在性认识的自我构建，同时自我构建又建

立在群体认同的基础上。我国自古以农耕文明为主，小农经济所遗留下的思想浸润着一代又一代农民的信念与追求，他们重"根"轻迁移，然而随着社会的快速发展，推进城乡建设一体化的步伐愈发稳健，部分农村居民也离开了自己赖以生存的故土，他们从相对落后的乡村走进繁华的大都市。当进城务工人员进城务工后，原有的生产技能失效，可用的社会资源和信息渠道急剧减少，囿于文化水平、交际能力等自身条件，从而在工作和生活上遇到这样或那样的困难。进城务工人员群体一方面接收着来自城市的物质刺激；另一方面又掣肘于传统的价值理念，走在现代与传统双重价值的平衡木上，"迷茫""无序""不知所措"等状态时有发生，无论是构建群体认同，还是构建个人认同，都承受着或大或小的阻力，进一步影响了进城务工人员社会网络信息传播的主体节点权威度、节点文化程度、节点活跃度与节点社会地位，致使信息传播过程缓慢。

（2）人际传播模式占主流

人际传播是进城务工人员群体在融入城市化进程中较为重要的信息传播模式。人们可以通过人际传播获取衣食住行等资源信息与何时何处务工等发展信息。进城务工人员曾在乡村生活了比较长的时间，而中国的村落文化及社会结构经过几千年的发展与积淀，形成了特有的信息交流方式，即通过人情关系来进行信息的传播。他们习惯了以血缘、地缘为基础，以日常社会交往和情感互动为目的的交流方式，并据此建立人际传播网。在进入城市之初，受村落文化的思维惯性影响，通常也会选择相对可靠的有血缘关系的亲戚或者街坊邻里作为信息交流的对象来应对陌生的城市生存环境。相较于城市文明，乡村文化有显著的特征，即世世代代居住于此，亲情纽带错综复杂，无形中建立起强大的"信任感"。在进城务工人员构建自身社会网络的过程中，因与外界异质性群体的阶层属性不同，共同语言比较少，即使可以以媒体为中介与外界进行联系，他们中的大多数如无特殊目的也并不热衷于此，而是多会选择同质性群体，因为同质性群体内部更能想其所想，忧其所忧，有利于培养信任感。然而在进城务工人员群体中，即使阶层属性相同，个体仍然存在差异性，方言口音、生活习性等个体因素在一定程度上影响了进城务工人员群体的内部交流，所以较之于新结识的工友伙伴，他们更倾向与出生地域近、自身情况类似等人群构建人际关系网，因为他们的文化程度、自身遭遇更为相似，在进行信息传播时更能得到赞同、引起共鸣，进一步增强彼此的信任感。

大众传播借助于电视、广播、书籍、报刊等技术手段受社会各界人士关注，进城务工人员群体鲜有机会借助大众传媒成为发声者，且作为公众群体进行大众传播时，对于敏感的社会问题理解不全、拿捏不准，难免以偏概全，产生负面影响。除特殊情况外，如被拖欠工资时群体讨薪，进城务工人员群体受乡村思维惯性的影响，大多处于被组织的角色，鲜有进行组织传播的意识。因此，在进城务工人员社会网络信息传播的过程中，囿于信任感的高低、群体特殊性等影响因素，人际传播模式在进城务工人员群体中居于主流。

（3）城市文化比乡土文化更易输出

城市文明更多源自工业文明，即托夫勒（Toffler）所谓的第二次浪潮文明。与农业生产的分散化、分工简单、流动性小、变化缓慢不同，工业生产强调生产规模化、劳动集中化、分工精细化、管理科学化、操作机械化等特征。乡土文明产生于农业社会，是农民在长期的农业生产中形成的与农业生产和生活相适应的礼俗、观念、教育和行为模式的集合体。城乡生产方式的差异导致了文化上的根本区别，乡村经济发展落后于城市，导致城市文化与乡土文化之间的流动不能达到平衡，城市文化的传播很容易对乡土文化的传播形成单方面的倾轧，甚至从某种程度来说，作为乡土文化传播载体的进城务工人员由于缺乏共同的话语空间而与城市存在着一定的传播隔阂，令乡土文化的传播不能有效地进行。

进城务工人员在进城务工后，为更好地适应自身所处的环境，会不断地在工作方式、生活方式、语言表达等方面作出改变，潜移默化中沾染了城市人的气息。在其周期性返乡后，与亲友、邻里之间的交谈过程中，他们又成为城市文化的输出者，且多表现为物质输出、行为输出与信息输出。

2. 进城务工人员居于接受者角色时的特点

（1）大众传播媒介与网络传播媒介并不能弥补群体差距

伴随着我国传媒体制进行的一系列改革，媒介已采用分众化的策略，即传播者以受众为中心，根据受众需求的差异性，面向特定的受众群体或大众的某种特定需求，提供特定的信息与服务。

大众传播媒介是面向社会公众进行开放性传播的媒介，如书籍、报纸、杂志、广播、电视、新闻通信等。推动大众传播媒介进步与发展的动力大部分源自其产生的经济效益，如广告、赞助等，进城务工人员是价格敏感型消费者，对于该部分的经济贡献远不及普通的城市群体，更比不得社会精英等高层次的社会群体，故而大众传播媒介更倾向于迎合消费人群，将目标聚集于"强势群体""主流人群"。

（2）在信息传播的双向过程中对传播者的反馈能力较弱

"传播"一词本来就包含着相互交往的意思。在进城务工人员社会网络信息传播的过程中，因信息传播者与信息接受者进行双向交流，故而双方相互影响。当进城务工人员群体在社会网络信息传播过程中居于接受者的角色时，他们对于接收信息后的反馈直接或间接地影响着信息传播的效果。

在进城务工人员进城务工后，处于信息接受者的情况可分为两种：一是接受与自身发展休戚相关的雇用方的信息，二是接受来自社会外界的信息。在第一种情况中，进城务工人员因担心被解雇失业的危险，因此很难反馈出与雇用方利益相左的信息。在第二种情况中，当进城务工人员群体接受其他群体的信息时，他们囿于自身的文化水平等原因与其他群体有别，有可能出现对信息理解偏差或是对信息理解错误的情况，如对传播者专业性知识较强的表达理解不到位，对传播者委婉的表达理解错位，令双向传播的反馈过程延迟或中断，使得传播者、接受者并不能够很好地处于双方互动之中。

二、进城务工人员社会网络信息传播的影响因素

库尔特·卢因（Kurt Lewin）提出"把关人"理论，他认为在信息传播的过程中，群体中的某些个体充当着"把关人"的角色，进入传播过程的信息必须要符合群体规范或者是符合"把关人"的标准。基于对"把关人"理论的理解，盖尔顿（Galton）与鲁治（Ruch）详细研究了传播者与接受者对于信息的选择标准，他们认为对能够对信息的选择与加工产生重大影响的因素是信息客观性、信息时间跨度与文化接近性。国内学者张国良充实了信息价值特性的内涵，他认为信息的价值特性包含信息相关性，与信息受众自身相关的信息更能够被关注。结合上述理论和观点，影响信息传播的因素可划分为主体因素（传播者）、客体因素（信息）、环境因素（信息源与社会环境）。

1. 主体层面的影响因素进一步归纳为：个体传播意愿、个体趋同性

在进城务工人员群体中，传播信息渠道的构成随人际关系变化呈现出相互交错状。在信息传播的过程中，进城务工人员个体如果不愿意将获得的信息及时传播，会出现以下两种情况：当进城务工人员个体是群体中唯一的传播源时，信息将因此中断。当进城务工人员个体不是群体中唯一的传播源时，该进城务工人员的信息传播渠道的直系传播渠道失效，信息由个体向群体扩散的进程会因之缓慢。

由于部分成员生活习惯、思维角度具有一致性，进城务工人员群体内部会形成数个分散且交错的规模较小的社交网络，当个体进城务工人员获取到信息时，往往只会将其分享给小圈子中的成员，使得进城务工人员群体信息不对称，影响信息传播进程。

2. 客体层面的影响因素进一步归纳为：信息可信性、信息趣味性

传播不实信息会使一个人的可信度大打折扣，尤其是在相对质朴的进城务工人员群体中。由于部分进城务工人员的法律意识相对淡泊，群体中仍盛行"口头约定"，个人诚信度是群体中的立足之本，进城务工人员群体对其极为重视，加之进城务工人员固有的淳朴传统修养，自我的道德约束能力较强，信息可信性是群体是否进行信息传播的重要考量因素。

进城务工人员群体的工作性质属体力劳动，薪酬制度为多劳多得、少劳少得、不劳不得，这种制度直接决定了进城务工人员群体的工作强度。乏累的工作需要生活调剂，相同工作能力的情况下，人们会更倾向于和有趣的人结交，这使得个体成员在传播有趣信息的过程中会无形地扩张人脉，获得潜在的工作机会，进而形成良性循环。

3. 环境层面的影响因素进一步归纳为：信息源受限、社会环境从众

信息源指的是信息的提供方，信息源提供的信息内容、可表达程度及信息提供意愿显著影响信息接受者即进城务工人员的信息获取行为。对于进城务工人员群体来说，专业性强或者隐晦不明的信息不利于该群体的信息获取。将沉默的螺旋理论嵌入进城务工人员群体中，如果进城务工人员个体自身的想法与舆论意见气候一致，便会积极地参与意见讨论，那么此类观点就会在进城务工人员群体中广泛扩散。如果情况相反，出于害怕被孤立的心态，进城务工人员个体会因此而沉默。当进城务工人员群体在与其他群体存有利益冲突时，可能因对方群体的人数众多，抑或是因为舆论意见气候并不倾向自身而保持沉默。

三、进城务工人员社会网络信息传播的时延问题

信息是无处不在的，渗透于人类生活的各个领域，并总是或多或少地影响着人们的主观意愿，进而影响其改造客观世界的具体行为，获取信息的过程不仅是构建主观世界的过程，更是重塑客观世界的过程。

在某一群体的信息传播过程中，若传播过程历经的时间总是长于信息的有效时间就会出现群体性信息滞后的情形，将不断涌现出或轻或重的问题，影响群体乃至国家、社会的稳定与进步。在信息传播的过程中，进城务工人员群体由于文化程度普遍不高、人际沟通能力有限、不能够快速并熟练地掌握并使用网络技术等原因，其获取高时效性消息的能力有限，高时效性的信息影响力演化会随时间衰减，最终可能成为无用信息，低时效性信息在被辗转传播的过程中掺杂过多的主观因素，最终可能成为错误信息。若是无关消息，则影响甚微，若是与进城务工人员自身发展休戚相关的消息成为错误、无用信息，轻则影响情绪，降低工作效率，重则危害生命健康。党的十八大以来，党中央提出了新型城镇化发展战略，明确提出建设以"人"为核心的城镇化建设，将有序推进进城务工人员市民化摆在城镇化建设的首要位置。2019 年 4 月国家发改委发布的《2019 年新型城镇化建设重点任务》，进一步聚焦进城务工人员的城镇就业、家庭住房、子女教育、医疗健康、退休养老等问题，提出要"让农业转移人口在城市也能实现劳有所得、学有所教、病有所医、老有所养、住有所居"。可以看出，进城务工人员群体融入社会城镇化的进程中浮现的问题正在被逐步解决，相信在不久的将来，在城市中我们会看到一个更加充满生机和活力的进城务工人员群体。

第六章

进城务工人员社会网络信息寻求机理

进城务工人员社会网络信息寻求的机理，是指为了实现自身的信息寻求目标，拥有不同信息存量的进城务工人员个体在其信息共生系统情境中，通过错综复杂的信息寻求共生关系而更新个体存量及系统信息结构的过程与规则。本章以个体信息共生系统为理论分析框架，在分析进城务工人员社会网络信息寻求机理概念体系——进城务工人员社会网络信息寻求内涵与特征的基础上，阐述进城务工人员社会网络信息寻求机理的理论根基——进城务工人员社会网络信息寻求共生系统的内涵与构成要素，进而深入研究进城务工人员社会网络信息寻求机理的核心部分——基于进城务工人员社会网络信息寻求共生系统的运行过程与存续规则。

第一节　进城务工人员社会网络信息寻求的内涵与特征

一、进城务工人员社会网络信息寻求的内涵

进城务工人员具有"亦农亦工"的双重身份，但是其对城市社会生活节奏乃至运行模式的认知与在城市生活的人仍然存在差距，其社会关系仍然局限于进城务工人员群体中，为了降低自身在城市中工作和生存的不确

定程度，他们往往借助由于身份认同或工作与城市融合的机会所产生的社会网络进行信息寻求，进城务工人员个体所拥有的社会网络是其信息寻求的首属场域。

就进城务工人员社会网络信息寻求的本质而言，进城务工人员个体内部的信息非完全与个体之间的信息非对称是进城务工人员社会网络中信息寻求产生的根本动因。信息非完全是因为进城务工人员自身目标实现所需的信息本身不足或者能力不足而导致的行动信息缺失，信息非对称是因为进城务工人员个体之间关于相关事物或对象的认知程度存在着信息势差。

依据上述分析可知，进城务工人员社会网络信息寻求活动属于一种依托于集体身份认同或工作融合的方式而进行的信息搜寻行为，为了获得在城市生活或工作及子女教育等可靠而有效的信息，建立和发展与社会网络中其他主体之间的最佳联系，而且进城务工人员个体有积极性维护和优化对自身向善的能够弥补自身信息缺欠的社会网络，因为该社会网络是进城务工人员个体之间共同的信息载体，体现了进城务工人员个体之间的信息共生关系，也是引导和推动进城务工人员个体逐渐融合城市节奏的动力建制。

二、进城务工人员社会网络信息寻求的特征

1. 目标引导特征

任何信息寻求活动都是有一定动因驱动的过程，但是相对于城市中的其他社会群体，进城务工人员信息寻求的目标更加明确和迫切，因此需要借助于其社会网络这个更加便捷的平台。进城务工人员个体往往根据自身需要实现的最紧迫目标（生存、工作及子女教育）在其社会网络中或者由其社会网络所引介的其他信息渠道规划自己的信息寻求活动，确立信息寻求的具体任务，判别多个来源的信息，选择寻求成本更低并且实施过程中不确定性更低或者风险更低的信息来实现自己的目标，在寻求过程中具有更大的探索性。

2. 信息非集中特征

信息不均衡特征是指在进城务工人员社会网络信息寻求过程中，与目标所契合的信息是以各种形式或方式非集中地分散于各种空间中。信息的非集中特征主要分为客观非集中特征和主观非集中特征。客观非集中特征是指进城务工人员无法接触或汇聚到所需信息，主要是由于信息的空间分布特

性或者承载其主体的分布性特征造成的；主观非集中特征是指进城务工人员个体由于自身信息处理能力等原因无法对已经拥有的信息资源进行利用。

3. 参与主体角色的多样性

根据个体之间的信息势差，进城务工人员个体在其社会网络信息寻求过程中扮演着两种不同的角色——信息委托人和信息代理人，信息委托人是掌握信息体量较少或者同样信息体量中所拥有的信息结构不合理或者相对不完善的主体，信息代理人是拥有的信息体量较大而且同样信息体量中信息结构相对合理或相对完善的主体。在进城务工人员的社会网络中，前者往往扮演着信息寻求主体的角色，后者扮演着信息被寻求主体的角色。但是对于任何一个进城务工人员主体而言，由于个体的学习能力和所处信息情境的不断变化，不仅彼此的信息势差是动态变化的，而且由于主体所需信息的差异动态变化，即使在同一时段彼此的信息角色也不是恒定的。根据进城务工人员社会网络中个体之间的信息结构的差序格局，可将进城务工人员分为信息核心进城务工人员、信息次级核心进城务工人员及信息普众进城务工人员。根据上述分析，绘制图6-1来表示进城务工人员社会网络的信息势差及其所扮演的主体角色。

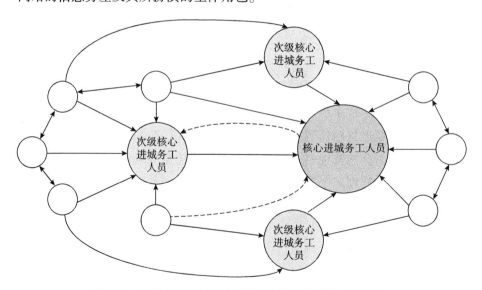

图6-1　进城务工人员社会网络中的信息势差和信息角色

注：○代表一般级别进城务工人员。

在图6-1中，节点表示进城务工人员个体，其面积大小表示进城务工人员所拥有的信息量，箭头表示彼此之间的信息寻求关系，箭头节点表示信息被寻求人（即信息代理人），箭尾节点表示信息寻求人（即信息委托人）。实线箭头表示依据信息势差的正向寻求（信息量少的人向信息量多的人进行信息寻求），虚线箭头表示依据信息势差的反向寻求。正向寻求多为寻求信息来获取实质性的帮助，以降低进一步行动的不确定性和资源投入的风险；反向信息寻求多为类似线人式的信息寻求方式，了解其信息委托人的特征及其社会关系等，降低信息寻求的时间成本，是一种信息寻求的资源配置方式。

在进城务工人员社会网络信息寻求活动中，根据参与主体是否发挥其主观能动作用随时调整自己的行为，信息寻求的参与主体又分为现实参与主体与虚拟参与主体，这种角色划分方式是由参与主体所掌握的信息类型状态所决定的。进城务工人员在进行信息寻求的过程中，不仅仅通过社会网络中的其他主体，而且还可以通过进城务工人员信息网站来获取所需的信息，而从网站上获取的信息也是由其他主体提供的，只是这些信息提供主体与其他现实主体相比，确定了信息的类型、特征与状态，因此是信息寻求活动的虚拟参与主体。因此按照上述划分方法，发挥主观动态行为的就是现实参与主体，而仅仅提供被创造信息的主体就是虚拟参与主体。

4. 信息寻求模式的多样性

根据进城务工人员个体在信息寻求过程中是否能够从其他主体那里得到自身所需要的确切信息，可将信息寻求模式分为直接寻求模式和间接寻求模式。

根据六度分离理论，进城务工人员在其所拥有的社会网络中进行信息寻求的时候，往往从其最熟悉的人开启自己的信息寻求之旅，即往往会倾向于选择自己认为最可能给出自己明确信息的其他主体，如果被寻求主体提供的信息能够直接解决信息寻求主体的问题，那么二者之间就存在着直接信息寻求模式，如果被寻求主体提供的信息无法解决信息寻求主体的问题，需要这个预期中的理想主体引介其他更加合适的信息供给主体，这样信息寻求活动的最初参与主体之前就存在着间接信息寻求模式。间接信息寻求模式的链条如果过长，就会形成类似于差序格局式的多级模式进行信息寻求。但是多级信息寻求模式的信息级联并不是无限的，根据社会网络分析关于网络节点影响力的研究结论，个体的影响力如果超过三级将会大大削弱，因此在绘制图6-1中的多级信息寻求模式时，没有超过三度范畴。

除了上述人际信息寻求模式寻求所需信息资源外，还可以通过进城务工人员社会网络关系所存在的信息社区，诸如微信群等了解信息资源寻求工具或网站的使用方法，并在信息寻求具体实施过程中，通过与信息社区群体的动态交流和在信息寻求网站的学习，提升自身的信息寻求素养。这样以人际关系为基础的信息寻求模式就融合了网络信息寻求模式，形成混合式的信息寻求模式。

5. 形成信息寻求共生关系网络

进城务工人员个体及所在的各级群体的信息情境是共生环境，具体是指进城务工人员个体及所属群体能够存取的有关社会环境、文化环境和经济环境及个人生存情境的各类信息所构成的共生环境。进城务工人员通过参与其所处社会网络信息寻求活动时彼此之间的相互作用方式形成了信息共生关系。在信息共生关系形成或存续的过程中，进城务工人员社会网络中的进城务工人员个体及其群体通过多元化的社会心理契约（人情、乡情等社会关系及互惠心理的约束），为弥补彼此的信息差距及其资源缺憾实现优势互补而形成信息共生关系网络。这种信息共生关系网络会强化彼此的身份认同，形成彼此的强制性信任关系。

第二节　进城务工人员社会网络信息寻求共生系统

一、进城务工人员社会网络信息寻求共生系统的内涵

信息共生系统是指在信息资源流动的过程中，参与主体之间信息寻求活动及信息寻求机制的总称，具有信息资源移交和传递等介体功能，是个体之间信息寻求的主要载体。

进城务工人员社会网络信息寻求的共生系统是由进城务工人员主体依据彼此之间所构成的社会网络情境，在彼此的信息寻求行为中建立起来的依据彼此之间的信息资源共生关系及多样化的信息共生模式，在进城务工人员群体内部所形成的或者潜在的错综复杂的关系系统。在进城务工人员信息寻求共生关系系统中，信息寻求活动所依托的信息共生单元、信息共

生环境及信息共生模式构成了该系统的重要元素。这些要素彼此之间的交互作用、相互影响和制约构成了具有复杂自适应能力的共生系统，决定了该信息寻求系统能否稳定运行和有序发展。

二、进城务工人员社会网络信息寻求共生系统的构成要素

在进城务工人员社会网络信息寻求共生系统中，每个进城务工人员主体及其所在的各级群体（包括首属群体和次级群体）是共生单元，也是构成信息寻求共生系统的基本单位。在这种由个体之间的复杂网络所构成的信息寻求共生系统中，并不是所有的个体及其群体都有同样的地位，少数具有信息优势的进城务工人员在信息共生网络系统中及进城务工人员个体信息寻求过程中起到关键作用，处于核心的位置。

依据进城务工人员个体之间的信息势差和信息拥有量及进城务工人员社会网络信息寻求共生系统中的个体影响力，将信息寻求共生系统中的参与主体分为核心进城务工人员、次级核心进城务工人员和普众进城务工人员三种类型。多个进城务工人员主体之间通过信息寻求关系，形成信息资源流动的主体网络，每个核心主体的周围吸附一些次级核心主体和普众主体，一些次级核心主体周围会吸附普众主体，这样将会形成分布广泛的一些子网络，所有参与信息寻求共生网络的个体通过纵横交错的各级网络交织在一起，使信息资源跨个体流动，从而形成了一个错综复杂的信息资源流动的网络综合体，如图6-2所示。

箭头所指方向代表信息资源的流向，在个体之间的信息寻求过程中，彼此之间的交互影响导致个体的信息存量和信息结构可能时刻发生变化。按照上述分析，可将进城务工人员个体之间的信息寻求关系分为核心个体与核心个体之间的信息寻求共生关系、核心个体与次级核心个体之间的信息寻求共生关系、核心个体与普众个体之间的信息寻求共生关系、次级核心个体与普众个体之间的信息寻求共生关系、普众个体与普众个体之间的信息寻求共生关系。虽然从信息存量的角度可将进城务工人员个体之间的信息寻求关系分为上述多种，但是从信息势差的角度来看，可将彼此之间的信息寻求关系分为信息势对称和信息势非对称的信息寻求关系。

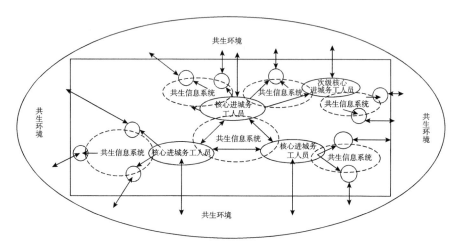

图6-2   进城务工人员社会网络信息寻求共生系统

第三节   进城务工人员社会网络信息寻求共生系统运行过程与存续规则

一、进城务工人员社会网络信息寻求共生系统运行过程模型

本节采用Lotka-Volterra理论模型来探讨进城务工人员社会网络中的信息寻求过程，该理论提出者是美国学者洛特卡（Lotka）和意大利学者沃特拉（Volterra），并以二者的名字命名，该模型是阻滞增长模型的延伸，体现了事物在共生发展的过程中彼此之间的交互影响。

进城务工人员自身所掌握的信息资源存量的变化不仅是其通过社会网络进行信息寻求的结果，而且还可以是其自身在学习或其他途径进行搜寻的过程中导致信息资源存量的变更。选择后一种方式进行信息寻求的进城务工人员，会认为该种方式的信息寻求成本更低，在这种情况下，进城务工人员个体之间不存在信息寻求关系，其信息资源存量的变更不是由于彼此之间的信息寻求关系所致。

经过社会网络进行信息寻求的进城务工人员会认为通过后一种方式进行信息寻求所需要付出的成本更多，最终其理性的选择是通过社会网络进行信息寻求，没有选择后一种信息寻求方式，该种方式的信息寻求成本自然为 0，这样其信息寻求的成本就是通过社会网络进行信息寻求的成本。因此采用上述阻滞增长模型的理论模型来研究进城务工人员社会网络信息寻求的共生关系是适用而有效的。

由于进城务工人员社会网络信息寻求体现了彼此的信息共生过程，因此将进城务工人员信息寻求过程中信息的交换量看作其所掌握的信息资源存量的变更，主要假设如下。

①在进城务工人员彼此之间的信息寻求复杂网络中，处于网络核心位置的个体，在信息资源的影响力和控制力方面往往具有比较优势，处于次级核心位置的个体和边缘位置的个体，其信息资源影响力和控制力相对较弱。因此，从个体之间的信息势差来看，任何两个个体之间的信息寻求关系都可以看作优势个体和弱势个体之间的信息共生关系，只是不同个体对之间的信息势是有差异的。

②假定个体的信息资源增长速度与其获取资源的成本之间呈现线性关系，用 v_{m_i} 表示个体 m_i 在任意时刻信息资源的纯增长速度（即不受其他个体影响时的信息资源存量的增长速度）（$0<v_{m_i}<1$），I_{m_i} 表示个体 m_i 的信息资源存量，个体 m_i 的信息资源存量的变更可以表示为 $\Delta I_{m_i}=v_{m_i}\cdot I_{m_i}$。

③在进城务工人员之间的信息寻求关系中，彼此之间的信息资源存量的交互影响系数为 $\lambda_{m_i m_j}$，且 $0<\lambda_{m_i m_j}<1$。当该系数趋近 0 时，表示个体 m_j 对个体 m_i 的信息寻求几乎没有提供任何实质性的帮助，即对个体 m_i 的信息资源存量的变更没有任何正向影响；当该系数为 1 时，表示个体 m_j 对个体 m_i 的信息寻求提供实质性帮助较多，即对个体 m_i 的信息资源存量的变更的正向影响较大。

④引入时间变量 t，$I_{m_i}(t)$ 表示与他人信息寻求关系建立后的 t 时刻个体 m_i 的信息资源存量，如果 $t=0$，表示信息寻求关系建立的初始时刻进城务工人员个体 m_i 的信息资源存量。

⑤由于事物的阻滞增长模型的一个重要特点是事物的累积量有一个最大值，根据该模型的理论思想，由于个体的学习能力和信息寻求精力所限，个体势必有着不受他人影响时的信息资源存量的最大值，将其定义为 X_{m_i}。

二、信息势对称进城务工人员个体之间的信息寻求过程

处于信息势对称态势的进城务工人员个体之间的信息寻求关系主要包

括核心个体之间的信息寻求过程、次级核心个体之间的信息寻求过程、普众个体之间的信息寻求过程。

信息势对称态势是指进城务工人员社会网络中所拥有的信息存量大致相同，并且具有相近信息权力的个体由于彼此所掌握的信息类别的差异，彼此拥有着其他主体有可能需要的信息资源，所以在此种信息寻求关系中，彼此的信息非对称主要是由于各自所掌握的可以应用于不同情境的私有信息所导致的，个体之间的信息寻求过程通过社会契约和情感交换等途径增加彼此的信息存量。从进城务工人员社会网络中选择任意两个个体 m_i 和 m_j，两者之间信息寻求过程动态模型如下所示

$$
\begin{cases}
\dfrac{\Delta I_{m_i}}{I_{m_i}} = v_{m_i}\left(1 - \dfrac{I_{m_i}(t)}{X_{m_i}} + \lambda_{m_i m_j}\dfrac{I_{m_j}(t)}{X_{m_j}}\right) \\[3mm]
\dfrac{\Delta I_{m_j}}{I_{m_j}} = v_{m_j}\left(1 - \dfrac{I_{m_j}(t)}{X_{m_j}} + \lambda_{m_j m_i}\dfrac{I_{m_i}(t)}{X_{m_i}}\right)
\end{cases}
\tag{1}
$$

其中，$0 < \lambda_{m_i m_j}, \lambda_{m_j m_i} < 1$。

由于任意两个进城务工人员个体信息存量的增长速度 $v_{m_i} \neq 0, v_{m_j} \neq 0$，则当个体的信息存量增长达到均衡状态时，有如下关系成立

$$
\begin{cases}
f_1(I_{m_i}, I_{m_j}) = 1 - \dfrac{I_{m_i}(t)}{X_{m_i}} + \lambda_{m_i m_j}\dfrac{I_{m_j}(t)}{X_{m_j}} = 0 \\[3mm]
f_2(I_{m_i}, I_{m_j}) = 1 - \dfrac{I_{m_j}(t)}{X_{m_j}} + \lambda_{m_j m_i}\dfrac{I_{m_i}(t)}{X_{m_i}} = 0
\end{cases}
\tag{2}
$$

通过求解上述方程组，可得到如下三组平衡结果点的集合

$$
\begin{cases}
(1)\,E_1(X_{m_i}, 0) \\[2mm]
(2)\,E_2(0, X_{m_j}) \\[2mm]
(3)\,E_3\left(\dfrac{1 + \lambda_{m_i m_j}}{1 - \lambda_{m_i m_j}\lambda_{m_j m_i}}X_{m_i}, \dfrac{1 + \lambda_{m_j m_i}}{1 - \lambda_{m_i m_j}\lambda_{m_j m_i}}X_{m_j}\right)
\end{cases}
\tag{3}
$$

$f_1(I_{m_i}, I_{m_j}) = 0$、$f_2(I_{m_i}, I_{m_j}) = 0$ 两条直线表示双方信息寻求过程中各自的信息存量变化轨迹，根据 $f_1(I_{m_i}, I_{m_j}) = 0$、$f_2(I_{m_i}, I_{m_j}) = 0$ 两个方程，可以求出其中一方信息存量对于另一方信息存量的反应方程式

$$\begin{cases} I_{m_j}(t) = \dfrac{X_{m_j}}{X_{m_i}} \cdot \dfrac{1}{\lambda_{m_i m_j}} I_{m_i}(t) - \dfrac{X_{m_j}}{\lambda_{m_i m_j}} \\[4mm] I_{m_j}(t) = \dfrac{X_{m_j}}{X_{m_i}} \cdot \lambda_{m_j m_i} I_{m_i}(t) + X_{m_j} \end{cases} \tag{4}$$

在图 6-3 中，三个平衡点表示个体信息资源达到均衡状态的过程中，彼此之间的信息寻求关系活动轨迹，结合上述点集分布态势，对信息寻求过程和结果进行如下解析：

①当交互影响系数均趋近于 1 时，两条直线最终相交在 E_3 点，实现了稳定均衡状态。此时，m_j 和 m_i 彼此之间的信息存量增长促进作用较大，二者形成高效的信息寻求关系。

②当 m_i 对 m_j 的影响系数趋近于 0，而后者对前者的影响系数趋近于 1 时，直线 $f_1(I_{m_i}, I_{m_j}) = 0$ 上的点沿着路径向 E_1 点实现稳定状态。此时，m_j 对 m_i 的信息存量增长促进作用较弱，但后者对前者的促进作用较大，个体之间的信息寻求行为存在一定的波动。

③当 m_j 对 m_i 的影响系数趋近于 0，而后者对前者的影响系数趋近于 1 时，直线 $f_2(I_{m_i}, I_{m_j}) = 0$ 上的点沿着路径向 E_2 点实现稳定状态。此时，m_i 对 m_j 的信息存量增长促进作用较弱，但后者对前者的促进作用较大，彼此之间的信息寻求行为存在一定的波动。

④当彼此之间的交互影响系数都趋近于 0 的时候，两条直线上的信息存量没有交互影响，各自沿着路径向 E_1 点或者 E_2 点演化，可知二者之间的信息寻求关系彼此促进作用较弱。

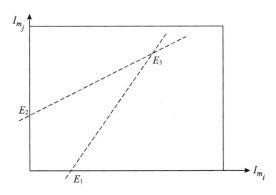

图 6-3　信息势对称进城务工人员个体信息寻求关系平衡结果

综上可知，在个体信息寻求过程中，信息存量的交互影响系数将导致个体之间信息寻求形成不同的均衡态势，并且从论述中可以看出，个体的信息存量最大值、信息存量增长速度也会对个体的信息寻求行为产生影响。

三、信息势非对称进城务工人员个体之间的信息寻求过程

处于信息势非对称个体之间的信息寻求关系分为核心个体与次级核心个体之间、核心个体与普众个体之间及次级核心个体与普众个体之间的信息寻求关系。

信息势非对称个体之间的信息寻求关系可以描述为：具有信息优势的个体在彼此的信息寻求关系中发挥主导作用，一方面，信息优势个体利用信息非优势个体的资源为自身服务，这样信息优势个体可以更加专注于自己的核心业务；另一方面，信息非优势个体为了从信息优势个体那里获取有价值的信息，往往在信息决策上依附于信息优势个体。如果没有信息优势个体，信息非优势个体的信息资源存量的增长速度呈现下降态势。因此，信息非优势个体的信息资源存量增长速度可以表示为

$$\frac{\Delta I_{m_j}}{I_{m_j}} = - v_{m_j} \tag{5}$$

从进城务工人员所在社会网络中任意两个信息势非对称个体：信息优势个体 m_i 和信息非优势个体 m_j，二者信息寻求关系中的信息存量动态模型为

$$\begin{cases} \dfrac{\Delta I_{m_i}}{I_{m_i}} = v_{m_i}(1 - \dfrac{I_{m_i}(t)}{X_{m_i}} + \lambda_{m_i m_j} \dfrac{I_{m_j}(t)}{X_{m_j}}) \\[3mm] \dfrac{\Delta I_{m_j}}{I_{m_j}} = v_{m_j}(-1 - \dfrac{I_{m_j}(t)}{X_{m_j}} + \lambda_{m_j m_i} \dfrac{I_{m_i}(t)}{X_{m_i}}) \end{cases} \tag{6}$$

其中，$0 < \lambda_{m_i m_j}, \lambda_{m_j m_i} < 1$。

由于进城务工人员社会网络中个体信息存量增长速度 $v_{m_i} \neq 0, v_{m_j} \neq 0$，则当该群体社会网络内部个体的信息增长达到均衡状态时，有如下关系成立

$$\begin{cases} f_1(I_{m_i}, I_{m_j}) = 1 - \dfrac{I_{m_i}(t)}{X_{m_i}} + \lambda_{m_i m_j} \dfrac{I_{m_j}(t)}{X_{m_j}} = 0 \\[3mm] f_2(I_{m_i}, I_{m_j}) = 1 - \dfrac{I_{m_j}(t)}{X_{m_j}} + \lambda_{m_j m_i} \dfrac{I_{m_i}(t)}{X_{m_i}} = 0 \end{cases} \tag{7}$$

通过求解上述方程组,可得到如下两组平衡结果点的集合

$$
\begin{cases}
(1)\ E_1(X_{m_i}, 0) \\
(2)\ E_2\left(\dfrac{\lambda_{m_i m_j} - 1}{\lambda_{m_i m_j}\lambda_{m_j m_i} - 1}X_{m_i}, \dfrac{1 - \lambda_{m_j m_i}}{\lambda_{m_i m_j}\lambda_{m_j m_i} - 1}X_{m_j}\right)
\end{cases}
\tag{8}
$$

$f_1(I_{m_i}, I_{m_j}) = 0$、$f_2(I_{m_i}, I_{m_j}) = 0$ 两条直线表示信息优势和信息劣势双方的信息寻求过程中各自的信息存量变化轨迹,根据 $f_1(I_{m_i}, I_{m_j}) = 0$、$f_2(I_{m_i}, I_{m_j}) = 0$ 两个方程,可以求出信息劣势一方信息存量对于信息优势一方信息存量的反应方程式

$$
\begin{cases}
I_{m_j}(t) = \dfrac{X_{m_j}}{X_{m_i}} \cdot \dfrac{1}{\lambda_{m_i m_j}}I_{m_i}(t) - \dfrac{X_{m_j}}{\lambda_{m_i m_j}} \\
\\
I_{m_j}(t) = \dfrac{X_{m_j}}{X_{m_i}} \cdot \lambda_{m_j m_i}I_{m_i}(t) - X_{m_j}
\end{cases}
\tag{9}
$$

当 $\lambda_{m_i m_j} \to 0, \lambda_{m_j m_i} \to 1$ 时, $I_{m_j}(t)$ 将达到最大值,可见信息优势个体对信息劣势个体的影响比较大,促进信息劣势个体的信息存量增加,信息优势个体就会吸引大量的信息劣势个体,在进城务工人员社会网络中具有强大的信息权力。

当 $\lambda_{m_j m_i} \to 0$ 的时候, $I_{m_j}(t)$ 将达到最小值,即信息劣势个体在信息优势个体那里没有得到任何有价值的信息,信息优势个体对信息劣势个体的信息存量促进作用相对较少,信息优势个体并没有吸引信息劣势个体,信息优势个体没有表现出强大的信息权力。

综合上述分析,所形成的两个均衡点如图6-4所示。

通过上述分析,可知充分挖掘信息优势个体在社会网络中的实际影响力,促进信息在进城务工人员社会网络中的顺畅流动是重要的优化议题。这里有两个问题需要解决:一是信息优势主体的参与约束和激励机制(信息的对外扩散不仅仅是信息扶贫的问题,要考虑清楚为什么信息优势主体愿意扩散自己的信息帮扶那些信息弱势主体);二是信息优势主体在网络中的正向心理预期如何保证,因此进城务工人员社会网络中践行反映上述理念的信息寻求共生系统存续规则至关重要。

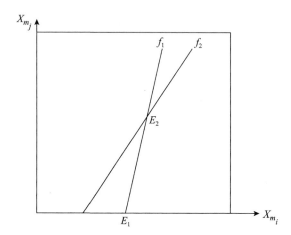

图 6-4　信息势非对称进城务工人员个体信息寻求关系平衡结果

四、进城务工人员社会网络信息寻求共生系统的存续规则

进城务工人员社会网络信息寻求共生系统的存续规则并不是强制约束的，而且会随时由于新的成员加入或退出而呈现出新的个体关系和整体关系态势，进城务工人员社会网络信息寻求共生系统是开放而动态的，因此存续规则的变更是该系统多阶段动态演化的结果。

为了持续优化进城务工人员社会网络信息寻求共生系统，其存续规则从系统内部而言至少满足两个方面：第一，个体进城务工人员的参与约束规则和系统整体的激励协作规则；第二，从系统所处环境的角度来讲，需要对系统内部的存续规则进行宏观政策引导和社会关注。

对于每个进城务工人员个体而言，其作为信息寻求系统的参与主体必须得到与不加入该系统时一样多的效用，即其所付出的精力、金钱或其他成本至少满足其保留效用；如果进城务工人员个体感受到进入信息寻求共生系统时的效用是负向的，那么其继续停留在该信息寻求共生系统的积极性会大幅度降低，这样的系统对其而言是不满足参与约束的。这不仅预示着进城务工人员个体可能会脱离该系统，而且在其影响下，与其关系亲密的系统其他成员或者欲加入该系统的潜在成员远离该系统的概率会增加。因此系统的参与规则是动态的多阶段行为，必须保证系统内部信息寻求参与约束的可持续性，需要为系统的信息寻求活动设定相应的声誉记录档案。

参与约束规则不仅需要重视对进城务工人员个体的短期激励，而且更要重视进城务工人员个体未来积极参与的长期动机。因此除了个体层面的参与约束，还要重视系统整体的激励协作。

如果说参与规则体现更多的是进城务工人员个体的主观感受，那么系统整体的激励协作需要能够彰显人力资本价值的激励措施来实现，这样能够令信息寻求共生系统的信息资源得以有效流动，提高信息资源的利用效率，对于系统内部的信息代理人或者信息被寻求人，可以实现主体尽其才、信息资源尽其用以及价值最优化。有效的系统激励机制能够强化进城务工人员个体发挥其信息代理人的信念，不再担忧自身的信息资源被无偿利用而带来的心里不平衡感觉，可以通过诸如微信公众号式的文章推送打赏等方式尊重其信息舆论领袖或信息代理人的角色，让其感受到自身人力资源价值发挥所得到的回报效用。

进城务工人员社会网络信息寻求共生系统并不是孤立的存在，而是与整个社会系统紧密结合的，信息寻求的动因就在于个体之间的信息非对称或个体内部的信息非完全，这就意味着难免有欺骗行为，社会层面通过对该群体进行信息伦理宣传教育可以起到一定的道德约束作用，但是无法强制约束个别没有底线个体的道德风险，这就加大了真正需要信息主体的不利选择境地。因此，除了对进城务工人员社会网络信息寻求共生系统进行持续的关注之外，还需要从国家层面制定相应的政策进行规范或者建设相应的信息平台进行引领。因为进城务工人员信息寻求行为是其为降低自身所面临境况的不确定性而开展的先导行动，因此不仅有信息种类丰富而针对性强的进城务工人员信息寻求网站的建立，国家层面也非常重视进城务工人员群体，国务院办公厅自2006年特别是2014年以来每年都有相关的有关进城务工人员问题的相关文件颁布，积极落实相关政策，努力探索进城务工人员发展相关规律，长期规划进城务工人员的职业培训和政策分析。

以上以个体信息共生系统为理论分析框架，在分析进城务工人员社会网络信息寻求机理概念体系的基础上，阐述进城务工人员社会网络信息寻求共生系统的内涵与构成要素，进而深入研究基于进城务工人员社会网络信息寻求共生系统的运行过程与存续规则。其中运行过程和存续规则的研究可为后续信息寻求影响因素、进城务工人员信息寻求网站以及优化策略的研究提供理论观点和思想基础。

基于扎根理论的进城务工人员
社会网络信息寻求影响因素分析

　　近年来，全国进城务工人员的数量一直持续增长。目前，进城务工人员群体已经成为城市中一个数量庞大的群体。保障进城务工人员各项权益能够推动城市经济发展、维护社会秩序稳定，因此，解决进城务工人员问题将成为影响城市全面发展的一个重要因素。

　　由于主观和客观等多方面的限制，进城务工人员不能与社会其他成员一样平等地获取信息，因此他们一直被列为信息弱势群体。这种信息弱势通常表现为缺乏获取信息的设备、自身文化水平的局限性、信息获取能力欠缺、环境条件受限、获取信息渠道单一等方面。

　　通过回顾现存的文献能够发现，目前国内已经有很多学者对进城务工人员信息寻求能力进行了不同方法的理论研究。如武晓丽等对河北省的384名新生代进城务工人员进行了问卷调查，对他们的信息需求、信息获取途径，以及利用图书馆的意愿进行总结和分析；❶姚缘等统计并利用辽宁省几个不同规模城市的进城务工人员就业数据，分析了现阶段进城务工人员与

职业相关的信息获取对流动性的影响;❶ 陶建杰以"需求层次理论"为理论依托,将进城务工人员的需求分为四类,即物质信息、安全信息、尊重信息、自我实现信息,对这四类信息寻求障碍进行考察,并通过新生代与第一代的对比,探讨信息获取障碍和影响因素;❷ 李莉以广东省新生代进城务工人员为样本,从信息素养的三个方面进行实证研究,分析论证了他们的信息意识、信息需求及信息能力,并提出相应的改进和提升措施;❸ 刘济群等利用田野调查法,以安徽省南部的两个村庄为研究样本,探究进城务工人员常用的就业信息获取渠道和方式,研究农村内部社会资本对其就业信息寻求的影响,并提出相应的改进建议。❹ 比起从某一方面探讨进城务工人员信息寻求影响因素,扎根理论是将实验数据进行归纳总结,理论与数据得到有效整合,更具有客观性。然而,运用扎根理论探究进城务工人员信息寻求影响因素的文献并不多。其中,陶颖、邹纯龙、周莉通过对 30 位进城务工人员进行深度访谈,运用扎根理论的研究方法将进城务工人员信息寻求影响因素分为三部分,即个体因素、客体因素和环境因素,并构建进城务工人员信息寻求影响因素理论框架,分析和阐释各因素之间的作用机制,从而为今后提升进城务工人员信息寻求能力提供理论基础。❺

第一节　研究方法和数据收集

一、研究方法

本书主要运用了访谈法和扎根理论两种研究方法。作为一种重要的研

---

❶　姚缘,张广胜.信息获取与新生代农民工职业流动——基于对大中小城市新生代农民工的调研[J].农业技术经济,2013(9):52-60.

❷　陶建杰.新生代农民工信息获取障碍及影响因素研究——兼与老一代农民工的比较[J].人口与发展,2013,19(4):20-27.

❸　李莉.广东省新生代农民工信息素养研究[J].图书馆研究,2016,46(6):96-102.

❹　刘济群,闫慧,王又然.新生代农民工就业信息获取行为中的内部社会资本现象——安徽省东至县的田野研究[J].图书情报知识,2013(6):23-31.

❺　陶颖,邹纯龙,周莉.基于扎根理论的农民工信息寻求影响因素研究[J].图书情报工作,2016,60(17):110-115.

究方法，访谈法在社会科学研究领域中被广泛应用。访谈法是指带有目的性的、因个体差异而区别对待的研究性交谈，它是以研究者与受访者口头交谈的方式从受访者的话语里收集第一手资料的一种研究方法。不同于日常谈话，访谈对话具有明确的主题，以友好的方式开始，一般由研究者向对方提出问题，受访者根据研究者提出的问题提供与主题相关的信息。访谈法能够全面、深入地了解问题的真相，具有应答率较高、偏差较小、数据方便收集等优点。本书提到的访谈法是指深度访谈。与一般访谈相比，深度访谈的内容更加详细和深入，更注重访谈的质量，而不是数量。

扎根理论研究法是由哥伦比亚大学的格拉斯（Glaser）和斯特劳斯（Strauss）两位学者于 1967 年共同提出的一种研究方法。作为质的研究方式，扎根理论的主要宗旨是从收集的数据基础上建立理论和模型，也就是说研究者在实验前没有进行理论假设，而是直接从实际出发，从原始数据中发现规律，并对数据进行编码，归纳概括，最后逐渐创建和完善相应的理论体系。这是一种自下而上的归纳式研究方法，直接扎根于现实数据的理论便是扎根理论成果的表现形式。

笔者利用访谈法收集大量的数据资料，运用扎根理论对这些原始资源进行编码、归纳概括、分析总结，最终建模并构建理论。

二、数据收集

扎根理论的信息收集过程是基于理论饱和原则展开的。理论饱和原则，是指在每一次访谈后及时对收集到的资料进行整理和分析，在原始数据的基础上构建理论和假设，然后继续进行访谈，进而修正和完善之前构建的理论和假设，如此循环反复，一直到从访谈中得到的数据开始出现重复，没有新的信息产生，不能构建出新的理论和假设时，我们认为此时的数据已经达到理论饱和状态，访谈没有进行下去的必要，因此访谈结束。可以看出，在整个理论建构的过程中，访谈与分析是同步进行、不可分割的。

本书通过设计开放式问卷，对山东、黑龙江、河南、山西、上海、河北、湖北、广西等地区不同行业的进城务工人员进行深度访谈，时间为2019 年 10 月至 12 月。样本选择时考虑到了进城务工人员性别、年龄、学历、收入、所属行业等不同要素，并利用理论抽样的方法，遵循理论框架和科学构建的原则抽取了具体访谈对象，访谈内容见本书附录 3。本书以理论饱和原则来确定样本数量。调查时发现，当样本数量为 28 个时，样本不再产生新的信息，理论出现饱和状态。受访者的统计资料如表 7-1 所示。

表 7-1 受访者统计资料

要素	分类	人数/人	百分比/%
性别	男	20	71.4
	女	8	28.6
年龄	30 周岁及以下	4	14.3
	31~50 周岁	15	53.6
	50 周岁以上	9	32.1
学历	小学及以下	7	25.0
	初中	14	50.0
	高中	4	14.3
	大专及以上	3	10.7
收入	1000~3000 元	5	17.9
	3001~5000 元	14	50.0
	5000 元以上	9	32.1
行业	制造业	3	10.7
	服务业	10	35.7
	建筑业	13	46.4
	运输业	2	7.2

在正式访谈之前，研究者向受访者进行自我介绍，以及本次访谈的目的和主题，然后围绕主题进行深度访谈。主要的访谈提纲为：①请您说说自己的年龄、性别、学历、收入、工作等基本情况。②您日常最关注哪方面的信息，以及获取信息的途径？③您在寻求信息的过程中遇到了哪些困难和障碍，是如何解决的？④您是否想提升自己寻求信息的能力？⑤您是否有意向或参加过提升信息寻求能力的培训？⑥您认为如何提升自己的信息寻求能力？由于受访者具有个体差异，因此访谈时围绕访谈提纲为主要问题进行深度提问，根据受访者回答情况挖掘有价值的提问内容，进一步提出问题，以尽可能地收集到丰富、全面的数据。

本次访谈是一对一进行的深度访谈，每次访谈时间为 20~30 分钟，给受访者留有充分的时间去思考问题，并尽可能地表达完整和详尽。每次访谈结束后，研究者对收集到的访谈资料进行整理、分类、编码、归纳，然后继续访谈。研究发现，当受访者数量为 28 人时，理论饱和，本次访谈结束。

第二节　数据实证分析

作为扎根理论的重要环节之一，编码是对访谈数据进行理解和定义的过程，是数据分析、归纳、总结和构建理论模型的基础。

一、开放式编码

开放式编码是构建理论的最初环节，是在访谈原始数据的基础上，建立的精准、简明的初步代码体系。在编码时，研究者要打破固有概念的束缚，忠于原始数据，实事求是，自由、大胆地构建概念。开放式编码过程主要分为三个步骤：第一步，将原始材料上升为概念，即仔细分析原始资料中的语句、段落或篇章，对材料中的类似现象加以概念化。第二步，将概念上升为范畴，即将相同或类似的概念统一归纳到相应的范畴中。第三步，发展、充实并完善范畴。范畴一般是指概括和归纳了事物本质属性的普遍联系的基本概念。目前，比较常用的开放式编码方式有逐词编码、逐句编码以及逐个事件编码三种。本书选用的编码方式为逐个事件编码，总结每个事件所要表达的中心思想，生成初始概念，然后根据初始概念的内在联系和本质属性，形成范畴。例如，原始语句为"我家小孩在老家要上学了，所以比较关注上学方面的信息"，则初始概念为"教育"；原始语句为"因为有儿子在当兵，会了解一些退伍军人的福利政策"，则初始概念为"政策"；原始语句为"没怎么上过学，有很多字不认识"，则初始概念为"不识字"；原始语句为"不太会用手机，那么多软件整不明白，打字都费劲"，则初始概念为"技能不足"。其中，"教育"和"政策"同属于"信息寻求方向"的范畴，"不识字"和"技能不足"同属于"个人能力"的范畴。通过对访谈资料的原始语句进行整理和编码，建立初始概念，从初始概念上升到范畴，最终得到了 12 个范畴，详细情况如表 7-2 所示。

表7-2　开放式编码范畴化

范畴	初始概念	原始语句
信息寻求态度	消极、积极、中立等	没怎么关注过；没有特殊需要，不会主动寻求信息；没事的时候会看看；没想过提高信息能力；会主动找一些自己感兴趣的内容看等
信息寻求目的	休闲娱乐、满足需求、了解社会动向、舒缓情绪、提升技能等	能够提高生活质量和效率；满足生活和找工作需求；想要了解家乡情况和最近发生的大事；平时也没什么娱乐项目，看看新闻是为了解闷；想提升自己的知识水平；不想与时代脱轨等
信息寻求内容	招聘、教育、新闻热点、天气、房地产、政策、权益保障、与个人爱好相关等	我家小孩在老家要上学了，所以比较关注上学方面的信息；我想知道城市的养老政策；因为有儿子在当兵，会了解一些退伍军人的福利政策；了解社会最近发生了什么事；我喜欢打游戏，就喜欢看这类信息；因为我想上专升本，所以比较关注这方面信息等
个人能力	技能不足、记忆力差、效率低、眼花、不识字、语言结构差等	不太会用手机，那么多软件整不明白，打字都费劲；记不住那些；不知道怎样搜索；岁数大了，眼睛花了，而且也学不会；没怎么上过学，有很多字不认识；不知道怎么表达自己想要的信息；手机屏幕太小，使用不方便等
传统途径	亲戚、朋友、同事、招聘会、图书馆、报纸、广播、电视、公告牌、书店、老乡、农村服务站、物业公司等	省人才市场也去过，熟人介绍也有；问周围的同事或朋友；有时候与亲人打电话能知道很多信息；平时喜欢跟工友们一起讨论；偶尔会去图书馆查资料；农村服务站有很多有用的信息；看电视、读报纸；路过书店会进去看看；我喜欢问物业，感觉比较方便、可靠；有时候会听听广播等
新媒体途径	网站、手机软件等	手机用得多一些，因为手机小，比较方便携带；在寝室会用电脑；通过网络检索查找信息；我觉得用百度很方便，什么都能找到；会用58同城、赶集网、今日头条；抖音、快手、知乎、贴吧；刷刷朋友圈、看看微博、逛逛淘宝；掌上银行；西瓜视频等

范畴	初始概念	原始语句
信息寻求成本	时间、金钱、精力等	我没那么多时间，这些都太耽误时间了；别人介绍工作，肯定要有人情费，请朋友吃饭之类的；工作量大，没有额外的精力和体力；手机流量费用贵，付费高于我能接受的范围；买书还得花钱等
信息质量	诈骗信息、无用信息、虚假信息、过时信息、信息冗杂等	网上的谣言太多，不知道哪个靠谱，万一让人骗了呢；对我工作也没什么大用处；查询到的信息难辨真假；获取有效信息的难度大；没办法区分信息是否过时；数量太多，很难找到想要的信息；信息更新不及时等
信息服务	缺少服务人、缺少服务种类、服务态度差等	没有人帮我获取信息；没人教我；里面的服务一般用不到；不知道怎么查询信息；怕遭到工作人员的白眼；服务一般，不是很周到等
生活环境	空间局限、网络不稳定、手机不好用、环境闭塞等	有时候网络不好，很多软件和网站都打不开；我打工的地方在郊区，周围除了工地什么都没有，与外界基本隔绝；手机坏了等
公司制度	职业培训、员工互助等	公司只对我进行简单的业务训练；如果有专业人员给我们培训就太好了，可是公司只是让工作经验丰富的员工给我们进行业务方面的答疑等
社会体制	缺少城市归属感、政府保障、缺少关注、社会活动等	难以习惯自己属于城市的一部分；政府应该做好分类，告诉我什么样的信息应该通过什么途径获得；希望国家多关注我们；希望政府和开发商能够多给进城务工人员一些保障；政府举办的大型招聘会都是为大学生准备的，我听说过没去过等

二、主轴编码

开放式编码中得到的范畴基本都是独立的概念，没有深入研究它们内在的联系，而主轴编码是将开放式编码中独立的范畴联结起来，寻找范畴之间的内在联系和逻辑机理，从而构建主范畴。通过上述的开放式编码，得到了信息寻求态度、信息寻求目的、信息寻求内容、个人能力、传统途径、新媒体途径、信息寻求成本、信息质量、信息服务、生活环境、公司制度、社会体制 12 个范畴，将这些范畴整理归类，按照逻辑和内在联系进行主轴编码，形成了自身原因、信息寻求渠道、信息源、外界环境 4 个主范畴。然后在主范畴的基础上，进一步归纳总结，能够形成两个类别，即主观因素和客观因素。由于自身原因和信息寻求渠道都与进城务工人员个体有关，因此把它们列入主观因素类别；信息源和外界环境与进城务工人员自身无关，具有一定的客观性，因此把它们列入客观因素类别。主观因素和客观因素虽独立存在，但又存在着一定内在联系，相互作用，相互影响，具体参见表 7-3。

表 7-3 主轴编码形成的主范畴

类别	主范畴	对应范畴
主观因素	自身原因	信息寻求态度
		信息寻求目的
		信息寻求内容
		个人能力
	信息寻求渠道	传统途径
		新媒体途径
客观因素	信息源	信息寻求成本
		信息质量
		信息服务
	外界环境	生活环境
		公司制度
		社会体制

三、影响因素模型构建

通过开放式编码、主轴编码后，对 28 份访谈资料进行归纳、整理，根据主范畴与对应范畴以及核心概念的作用机制与逻辑关系，运用扎根理论，构建了进城务工人员信息寻求影响因素的理论模型，具体如图 7-1 所示。

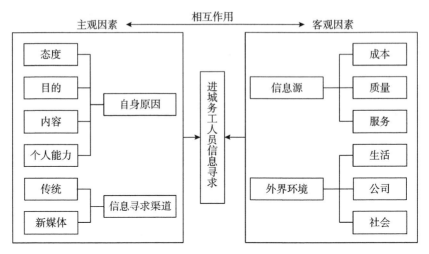

图7-1　进城务工人员信息寻求影响因素的理论模型

第三节　影响因素模型阐释

在"进城务工人员信息寻求影响因素"的核心范畴下，影响因素可以分为主观因素和客观因素。不同的因素对进城务工人员信息寻求的影响机制与作用效果是不同的，下面对这些影响因素与核心范畴的逻辑关系进行具体阐述。

一、主观因素

主观因素是指不依据实际情况，凭借自我意识而发生的人为因素。影响进城务工人员信息寻求影响因素的主观因素主要从两个方面体现，即进城务工人员自身原因和信息寻求渠道。

1. 自身原因

（1）信息寻求态度

信息寻求态度是指进城务工人员对于信息寻求行为的内在感受、情感意向和主观认识。从访谈数据能够看出，进城务工人员对于获取信息的态度表现各不相同，有消极、积极、中立。然而信息寻求态度表现为积极的样本较少，很多进城务工人员的访谈记录里会出现"没想过提高信息能力""没怎么关注过""没有特殊需要，不会主动寻求信息"等语句，这说明在信息不能满足需求的条件下，大部分的进城务工人员都是被动地接受信息，只有少数的进城务工人员会主动、积极地寻求信息。可以看出，目前进城务工人员普遍信息意识不强，没有深刻地认识到信息对于人们生活的重要作用，并且他们的信息寻求主观能动性不强。

（2）信息寻求目的

信息寻求目的是指出于某种信息需求，借助意识、观念等中介，预先设想的信息行为目标或结果。进城务工人员的信息寻求目的主要有休闲娱乐、满足需求、了解社会动向、舒缓情绪、提升技能等，他们通过获取相关的信息来满足自身的某种需求。如第 5 位受访者由于远在他乡，非常想念自己的故土和亲人，所以喜欢寻求与自己家乡相关的政策信息，以了解家乡的发展状况；第 25 位受访者在城市郊区的工地打工，消息闭塞，平时与外界交流较少，因此他寻求信息的主要目的是了解外面的情况。从分析数据能够看出，进城务工人员信息寻求目的呈现出多样化的趋势，并且均与他们的工作环境、生活现状及情感交流密切相关，存在一定的潜在联系。

（3）信息寻求内容

信息寻求内容是指平时喜欢获取信息的种类和方向。通过对数据进行归类整理，能够发现进城务工人员的信息寻求内容主要有招聘、教育、新闻热点、天气、房地产、政策、权益保障及与个人爱好相关的信息等。不同年龄段的进城务工人员对信息内容的需求是不同的，如第 6 位受访者 25 岁，学历是大专，她想在近几年读专升本，提高自己的学历；第 18 位受访者 45 岁，他的父母在老家农村，他想把父母接到城市里来，所以比较关心城市的医疗养老方面的信息。可以看出，新一代进城务工人员寻求的信息内容多是继续教育、与个人爱好相关等方面的信息，而第一代进城务工人员比较关心父母养老、儿女教育等方面的信息，对于招聘、新闻热点、权益保障等方面的信息，则没有很明显的年龄区分，这说明无论哪个年龄段的进城务工人员都对这些方面的信息比较关注。

（4）个人能力

个人能力指进城务工人员自身的情况，包括性别、年龄、学历、收入、职业等。在 35 名受访者中，有 7 名进城务工人员是小学毕业或者小学还没毕业；初中学历的人数最多，为 14 人；高中毕业和大专及以上毕业的人数分别为 4 人和 3 人。通过统计受访者基本情况，能够发现性别、年龄、学历、收入等要素存在一定的联系：新一代进城务工人员学历普遍高于第一代进城务工人员，其中大专及以上学历的 3 名进城务工人员的年纪均没有超过 35 岁，而 40 岁以上的进城务工人员的学历多是初中及以下；收入较高的进城务工人员多是学历较高的新一代进城务工人员或年纪较大的第一代进城务工人员；男性进城务工人员的收入普遍高于女性进城务工人员的收入，并且男性进城务工人员从事的行业更为广泛。除此以外，个人能力在很大程度上直接影响了进城务工人员的信息寻求能力，如第 7 位受访者表示："我不怎么会打字，不太会用手机和手机上的软件，所以一般新闻推送什么就看什么"；第 22 位受访者说："我没怎么上过学，小学还没毕业，很多字都不认识，找信息很是困难"；第 10 位受访者是大专学历，29 岁，经常会浏览各种网站，寻找自己需要的信息。

2. 信息寻求渠道

（1）传统途径

信息寻求的传统途径主要有亲戚、朋友、同事、招聘会、图书馆、报纸、广播、电视、公告牌、书店、老乡、农村服务站、物业公司等。通过数据能够发现，运用传统途径获取信息的进城务工人员大多数年纪偏大，属于第一代进城务工人员。有些进城务工人员是习惯于依靠这种传统、直接的方式来获取所需要的信息，如第 12 位受访者今年 52 岁，他表示从 20 岁打工到现在，一直依靠亲戚朋友介绍工作，已经习惯于这种方式。有些进城务工人员比较信任通过这些渠道获取到的信息，如第 26 位受访者认为，从网络获取的求职信息真假难辨，自己怕上当受骗。

（2）新媒体途径

新媒体途径是指在网络环境下，依托于新的技术体系的信息寻求途径。进城务工人员获取信息的新媒体途径主要有各种网站和手机软件等。访谈时，很多进城务工人员都表示由于手机比较小，方便携带，而且无论是工作还是生活，手机都会一直带在身上，因此最常用的获取信息的途径是手机。能够看出，智能手机几乎已经普及，并且大多数的进城务工人员都会利用智能手机获取信息，例如，看抖音和快手视频、刷朋友圈和微博、逛淘宝和贴吧等已经成为很多进城务工人员日常生活的一部分。另外，还有很多进城务工人员是利用电脑等电子设备通过浏览各种网站来获取所需要的信息。

二、客观因素

客观因素是与主观因素相对的概念，是指除当事人之外的因素。影响进城务工人员信息寻求影响因素的客观因素主要从两个方面体现，即信息源和外界环境。

1. 信息源

（1）信息寻求成本

信息寻求成本是指进城务工人员在获取信息的过程中所消耗的资源。成本是经济学中的一个概念，不只是进城务工人员，每个人在进行生产经营活动时都会考虑到成本价值。进城务工人员在进行信息寻求时，主要考虑的信息成本有时间、金钱、精力。例如，第 28 位受访者说："我很少会主动寻求信息，因为我每天干活都忙不过来，哪有时间"；第 27 位受访者说："手机流量费用贵，付费高于我能接受的范围"；第 20 位受访者表示，不愿意花钱买书，因此都是用手机上网寻求信息。可以发现，进城务工人员在进行信息寻求时，会首先考虑信息寻求成本，依据成本和条件来选择信息获取的方式和渠道。此外，很多进城务工人员对寻求信息秉持着积极的心态，但因信息成本过高或自己无法满足信息成本的条件，最终只好选择放弃相应的信息寻求行为。

（2）信息质量

在与进城务工人员进行访谈时，信息质量是进城务工人员经常说到的要素之一。在这个信息和科技发达的时代，我们的生活被大量的信息填满，信息无处不在。与其他人群一样，进城务工人员也对当今的信息秉持着质疑的态度。例如，第 1 位受访者在采访时说：网上的谣言太多，不知道哪个靠谱，万一让人骗了呢；第 19 位受访者表示，信息数量太多，很难找到自己想要的信息，而且质量参差不齐；第 27 位受访者认为很多招聘网站信息更新不及时，看到的时候已经过了招聘期限。能够发现，信息质量会影响进城务工人员寻求信息的渠道和意愿，很多进城务工人员非常想通过网络渠道获取信息，但因担心信息质量不高，而放弃了这种途径，改为用传统途径来获取信息。

（3）信息服务

信息服务是指以信息活动为出发点，用不同的方式向信息用户提供所需信息的一项活动。整理访谈资料，受访者提到的信息服务范畴主要有缺少服务人、缺少服务种类、服务态度差等内容。作为信息弱势群体，进城务工人员在接受信息服务时遇到了很多问题，如第 17 位受访者表示：不去图书馆是因为不知道怎么查询自己想要的信息；第 20 位受访者认为图书馆是知识分子去的场所，自己不会去，因为怕遭到工作人员的白眼和不公平对待；第 19 位受访者认为信息寻求服务一般，不是很周到。数据表明，进城务工人员在寻求信息服务时，遇到了很多麻烦和困难，提升进城务工人员的信息服务质量和种类有利于他们更积极、有效地获取信息。

2. 外界环境

（1）生活环境

这里的生活环境是从微观来定义的概念，指的是进城务工人员个人的日常生活空间。很多进城务工人员表示，经常会因空间局限、网络不稳定、手机不好用、生活环境闭塞等因素而导致信息寻求行为出现困难，如第 17 位受访者说：有时候网络不稳定，很多软件和网站都打不开；第 25 位受访者说："我打工的工地在郊区，周围除了工地什么都没有，与外界基本隔绝"。可见，生活环境在很大程度上影响着进城务工人员寻求信息的效率，改善进城务工人员的居住和生活环境可以大大提升他们的信息寻求能力。

（2）公司制度

在对 28 名进城务工人员进行公司制度方面的提问时，他们的答案大同小异，那就是公司没有提供过专业的培训，最多就是一些简单的训练和业务上的答疑。然而，在回答"是否期待专业培训"的问题时，受访者表现出不同的态度，如第 23 位受访者表示不会参加，认为对自己的工作没有什么帮助；第 8 位受访者说："如果有专业人员给我们培训就太好了，可是公司只是让工作经验丰富的员工给我们进行业务方面的答疑"。统计数据时发现，新一代进城务工人员比第一代进城务工人员的学习意愿更为强烈，他们更期待接受一些专业技能培训。

（3）社会体制

这里的社会体制是从宏观来定义的概念，指的是社会大环境下的制度体系、规章标准。从社会体制范畴上来说，受访的进城务工人员主要提出的内容有缺少城市归属感、政府保障、缺少关注度、社会活动等问题。从整理数据时可以看出，目前社会和政府针对进城务工人员群体制定的政策体系仍然不够完善，存在着一些的问题，尤其是对进城务工人员的信息寻求行为缺少相应的保护机制，没有积极地推动进城务工人员信息寻求能力的提高。

三、主观因素与客观因素相互作用

主观因素与客观因素会相互作用，共同影响进城务工人员的信息寻求行为。由于主观因素分为自身原因和信息寻求渠道，客观因素分为信息源和外界环境，因此相互作用机制可以分为以下四种情况。

1. 自身原因与信息源相互作用

进城务工人员信息寻求态度、信息寻求目的、信息寻求内容、个人能力对信息寻求成本、信息质量、信息服务产生很大的影响。例如，第26位受访者52岁，小学毕业，由于学历不高，不太会用手机，因此上网查询信息时，不会辨别信息的真假，很难找到有用的信息；第17位受访者对子女教育和国家政治方面的信息比较感兴趣，当问到是否会去图书馆查阅相关资料时，他表示不会去，因为去了图书馆不知道这类书从哪里找，也不知道怎么查询。反之，在很多时候，信息寻求成本、信息质量、信息服务可以决定进城务工人员信息寻求态度、信息寻求目的、信息寻求内容、个人能力。例如，当研究者对第24位受访者说："如果图书馆人员愿意耐心地为您服务，帮您找到需要的书籍并且答疑解惑，您愿意去图书馆查找资料吗？"第24位受访者回答道："非常愿意，毕竟书里的内容更权威。"

2. 自身原因与外界环境相互作用

进城务工人员信息寻求态度、信息寻求目的、信息寻求内容、个人能力与生活环境、公司制度、社会体制之间存在着联动机制。一方面，若公司为进城务工人员开展一些相关技能的培训、政府能够制定相关的保障体系、社会重视并合理改善进城务工人员的生活环境，那么就会使进城务工人员信息寻求的积极性提高，从而提升他们的信息寻求效果和能力。例如，很多进城务工人员想要提升自身的专业技能，但因公司没有相关培训，只能作罢。另一方面，如果大多数的进城务工人员日常都有着强烈的信息需求，信息寻求能力也较高，那么就会促进公司及社会改善其信息服务体制和政策。例如，学历较高、较年轻的进城务工人员会去公共图书馆查阅信息，而且还会向图书馆工作人员反映在这个过程中遇到的问题，从而改善了图书馆的服务质量。

3. 信息寻求渠道与信息源相互作用

在信息寻求的过程中，信息渠道的选择在很大程度上决定了信息寻求成本、信息质量、信息服务。一般情况下，利用传统途径来获取信息时，信息的成本较低，信息质量较高，而利用新媒体途径获取信息时，信息成本相对较高，信息的质量难以保证。例如，第10位受访者比较倾向于上网查询信息，她认为网上的内容更加广泛，能够解决日常所需。不仅如此，信息寻求成本、信息质量、信息服务能够反作用于信息寻求渠道。例如，很多进城务工人员认为网上的信息真假难辨，而且过期信息较多，因此会选择询问亲朋好友、观看新闻联播等传统的渠道来获取信息。

4. 信息寻求渠道与外界环境相互作用

进城务工人员对信息寻求渠道的选择会间接影响生活环境、公司制度、社会体制。例如，一些进城务工人员表示公司提供的宿舍网络不稳定，有时无法上网，因此选择其他方式来获取信息，若很多进城务工人员都存在着这样的问题，有上网需求，将问题反馈给公司，那么可以改善这种生活环境，改善相关的公司制度。反过来，生活环境、公司制度、社会体制也能对进城务工人员信息寻求渠道产生潜移默化的影响。若公司体制改革、社会和政府出台政策和制度，共同保障进城务工人员的信息寻求行为顺利进行，那么进城务工人员就可以自由选择适合的寻求渠道，或多种渠道同时进行，从而提升他们的信息寻求能力。

本章通过深度访谈和扎根理论研究得出，进城务工人员信息寻求影响因素主要分为主观因素和客观因素，主观因素包括自身原因和信息寻求渠道，客观因素包括信息源和外界环境。通过对影响因素理论建模和模型阐释，对主范畴和对应范畴以及两个影响因素之间相互作用的分析，能够促进客观因素与主观因素协调发展，弥补了以往单一方面探讨进城务工人员信息寻求影响因素的局限性，为提升进城务工人员信息寻求能力奠定理论基础。

第八章

进城务工人员网站影响力评价

第一节　研究现状与评述

在本节研究中，将围绕进城务工人员网站影响力的相关研究内容，从进城务工人员网站研究现状和网站影响力研究现状两个方面进行文献梳理与综述。

一、进城务工人员网站研究现状

为更好地予以进城务工人员群体信息支持，作为重要信息来源的进城务工人员网站应运而生。这类网站的服务对象是广大进城务工人员群体，依据其直接的与潜在的信息需求，网站会定期发布、传播关于创业就业、法律咨询、子女教育等科普或咨询资源，并打造线上与线下对接服务和交流互动的平台。这不仅能够满足进城务工人员群体多元化信息需求和服务需要，而且建立了具有同质性的社群使他们在相互交流中获得城市社交无法给予的归属感。然而现有关于进城务工人员网站的研究仍不够充分，其中较少的定量研究包括进城务工人员网站的效率评价、在线行为分析等；定性研究则主要聚焦于就业信息在网站中的推广方式讨论、如何搭建进城务工人员网站的运作模式、信息服务现状调研与分析等研究。

1. 定量研究

研究进城务工人员网站的主要定量研究方法包括数据包络法（Data Envelopment Analysis）、综合评价法（Comprehensive Evaluation Method）和计算机建模法（Computer Modeling Method）。其中，数据包络法多应用于进城务工人员网站的效率评价；综合评价方法常用于构建并评价进城务工人员网站影响力；计算机建模等方法适用于具体的进城务工人员网站性能设计与开发。

赵宏结合线性规划模型通过数据包络法对农民工网站的效率进行评价。首先结合农民工网站的特性构建了包含总页面数、内链数、安全性、速度等8项输入指标和网站访问量等3项输出指标的农民工网站效率评价体系。在此基础上，结合 Maxamine Web Analyst 流量分析软件和网站质量查询站长工具获取客观数据。最后应用 DEA 5.0 分析软件对输入与输出指标数据进行回归求解，从而客观评价农民工网站的总体运行效率，且提出相应改进意见。❶

于纯良和邹纯龙基于信息传播理论总结信息传播的特性与途径，据此构建了农民工网站影响力的评价指标体系。具体来说该评价体系主要包含网站规模、网站方向和网站效果等为依据的5个一级指标，以及总页面数、服务个性化程度、外链数、内容实用性等为重点的17个二级指标。再应用层次分析法和指标比较结果构造判断矩阵并进行一致性检验。从而对现有农民工网站影响力进行客观评价，并检验了本指标体系的可行性与有效性。❷

张君对农民工网站交流论坛的性能进行了优化设计。主要应用 ASP 语言（Active Server Pages）的动态交互网页建设功能，结合编程方案在 ACCESS 通用系统平台上开发农民工网站论坛。先结合 HTML 和 CSS 来定义显示格式，再通过 IS 进行解析，从而创建了能够满足进城务工人员群体发

❶ 赵宏.基于数据包络法的农民工网站效率评价研究[J].商业经济,2019(7):106-108+124.

❷ 于纯良,邹纯龙.基于 AHP 的农民工网站影响力评价体系研究[J].图书馆学研究,2017(14):90-95.

帖与交流功能的社区论坛。以期增强进城务工人员群体间的信息交互性、增强其交流与求知信息的传播。❶

刘清堂等学者为提升不同终端用户界面体验的舒适感,在分析了现有跨平台响应式布局存在问题基础上,依据弹性盒子模型理论(Flexible Box Model)与媒体查寻(Media Queries)技术相结合,绘制出用户网页视觉适配程度表,以进行网页字体、元素和整体布局的设计。并基于进城务工人员技能培训与综合服务平台进行设计方案的测试,检验适配方案的可行性与有效性。❷

2. 定性研究

研究进城务工人员网站的主要定性研究包括以下几个主题,即网站中就业信息传播方式、如何搭建进城务工人员网站的运作模式、进城务工人员网站信息服务现状的调研及分析、进城务工人员网站独有社会功能分析等。

刘金荣从政策、经济和用工现状方面详细论证了进城务工人员就业信息网站建设的必要性,并从经济、技术和社会层面分析可行性。基于此提出湖州农民工就业信息网站的构建思路,包括前台功能和后台功能,并强调前台功能中招聘、技能培训及政策维权等方面的重要作用。❸ 刘金荣和沈月娣在上述研究基础上,继续深入探究了网站的信息推广机制,以期望能够将网站的影响力扩大,形成长期有效的网站管理与维护系统。❹

席群和陈亚芹分析了金融危机情境中的产业结构因素,同时提出由于信息不对称导致的供需矛盾、农民工的城市融入问题及城乡交互模式建设中的局限性,并依据上述问题构建了以信息为基点的线上与线下城乡互动网络平台。该互动平台主要包含城乡之间的信息传播网络、服务供给网络

---

❶ 张君.基于 ASP 的农民工网站的设计与实现[D].长春:吉林大学,2008.

❷ 刘清堂,胡舰,翟利利,黄景修.跨平台的多终端设备网页自适应布局研究及应用——以农民工技能培训与综合服务平台为例[J].现代教育技术,2015,25(2):107-113.

❸ 刘金荣.湖州农民工就业信息平台的构建研究[J].安徽农业科学,2011,39(1):473-474+507.

❹ 刘金荣,沈月娣.湖州农民工就业信息平台的推广机制研究[J].安徽农业科学,2011,39(9):5576-5578.

和培训管理网络模式。从而保障了各级网络主体的信息交流与互动，为农民工在城市输入和输出过程中提供全面的就业信息与就业支持。❶

王芳和宋朋基于信息构建理论与网站价值理论，结合技术接受模型与利用整合模型，采用案例分析的方法以现有 12 家农民工网站为样本，从信息建构视角提炼出网络运营中的关键要素，包括经营资质、运行效率、推广等。这些因素之间存在正向影响与路径作用，共同构成农民工网站的运行机制。❷

杨玫主要考察了我国 16 个农民工网站的信息服务现状，主要调查网站内容建设、网站维护、网站服务功能三个主要方面，以此总结出现有网站信息服务的内容同质化与样式单一化等局限。并提出未来有关于完善网站内容、优化网站帮助、导航、检索、咨询和互动等功能的改进意见。❸

赵莉分析了农民工网站在信息传播及服务效果等方面的经营状况，同时描述了网站应具备的特色之处，并具体分析社群归属与角色认同的影响作用。从而提出在建设农民工网站的过程中要遵循以农民工利益为核心的导向，为他们在法律维权与就业创业方面提出有益指导，并通过数字化技术手段等不断加强社会功能，以期增强农民工群体的城市融入感与对城市规则和生存法则的心理认同及归属感。❹

与此同时，考虑到进城务工人员群体是中国社会经济环境下产生的具有地域文化特征的一类群体，所以现有进城务工人员及进城务工人员网站研究大多来源于国内学术团体。主要包括对进城务工人员网站不同方面、不同视角的评价研究，进城务工人员网站功能、性能、页面等方面的设计研究，其中评价的内容包括影响力、效率、运营模式、信息服务现状等方面；功能及性能的设计内容包括进城务工人员网站论坛的性能与多环节模块功能，其中参考的理论包括技术接受模型与利用整合模型等。

应用的方法包括数据包络法、层次分析法、计算机建模法等。不难看

❶ 席群,陈亚芹.农民工融入城市与城乡社区互动网络平台建设——以江苏省为例[J].兰州大学学报(社会科学版),2012,40(1):98-104.

❷ 王芳,宋朋.我国农民工网站运营机制研究[J].中国软科学,2015(4):38-48.

❸ 杨玫.农民工网站信息服务现状的调查研究[J].图书馆学研究,2013(20):56-60.

❹ 赵莉.农民工网站的特色及影响[J].新闻前哨,2011(4):46-48.

出，当前关于进城务工人员网站的研究仍不够充分，尤其对于进城务工人员网站评价的研究尚且缺乏系统科学的指标体系。然而想要切实有效地改进进城务工人员网站，提高网站的影响力与服务能力需要建立在对网站进行系统评判的基础上，所以选取恰当的评价要素并建立科学评价指标体系能够使人们清晰地认识到进城务工人员网站需要改进与提高的地方。进一步考察评价进城务工人员网站各内容方面的研究中，关于影响力的研究仍然不够深入。事实上科学系统地评价进城务工人员网站的影响力，一则能筛选出对进城务工人员群体和社会产生重要影响的网站，因为这些网站是值得借鉴学习并真正对进城务工人员群体的心理和行为产生有益影响的；二则能够探究出评级较低的网站在哪些方面需要改进。鉴于此，本书将继续深入探究进城务工人员网站的影响力评价体系，在后续的论述中会归纳并梳理网站影响力的相关研究。

二、网站影响力研究现状

网站影响力能够反映出一个网站受欢迎的程度，即网站是否具有价值的重要体现。从个体层面来说网站影响力更高，意味着它能够更深刻地影响用户心智。这种影响的水平越高越能够对用户的行为与决策起到作用。从群体层面来说，网站影响力会影响网站的为人知晓和关注的程度，当影响力越高时，该网站的资源越容易被人们发现并接受。现有关于网站影响力的研究非常丰富，按照研究的内容可以分为：一是，整合分析现有研究根据相关特征提炼作用于网站影响力的指标，然后进行数据获取以统计评估网站影响力；二是，基于既定理论重新诠释并构建评价网站影响力的指标体系，以期继续完善评价标准。除此之外，根据研究方式的不同可将现有网站影响力研究分为主观研究、客观研究和主客观相结合研究三种方式。下面将主要按照这种划分方式进行分别探讨。

1. 主观研究

网站影响力的主观研究主要体现为：一是依据文献分析法与理论分析构建网站影响力的评价指标体系；二是依据现有指标评价网站影响力过程中，数据获取途径为用户主观反馈，即应用问卷调查法。

中国互联网络信息中心主要基于用户投票的方式对影响力进行考察。

另外中国视频网站发展研究课题组为了探究当前中国视频网站的实际状况，从用途、收费、手机业务和广告态度等方面着手进行问卷调查，并进行描述性统计分析以研究不同视频网站品牌的影响。

另外，学者曾荷结合内容分析法以电子政府信息资源网站为研究对象进行定性分析。主要以信息内容的形式、信息内容的流程和信息内容的获取途径三个方面为主要维度指标，进行电子政府信息资源网站影响力的系统分析，从而论证出作用于该类网站的影响因素。学者陈斯杰从网站特性、感知性和态度、实际影响力三个方面研究科技信息服务网站的影响力，并提出信息质量、服务交互等二级指标构建了详细的研究体系，同时对于该评价体系的指标，主要依靠用户的主观反馈进行数据收集。

使用问卷调查法进行主观研究，具有节省时间和人力等特点，且相对于服务导向的网站能够有效地检测出用户满意的程度。

2. 客观研究

客观研究在本领域指评价网站影响力的指标数据主要来源于客观的且量化获取方式。现有网站影响力研究普遍遵循的方法是网络计量学方法，该方法依托网络技术，以文献计量学的定律为基本依据，先建立评价指标体系，再应用经济数学和统计学等方法对抓取的网络数据进行统计分析，包括数据内容的组织、存储、分布、传递、相互引证以及开发利用等要素，以此对网站影响力进行客观评价。从而揭示网站影响力在一定数量分布下的特点。

最早提出这一研究方式的是丹麦学者阿曼德（Almind），他将信息计量学的方法引入于对万维网的信息内容统计分析。

在此之后，我国学者徐久龄于 1999 年，率先将网络计量学引入网站影响力的评价研究中。他提出网站影响力的评价可主要围绕三个指标，即链接分析、流量分析和搜索引擎可见性。基于上述三个指标结合网络爬虫技术或搜索引擎工具能加以获取。这三个指标在后续的学界研究中占有主导地位，笔者将基于链接分析、流量分析和搜索引擎可见性三个方面对客观研究进行具体论述。

第一，链接分析。网站链接一般分为内部链接和外部链接。链接分析的基本原理认为，当一个网站对另一个网站进行外部链接，则表示对这一网站质量的认同。而一个网站的外部链接数量越大，其受到外部肯定的程度越强、名望越大，也会提高该网站传播信息的能力。因此，选取链接数量，尤其是外部链接数量作为评定一个网站的影响力的指标是具有一定依据的。

较早应用链接分析的是国外学者伍德拉夫（Woodruff）团队，他们首先利用 Inktomi Crawler 收集了很多的 HTML 网页信息，再对这些爬取到的内容进行转码分析和链接情况的统计，按照排名情况得出入链数最高的网站，并分析这些网站的影响力与链接匹配性。经过一系列研究表明，网页的入链数可以作为评价网站影响力的重要指标。在此之后，学者伍德拉夫（Woodruff）分析了 260 万个网站的相互链接情况，从中总结出被链数最高的网站。

学者鲁索（Rousseau）基于文献计量学中采集引文并整合分析的研究机理，正式提出"Sitation"构念，用以解释说明不同网站间互为链接的情况。与此同时，阿吉约特（Aguillot）对一些比较有名气的网站的外向链接水平予以统计评估，并编制出世界链接资源报告。他在研究中提出被链接数量较高的网站也同样具有更高水平的资源价值，资源的被利用率也更高。因此他进一步总结并证实链接分析是评价网站影响力较为重要的指标。阿拉斯泰尔（Alastair）则立足于澳大利亚和新西兰的 42 所高校网站和 22 家数字化期刊网站，对这些网站的影响因子进行解析，从而拓展了网络链接分析的研究与应用领域。

链接分析在国外建立了一定研究基础后也开启了国内研究的热潮。如学者刘雁书和方平依靠检索需求与计算机编程算法抓取综合网站和专业网站的被链接数量，同时具体阐述了新浪网站被外语系网站或国外域网站被链接的情况与特征。通过统计分析外链接数量的多少能够体现网站被利用和推荐的水平，这意味着外链数量越高，网站的信息质量水平越高，因此依据外链接数量评价网站的信息质量是具有可信性与可行性的。

另有国内学者针对不同研究主题应用链接分析方式进行网站影响力评价研究。如沙勇忠和欧阳霞基于链接分析法探究了我国省级网站的影响力，研究表明链接分析能够反映各级政府的信息治理水平，因此外链数、网络影响因子与网站访问量均能用于评价省级政府网站影响力。

还有学者在研究不同类型网站影响力过程中，结合链接数量和其他指标进行测评。如刘虹等学者对中文社会科学引文索引的 380 个期刊网站进行评价，主要评价入链数、链接效率和链接可见度以及网站规模与外部网络影响因子。他们通过 Site Explorer 获取相关链接数据，经统计分析得出杂志期刊网站排名并对其影响力进行比较。

陈媛媛和李刚以智库网站为研究对象，主要运用链接分析，从网站规模、网站入链、网站出链等 9 个方面，建立了智库网站的综合评价体系。并进行统计分析，得出该评价体系的智库影响力排名与全球智库综合排名情况是具有一致性的，因此该评价体系具有一定可信性。同时他们认为网站链接能够反映智库网站的用户使用黏度和忠诚度，会体现网站的影响能力。

李宗富和张向先基于链接分析法，对我国 29 家省级档案网站进行研究，首先构建以网页数、总链接数等 9 个要素为指标的综合测量指标体系，再应用搜索引擎技术和站长查询工具对相应指标的数据进行获取，并结合灰色关联法（Grey Relative Analysis Method）统计分析，从而得出省级档案局网站的影响力情况。

卢文辉和高仪婷则探究了"双一流"大学的图书馆网站影响力，在梳理了链接分析法在图书馆网站评价方面的研究现状与不足之后，改进了原有链接分析的评价指标，剔除其中内链数指标。结合国内具有权威性的数据获取工具，得到 42 所"双一流"高校图书馆网站链接指标的数据，并据此统计分析出这些高校图书馆网站的影响力水平与排名。

然而也有学者对链接分析法持消极的态度，他们认为链接分析法在评价网站影响力、效果和质量等方面存在着局限。尤其存在所选样本的代表性较低、数据的信度不高，以及真实性存在问题等情况时，研究结果受影响较大。并且所选择的数据获取工具也会存在性能方面的局限性，如覆盖网页能力较差和不稳定等情况，导致所采集数据的一致性较低。

第二，流量分析。流量分析的基本原理是对所获流量数据进行统计分析从而发掘网站规律，并结合具体策略分析流量形成的过程。这能够体现通过互联网进行信息传递的交互过程，同时也是网站使用者寻求信息服务并感受满意的过程。因为用户在查找所需信息时，会形成独立访问、重复访问、页面浏览、文件下载等痕迹，从而形成网站流量。这些能够在一定程度上体现网站的影响力。

国内学者陈向东以教育网站作为研究对象进行评价分析，这些教育网站包括 Media Metrix、PC Data Online、Nielsen/Netratings 等咨询机构，在进行流量分析的过程中均采用用户访问量作为研究的重要指标，他基于用户访问量的统计分析对教育网站的影响力进行排名与评价。

赵惠和刘芳基于访问流量的统计数据对湖南图书馆网站的现状进行评价研究，主要从访问人数、论坛发帖量、资料查询发帖量四个方面进行湖南图书馆与其他省市的图书馆网站的比较。

第三，可见度。在搜索引擎中出现的排名越靠前，意味着被用户发掘并使用的程度越高，进而网站影响力水平也会随之提高。

费尔南多（Fernando）的研究表明，提高网站的可见度就能够影响搜索引擎的排名，这与网站的链接关系、关键词等要素有关。

范闯亦应用可见度指标对科技类信息网站的影响力进行评价和比较，其中评价指标主要来源于搜索引擎的检索状况。

邱均平和程妮选取"211 工程""985 工程"和教育部的直属高校作为研究对象，基于层次分析法，对包括可见度、网站规模、被链接数量、丰富度和学术影响力等评价指标进行专家测评与量化统计。通过排名和统计结果总结分析当前大学网站建设中需要加强的方面，为开拓发展思路提供有益指导。

3. 主观与客观相结合

主观与客观相结合的研究方式，客观研究有利于尊重客观规律和客观现实，在网站评价的研究中主要体现为对研究对象的评价指标进行观察赋值，但不能解释各个指标本身的重要性程度。主观研究主要体现为通过人为判断对指标的重要性赋权重。因此将主观与客观研究相结合，有助于消除单一研究中设置权重和主观赋权判断带来的偏差，所以在学界被广泛应用。

如于纯良和邹纯龙基于信息传播理论提出了完整的进城务工人员网站影响力的评价指标体系，包括网站规模、网站方向和网站效果等 5 个因素为重点的一级指标，以及总页面数、服务个性化程度、外链数、内容实用性等为重点的 17 个二级指标。其中通过层次分析法对该体系进行专家打分与权重计算。从而对现有进城务工人员网站影响力的评价指标设计权重，再根据客观的指标体系获取评价数据，实现统计分析。

程慧平和彭琦基于中国顾客满意度的评价模型及相关文献研究，提出评价个人云存储网站影响力的指标体系。同时运用层次分析法，邀请有关专家对各级指标进行赋权和定量处理。基于这一量化的指标体系，对 115 家网站进行评价，检验这一评价体系的可行性。

在本书中，主要应用定量与定性相结合的方法，通过量化的统计过程弥补理论研究与主观判断存在的不足。具体来说，一方面，本书的评价指标通过文献分析和理论梳理得出，包含定量和定性两个部分，再结合问卷调查法与数理统计的方式对理论研究得出的维度及指标进行主成分提取及信度和效度检验。另一方面，通过问卷调查法和层次分析法对专家的主观评定结果及评价体系指标权重进行测算，从而得出完整的进城务工人员网站影响力评价指标体系。

第二节　评价的理论与方法依据

在本节研究中，结合研究的需求，将重点介绍综合评价理论的概念、过程与分类，与此同时将对研究中应用的主成分分析法、层次分析法和模糊综合评价法进行具体说明。

一、综合评价理论

本部分主要针对进城务工人员网站影响力进行评价研究，选择综合评价理论能够厘清研究思路与脉络，应用恰当的研究方法。具体将从综合评价的概念及过程与综合评价法的分类两个方面进行理论梳理。

1. 概念与过程

一方面，关于什么是综合评价，不同学者的定义各有侧重。从价值判断角度，约翰·杜威（John Dewey）提出评价是一种对价值承载者的判断活动，一方面是对客观价值现实情况的判断；另一方面是对隐性尚未发现价值的判断，它们的目的均是为了引导活动创造价值。在后续的研究中他进一步提出，根据评价的内容、功能和形成方式的不同，评价的具体内涵也会有差异。

从评价指标来看，综合评价是相较于单项评价而言，综合评价是具有复杂、抽象的评价标准的，是一种多指标评价方式。单项评价的标准比较单一，基本上只包含某一个单指标。基于多指标思路，苏为华认为综合评价是参考合理标准建立起来的对客观主体好坏进行多指标判断的认知过程。

从评价程序来看，彭张林等提出综合评价主要是建立在评价目的基础上，依据不同方向与角度对研究对象进行评估的过程。通过量化或主观评价方法对评价对象的属性进行测评，以此估测在某一时间段或时间点内评价对象的业绩和效能等。这一综合评价过程是人们认识理解重要事务的手段，能够支持管理决策，是一种管理认知过程，具有复杂性和系统性。另外，学者王宗军认为综合评价是通过对结构体系的描述而进行的系统性与整体性评价，主要根据特定条件，对不同评价对象赋予对应价值判断，再据此进行优良排序。

另一方面，从综合评价的研究过程来说。彭张林等从统计决策的视角探究综合评价的过程。他认为，综合评价的核心是统计与决策，应用这一思想能够解决多指标综合评价的问题。因此，统计视角的综合评价是一种定量分析过程，通过定量统计能够对研究对象的评价值、排序值、分类情况等进行有效判断。与此同时，综合评价与不同统计方法相结合，埃奇沃思（Edgeworth）在1923年较早提出了指标体系中的加权分析法，随后学者们结合不同统计方法推动着综合评价方法的发展，提出了多目标决策理论、非参数统计方法、多准则决策理论和多属性效用理论等。

另外，从定量思维与物理过程视角出发，作为一种思维过程，综合评价还是一个辩证认识事务的过程。主要体现为对研究目标的明确，以及向指标体系的转化，最终结合具体情况得到评价结果，从而发挥统计决策的科学性与可行性，为相关活动予以充分的客观支持。文庭孝等在研究中设计并详细描述了综合评价的整体过程，包含目标的确定和结果的展示及报告等过程。

2. 研究分类

基于研究对象的不同特点与应用条件，综合评价可以从不同角度进行分类。确定不同类型的研究特征有利于在特定议题中对应正确的研究方法。

第一，从事态发展过程入手可分为实绩评价与预期评价。实绩评价属于事后评价，本质是一种对已经发生过的事情的评价；预期评价属于事前评价，本质是对未来事态发展状况的评价。第二，从评价对象的状态可分为动态评价与静态评价。静态评价主要分析界面数据；动态评价是对某一研究对象的发展过程进行评价，一般基于动态时间序列数据对评价结果进行统计分析，得出该研究对象的动态演进过程。第三，从结果导向入手可分为价值排序评价与价值分类评价。一般而言，综合评价的结果将会以量化形式呈现，也就是评价值。根据这个评价值能够进行类别划分，即为价值分类评价；对这一评价值进行综合规模的优劣排序，即为价值排序评价。另外，还有很多分类方式，包括从研究对象入手可分为官方评价与非官方评价，例如，政府机构、国家研究院、国家研究中心、统计决策机构等都属于官方组织。从评价持续状态与过程入手，可分为制度化评价与临时性评价。

二、主成分分析法

在复杂而动态的环境下，评价研究多维度的事务能够准确系统地掌握已经发生的情况，并预测未来事务发展的规律，有利于人们在各方面展开深入研究。主成分分析法作为一种量化的数理统计方法，通过降维的原理把相关指标聚合为几个具有代表性的综合指标，是因子分析的特殊形态。具体来说，是在反映某一事物的相关统计数据中，挖掘具有独立性且能够体现相同评价指标的因子项，从而根据数理统计中的方差贡献率进行判断，将少于原有数量的几个指标提炼出新的含义，用这些聚合的指标也就是主成分代替原来的所有指标。因此，主成分分析法不仅能够提炼出反映整体概念的主成分信息，而且能够解释指标之间的信息重叠与维度权重问题。一般而言，一种合理的组成维度应该尽量确保不要损失初始信息，而所提炼出的维度指标所反应的内涵又能保持互斥，最终提炼的主成分个数主要取决于这些变量对整体概念的解释力度。

而要将不同测量指标提炼合成为多维度测量指标也需要精确和系统的统计学方法支持，学者们一直不断超越并改进研究方法。较早应用的方法是传统的线性主成分提炼法。邱东教授提出传统的 R 型主成分分析，具有工作量小、指标相关性降低和主观性判断削弱等弱点。该方法忽略了指标重要性权数，存在降维不明显的局限，主成分只体现了原始指标的线性关系，而缺乏对非线性关系的考量，此时需要结合无量纲化处理。随后，不断有学者质疑并提出对该方法进行完善的设想。这些方法包括"加权主成分法""非标准化主成分法""成分化主成分法""非负主成分"及"对数化主成分法"。

主成分分析法最早用于进行多指标的降维处理，其中较早且具有代表性的研究包括：学者斯通（Stone）对美国 1929~1938 年 17 项国民经济统计指标进行主成分分析，与此同时他在 1961 年对英国 157 个城镇的发展水平进行主成分分析。他们发现 3 个经过聚合的经济指标可以用来概括原来的 17 项指标所描述的内容，从而简化了分析结构。

此外，王惠文等基于主成分分析法建立了系统评估的限制条件，并结合多指标分析特征提出改进的条件。

随着研究的深入和研究方法的完善，在管理、经济、医学和自然等多元化领域都有广泛应用。刘健等学者的研究表明主成分分析法的研究主题已拓宽到经济效益评价、城市综合实力评价、城市现代化评价、地区经济发展水平评价、财务评价、企业评估、教育质量评价、科研工作评价、可持续发展评价、医院工作质量管理、林业经济评价等方面。

在本书中，将基于主成分分析法，对所选取的描述进城务工人员网站影响力的指标进行降维分析与因子分析，以凝聚并提炼出其中的所属维度，从而对本书中所提出的二级评价指标进行验证，以此形成更系统科学的进城务工人员网站影响力的评价体系。

三、层次分析法

层次分析法（Analytic Hierarchy Process，AHP）是 20 世纪 70 年代由美国学者托马斯·萨蒂（Thomas L. Saaty）依据多准则决策原理最早提出的统计分析方法。层次分析法的应用能够使复杂的问题分解为系统有序的模块，即最高层、中间层和最底层，也可称策略层、约束层、准则层等。通过对不同指标的判断给出一定赋值，最终确定每个指标的权重。因此，层次分析法的核心就是对指标进行赋权从而给出重要性度量的过程。

层次分析法于 1982 年引入我国的学术研究领域，学者们主要将其应用于决策与综合评价。随着国内研究对该方法的应用持续深入，研究范围也在不断扩展。一般来说，在确定指标重要性过程中根据使用准则的差异可分为单准则构权法、多准则构权法与群组构权法，其中单准则是一种基础的赋权法，这些方法包括，如比例标度法、指数标度法、特征根法、对数最小二乘法、最小偏差法等排序方法；模糊层次分析法等统计构权法。因此单准则层次分析法不仅是一种基础的构权方法，更是一系列方法的总称。而多准则和组群构权法是对基础赋权方式的扩展，能够有利于体现赋权方法的系统化，从而提高清晰度。

另外，根据研究目的的不同，层次分析法主要用于决策和评价。其中，用于决策的层次分析法只需要进行所选项目的优劣区分，能够得到哪些指标是好的，哪些指标是坏的，就可以进行决策。在此种情况下无须对所有指标进行更加精确的赋权。但是应用层次分析法则需要建立具有赋权值的评价体系，因为评价的结果需要得到总的评价值，所以获得精确的权数体系是进行评价研究的重要目的，不同权数体系，对于评价结果的影响是很大的。

本章将应用层次分析法，对描述进城务工人员网站影响力的评价指标进行权重判断，从而构建量化的进城务工人员网站影响力的系统评价体系，以期后续对各进城务工人员网站影响力计算出相对客观的评价值。

四、模糊综合评价法

模糊综合评价方法基于模糊集合理论而发展起来，模糊集合理论最早由美国学者扎德（Zadeh）于 1965 年提出，通过隶属度理论和模糊数据原理，能够将多个因素的定性评价转换成综合状态下的定量评价，从而实现对研究对象等级优劣的综合评价，然后作出理性的决策判断，是目前多指标综合评价实践中应用最广的方法之一。

随着研究的深入，模糊综合评价的研究领域在不断拓宽，延伸到经济管理、科技教育、地质开采、工程技术、教育和医学等众多领域。在最新研究中，郑秀梅等结合问卷调研并基于多层次模糊综合评价法，对双创经济的本质内涵进行探究，并对创新与创业推动经济发展的作用路径进行评价和分析讨论。胡晨沛等对公共服务的顾客满意度进行评价，基于 616 名公众的调查问卷，结合模糊综合评价法建立系统的公共服务满意度评价体系，主要包含公共教育、医疗卫生、住房保障与社会管理为重点的四个一级指标，有效反映了政府机构的纵向与横向优势。

与此同时，汪培庄等基于模糊映射理论、fuzzy 插值思想、真值流推理等数学思想不断完善模糊综合评价思想，并依据计算手段完善计算流程和算法。吕昌会等基于三角模糊权数理念改进了模糊排序的准则，更新了现有研究方法。刘玉斌则基于模糊数学的隶属度测量原理及优劣比较方式的差异对模糊综合评价的统计方法进行了分析和改良。

本章将应用模糊综合评价法，构建进城务工人员网站影响力模糊综合评价模型，其中包含定量指标的测量部分和定性指标的测量部分，然后选取 9 个进城务工人员网站进行模糊综合模型的统计计算，以期对所构建的指标权重体系进行验证。

第三节　进城务工人员网站影响力评价体系初步构建

在本节研究中，将阐述评价目标，梳理相关文献探究网站影响力评价指标，再结合进城务工人员网站的特性和现有研究初步提出进城务工人员网站影响力评价体系。

一、评价目标

评价目标就是定位此次评价任务预期要获得什么结果，最终期待实现何种效果，是不同研究所具备的评价观的直接体现。学者露易丝（Louise）和斯蒂芬（Stephen）曾经在研究中指出，人类行为会受到有意识的目的、意图与计划的影响。进行评价研究不仅要符合学术操作的严谨性，还要确保实践中的可行性。因此，明确评价目标对于构建系统、科学且具有可行性的评价体系有着重要作用。本书认为，进城务工人员网站影响力评价的根本目的在于提高对进城务工人员群体的信息服务能力与服务质量，通过对进城务工人员网站影响力的现状进行量化统计，完善以过程为导向的定性研究，从结果出发谋求服务于进城务工人员群体的影响机制和路径，并据此提出改进意见。具体将从评价的原则、主体与客体、评价标准等方面系统阐述本次研究的评价目的。

1. 评价原则

评价原则是指在构建进城务工人员网站影响力评价体系中应该遵循的基本要求，包括科学性原则、系统性原则、定性与定量相结合原则。

（1）科学性原则

苏斯洛夫（Suslov）提出评价的科学性需要满足两个原则，一是理论基础，二是实践事实根据。科学性原则是进城务工人员网站影响力评价指标设计的出发点，要求指标设计过程和结果符合研究议题的本质属性与特征。进城务工人员网站影响力评价指标及其体系的设计必须以用户满意、信息服务、综合评价等相关理论为指导，从而使研究的体系指标符合科学发展的需求。

本书中，进城务工人员网站影响力测量指标与评价体系的科学性原则主要表现为在建立评价体系的过程中，使用的评价方法具有科学性，本书主要依据成熟的模糊综合评价方法和层次分析等方法。同时建构的评价指标体系具有科学性，每一个评价进城务工人员网站影响力的指标都建立在现有文献基础上，且都具有导向意义，并经过了专家的多层次评价与统计分析。这些评价指标既具有独立性又能协调一致，可以全面反映进城务工人员网站影响力。

（2）系统性原则

系统性原则指的是相互关联的若干事务为特定目的而综合起来组成的统一且有机的整体。要求研究者具有全局意识和整体观念，并保证每级指标都能反映研究的核心内容及其维度内涵。在本书中进城务工人员网站影响力是一项综合评价工作，选取的指标体系需要反映进城务工人员网站的整体影响力情况。其中由网站规模、网站方向、网站效果、网站内容、网站时间等要素组成的各个子系统部分，具有相关性和独立性特征，共同构成了进城务工人员网站影响力的整体评价内容，体现了指标体系的系统性原则。

（3）定性与定量相结合原则

构建评价体系的指标应具有可测性，所以在评价体系的建构中要使定性指标能够量化，做到评价指标的定性和定量相结合的原则。一般来说定性分析有助于使大家厘清问题的本质、明晰议题的内涵，而定量分析则能帮助大家把问题解释清楚且描述客观。

在本书中建构进城务工人员网站影响力的评价体系亦应当满足定量与定性方法互为结合原则，即在文献梳理与定性分析的基础上提出相应指标，再通过数理统计的方式对定性指标定量化，准确揭示所评价事务的本质特征。

2. 评价主体

评价主体是主导评价活动的设计、操作和评价者，一般来说评价主体可以是某一个个体或是一个群体。评价主体在整个评价活动中的作用非常重要，直接影响评价的质量和结果，因为不同主体会影响评价过程的宽松化或是严格化。他们会负责整体的评价任务和权重测算。本书中的评价主体，经过系统的文献研究确定了评价目的并制定严格的评价流程，最终获得了具有一定研究价值的评价结果，建立了完善的进城务工人员网站影响力评价体系。

3. 评价客体

评价客体是被评价的对象。评价客体主要以客观的形态存在，但也可以是抽象的概念，在我们生活中评价客体可以包括物品、知识、科技、经济等。在本书中，评价的客体也就是评价对象是进城务工人员网站的网站影响力。从原则上说，但凡涉及这一研究议题，体现进城务工人员网站影响力的要素都是我们评价的对象，需要进行仔细的讨论和认真的分析。

4. 评价标准

评价标准是评价的尺度，系统科学的评价标准对于提高评价质量并获得良好的评价结果有着非常重要的作用。进城务工人员网站影响力的评价标准是在制定评价体系前给出的科学客观的评价标准，有利于整个过程的顺利实施及研究结果的有效性。主要包括通用的评价准则，即本书评价进城务工人员网站影响力的科学性、完整性、规范性；以及特殊的评价准则，即本书构建的进城务工人员网站评价体系的创新性和适当性，还包括专家介入研究过程的充分性。

二、网站影响力指标研究

网站作为一种媒介，它能够产生影响力的本质是对受众的控制能力，这种控制作用于认知、决策、态度、信仰和判断等心理状态，从而影响人们的行为，实现媒介信息的传播。喻国明在研究中将影响力描述为在信息传播的过程，每一条渠道中的受众都会在社会认知与社会行为上体现各自渠道的烙印。这种渠道可分为两个方面，一方面是传播媒介的技术属性，如电脑、手机等新媒介与电视和广播等传统媒介，这种技术属性能够作用于不同的信息传播渠道使之产生不同特点打上特殊烙印，从而对人们心理认知和行为产生影响。另一方面是传播媒介的社会功能，如不同媒介对咨询的选择、加工、解读、公开过程中，依据自身导向和用户需求而体现的社会能动性，以及由此对公众心理认知和行为产生的影响。

与此同时，传播学理论表明媒介的信息传播过程就是影响发挥作用的过程，媒介的影响力会通过物质技术属性和社会功能属性产生作用。结合喻国明对传媒影响力发生机制的研究及传媒在资源配置与运作模式方面的作用过程，本书提出评价以进城务工人员网站为媒介的信息传播影响力的过程，包含网站规模、网站方向、网站效果、网站内容和网站时间。

第一，网站规模。规模体现了传播媒介的体量大小是产生影响力的主要因素，通过控制规模的扩张和紧缩调整规模效应，能够使信息资源发挥作用形成价值的倍增。就本书的进城务工人员网站来说，网站的规模往往与功能之间存在一定的相关性，但不同网站没有明确规定网站规模的大小，以及网站规模的衡量指标也尚未统一。第二，网站方向。方向主要体现为媒介服务的方向，根据服务群体的需求确定媒介的发展导向，如本书中进城务工人员网站的服务主体是农民进城务工人员，因此网站的所有设计、性能、信息和服务支持等因素都要根据进城务工人员群体的利益与需求进行考量，不仅要根据他们在城市的生活、就业、医疗等需求，也要关注进城务工人员群体普遍存在的信息素养较低等特征。因此，网站方向是保证网站在目标群体中产生影响力的基础条件。第三，网站效果。效果是对内容与方向执行结果的反映，在本书中网站效果是反映进城务工人员网站影响力的重要因素。第四，网站内容。内容是影响力得以发挥作用的基础。往往可以划分为三个层面，一则是必读层面，这部分内容与受众的基本需要相关；二则是可读层面，这部分内容能够唤起受众的情感共鸣，在价值观上给予支持；三则是选读层面，主要针对个体异质性特征，是为了实现用户的个性化需求，是一种窄化的信息。本书中的进城务工人员网站内容包含必读、可读和选读三个层面。第五，网站时间。网站时间的流动过程中各种内外部要素会对网站影响力产生持续影响。因为任何主体发挥影响力的过程不在于某一时间点更不是一次性实现的，而需要持续不断地接触、作用并维护才能使网站的影响力不断积累。在本书中，依据成立的时间判断网站延续的时间，认为较早建立的进城务工人员网站会得到更多的关注产生的影响力也会更大。

综上所述，本书将结合媒介传播理论和学者喻国明的研究，从网站规模、网站方向、网站效果、网站内容和网站时间五个方面对进城务工人员网站的影响力进行讨论与评价。

三、进城务工人员网站影响力评价体系

科学地择取和提炼进城务工人员网站影响力的评价指标是推动本书体系广泛应用的基本前提。结合媒介传播理论和学者喻国明的研究，笔者将从网站规模、网站方向、网站效果、网站内容和网站时间五个方面构建评

价进城务工人员网站影响力的一级指标。同时依据这五个指标的成熟研究及现有测量标准，提出包括总页面数、Web 对象数量、网站总链接数等 17 个二级指标，具体各项指标选取及内容如表 8-1 所示。

表 8-1　进城务工人员网站影响力评价体系

一级指标 C	二级指标 F	说明
进城务工人员网站影响力评价体系 T	网站规模 C1	总页面数 F1 |总页面数反映了网站规模大小和内容的充分与丰富程度，一般来说页面数量大则内容更充裕，但维护成本增加
		Web 对象数 F2	Web 对象数主要包括网站的网页、图像与文档等，一般来说 Web 对象数量大则内容更丰富，但投入量增加
		总链接数 F3	总链接数量包括内部链接数量和外部链接数量之和，一般来说网站总链接数量大则内容更丰富且充裕，但投入与成本量增加
		页面平均大小 F4	页面平均大小反映了页面内容的丰富与多样化程度，一般来说页面平均大小更大则内容更丰富且选择性越多，但用户载入时间增加
	网站方向 C2	主题设计 F5	主题设计反映了网站能否围绕受众群体特征构建服务框架并整合服务资源（本书中考虑能够围绕进城务工人员群体特征和信息需求进行设计）
		在线咨询 F6	在线咨询反映了用户进行在线咨询中的体验感和满意程度，一般来说答复时间及时、提供服务专业会提高用户满意程度
		服务人性化 F7	服务人性化主要包含服务的导航设置，反映了用户接受服务的无阻碍程度
		特色服务 F8	特色服务是指针对用户个性化需求和特征提供的服务
	网站效果 C3	IP 访问量 F9	IP 访问量体现了网站的用户数量及其访问量
		外指向链接数 F10	外指向链接数体现了其他网站能够导入本网站的链接数量，代表网站在公共环境的受欢迎程度
		被百度收录数 F11	被百度收录数体现了网页快照的收录数据，代表网站在该领域的地位
		网页评级 F12	网页评级反映了链接关系，一般根据搜狗等级算法计算，得分越高被搜索引擎检索出的可能性越高
		访问速度 F13	访问速度反映了用户通过外部网站或搜索引擎进入该网站的响应时间

	一级指标 C	二级指标 F	说明
进城务工人员网站影响力评价体系 T	网站内容 C4	内容权威程度 F14	内容权威程度体现了网站内容客观真实，并具有可靠来源的程度
		内容丰裕程度 F15	内容丰裕程度体现了网站内容的全面程度与易用程度
		内容实用性 F16	内容实用性体现了网站内容产生积极效果和持续价值的程度
	网站时间 C5	持续时间 F17	持续时间是指网站从成立到现今持续运营的时间，一般来说持续时间越长产生的影响力会相对较大

第四节　进城务工人员网站影响力评价体系验证

在本节研究中，先设计完整的调查问卷，以进行大规模的调研和数据收集，从而对进城务工人员网站影响的评价体系进行信度与效度分析，并结合主成分分析法进行维度提取与检验。

一、问卷的设计与调查

问卷调查法是管理学研究中的常见调研方法，因其能够打破时间和空间的局限，而具有省时省力的优势。尤其在调查敏感问题的过程中，采用问卷匿名回答的方式可以有效减轻被调研者的顾虑。问卷调查法在本书中具有很好的适应性和可操作性，因此本书选择问卷调查法收集数据，对进城务工人员网站影响力的评价指标合理性进行统计测评。

问卷的结构。本部分的问卷共由三个部分组成，第一部分是导语和简介，主要向被调查者阐明本次问卷调查活动的目的，从而确保被调查者客观地表达自己的意见。第二部分是被调查者的基本信息，包括他们的性别、年龄和学历等。第三部分是上述研究进城务工人员网站影响力的测评指标。本书主要采用了李克特量表法（Likert scale）进行测量，包括"极其重要""重要""一般""不重要""极其不重要"五个等级，分别对应 5 分、4 分、3 分、2 分、1 分五个赋值。具体问卷见附录 4。

本书的样本主体为信息管理专业、战略管理专业和计算机技术专业的高校学生与研究者，因为评价网站影响力的指标是需要有一定专业背景的，需要被调查者能够对指标的内涵有清楚地理解与认知。本书的样本主体具有一定的专业素养，能够确保所获数据质量的可信性。利用研究者和研究团队的人脉资源，通过滚雪球的抽样方式进行。线上问卷通过问卷进行制作，并采用微信、QQ 等新媒介发放电子问卷，也采用企业实地走访等方式发放纸质问卷，进行数据收集。本次调查通过线上与线下两种途径，时间从 2019 年 9 月至 11 月末，发放问卷 400 份，最终得到有效问卷 345 份，有效回收率为 86.25%。

二、问卷的信度检验

应用 SPSS 软件对问卷调查获取的数据结果进行可信度分析，得到结果如表 8-2 所示。

表 8-2　可靠性的统计

Cronbach's α 系数	基于标准化项 Cronbach's α 系数	项数
0.937	0.937	17

信度体现了被试者稳定、一致的特征，指的是测量结果在不同时间的一致性与不同被试者之间的一致性。一般来说，Cronbach's α 系数大于 0.6 则能够接受，系数大于 0.8 则具有较好的信度。本次研究的统计结果显示 Cronbach's α 系数为 0.937，远大于 0.6。则说明本次收集的数据结果是具有可信性的。

三、基于因子分析法的评价体系验证

因子分析是从群变量中，通过共同因子提取技术把具有信息重叠和错综关系的变量归结为少数具有代表性的变量，对进城务工人员网站影响力的评价指标进行因子分析前需要通过适用性检验。

1. 因子分析适用性检验

（1）KMO 和 Bartlett 球形检验

应用 KMO 检验和 Bartlett 球形检验对因子分析的适用性进行验证。KMO 检验体现了变量间是否具有相关性，如果所有变量间的简单相关系数平方和远远大于偏相关系数平方和时，此时 KMO 值将更接近 1，则变量间的相关性越强，就适合作因子分析。Bartlett 球形检验如果显著，就可以进行因子分析。应用 SPSS 软件对选取的 17 个评级指标进行 KMO 检验和 Bartlett 球形检验。

表 8-3 表明 KMO 检验值为 0.899 接近于 1，Bartlett 球形检验的显著值为 0，通过 KMO 检验和 Bartlett 球形检验，适合做因子分析。

表 8-3　KMO 和 Bartlett 球形检验

检验类别	检验值
KMO 值	0.899
Bartlett 检验	0

（2）变量共同度检验

应用 SPSS 软件对各变量提取公因子方差，表 8-4 表明评价指标的公因子方差都在 0.6 以上，变量之间的共同水平较高能够进行因子分析。

表 8-4　公因子方差

评估指标	初始	提取	评估指标	初始	提取
总页面数 F1	1.000	0.635	外指向链接数 F10	1.000	0.618
Web 对象数 F2	1.000	0.670	被百度收录数 F11	1.000	0.607
总链接数 F3	1.000	0.619	网页评级 F12	1.000	0.742
页面平均大小 F4	1.000	0.702	访问速度 F13	1.000	0.658
主题设计 F5	1.000	0.623	内容权威程度 F14	1.000	0.636
在线咨询 F6	1.000	0.730	内容丰裕程度 F15	1.000	0.642
服务人性化 F7	1.000	0.685	内容实用性 F16	1.000	0.625
特色服务 F8	1.000	0.724	持续时间 F17	1.000	0.686
IP 访问量 F9	1.000	0.624	—	—	—

2. 公共因子的提取

（1）公共因子数量的确定

方差贡献率是进行公因子提取的重要指标，结合 SPSS 软件进行主成分分析。以特征值 $\lambda > 1$，累计方差贡献率大于 60% 为标准择取主成分。统计结果显示位列前五的公因子特征值 λ 均大于 1；方差贡献率累计 62.640%，因此提取这 5 个公因子，具体解释的总方差结果如表 8-5 所示。

表 8-5　解释的总方差

成分	初始特征值		
	特征值	方差	累计方差
1	11.327	44.400	44.400
2	1.431	5.396	49.796
3	1.207	4.678	54.474
4	1.062	4.169	58.643
5	1.037	3.997	62.640

（2）公共因子的旋转与命名

如表 8-6 所示，原始变量的综合性太强无法对假设的公因子进行恰当的解释，因此，本研究将对原始变量的载荷矩阵进行旋转得到旋转后的载荷矩阵，如表 8-7 所示。

表 8-6　初始因子载荷矩阵

评估指标	成分				
	1	2	3	4	5
总页面数 F1	0.746	0.183	-0.066	-0.064	0.049
Web 对象数 F2	0.735	0.182	-0.152	-0.116	0.034
总链接数 F3	0.723	0.034	-0.292	-0.112	0.211
页面平均大小 F4	0.717	0.072	0.104	-0.103	-0.249
主题设计 F5	0.705	0.136	0.107	-0.086	0.165
在线咨询 F6	0.692	-0.318	-0.165	-0.106	0.317
服务人性化 F7	0.692	-0.314	-0.185	-0.035	-0.254
特色服务 F8	0.695	0.345	-0.023	0.012	0.015
IP 访问量 F9	0.697	-0.357	-0.324	0.106	0.027
外指向链接数 F10	0.679	-0.113	0.316	-0.183	-0.143
被百度收录数 F11	0.664	0.175	-0.308	0.056	-0.078
网页评级 F12	0.663	-0.292	-0.343	-0.014	-0.243
访问速度 F13	0.667	0.034	0.166	-0.078	-0.265
内容权威程度 F14	0.655	-0.106	0.075	-0.115	0.443
内容丰裕程度 F15	0.649	-0.262	0.188	-0.003	0.152

评估指标	成分				
	1	2	3	4	5
内容实用性 F16	0.648	0.427	-0.153	0.172	0.027
持续时间 F17	0.634	0.047	0.316	-0.295	-0.095

如表 8-7 所示，公因子 1 在总页面数、Web 对象数、总链接数和页面平均大小四个指标上具有较大载荷。因此，可以提炼公因子 1 为网站规模这一指标。依据这一次思想，依次提取公因子 2，包括内容权威程度、内容丰裕程度和内容实用性为网站内容。公因子 3，包括 IP 访问量、外指向链接数、被百度收录数、网页评级和访问速度为网站效果。公因子 4，包括主题设计、在线咨询、服务人性化、特色服务为网站方向。公因子 5，包括持续时间。

表 8-7　旋转后的因子载荷矩阵

评估指标	成分				
	1	2	3	4	5
总页面数 F1	0.733	0.064	0.153	0.096	0.213
Web 对象数 F2	0.735	0.176	0.095	0.133	0.219
总链接数 F3	0.657	0.177	0.287	0.206	0.134
页面平均大小 F4	0.589	0.443	0.103	0.134	0.102
主题设计 F5	0.205	0.778	0.217	0.116	0.102
在线咨询 F6	0.177	0.701	0.084	0.354	0.245
服务人性化 F7	0.169	0.705	0.347	0.142	0.152
特色服务 F8	0.082	0.128	0.715	0.304	0.219
IP 访问量 F9	0.175	0.248	0.673	0.225	0.146
外指向链接数 F10	0.273	0.134	0.679	0.232	0.015
被百度收录数 F11	0.325	0.297	0.554	0.067	0.162
网页评级 F12	0.408	0.337	0.546	0.084	0.128
访问速度 F13	0.242	0.174	0.243	0.692	0.115
内容权威程度 F14	0.151	0.495	0.165	0.643	0.104

评估指标	成分				
	1	2	3	4	5
内容丰裕程度 F15	0.405	0.036	0.226	0.535	0.098
内容实用性 F16	0.158	0.492	0.162	0.642	0.107
持续时间 F17	0.234	0.131	0.205	−0.026	0.756

　　经过因子分析对 17 个指标进行降维处理归纳出 5 个公因子，他们能够解释进城务工人员网站影响力评价指标的大部分信息，因此提取出 5 个维度，可见前文构建的进城务工人员网站影响力评价体系得到验证。

第五节　进城务工人员网站影响力评价体系及权重分配

　　在本节研究中，将主要采用层次分析法，首先通过问卷调研法收集专家对指标进行比较的数据，以构建判断矩阵、计算权重并进行一致性检验。

一、构建判断矩阵

　　在进行评价体系的权重分配研究部分，本节研究再次使用问卷调查法，邀请相关领域的研究学者比较指标之间的重要性程度，再进行两两指标间的比较打分。考虑到本次研究议题的专业性，通过滚雪球的抽样方式，邀请计算机技术专业、社会学专业及信息管理专业领域的教授与副教授级研究学者共 15 人，对本研究所建构的进城务工人员网站影响力评价体系的指标重要程度进行打分。本部分的调查问卷共分为两个部分，一部分是被调研者的基本信息，另一部分是关于每个指标之间的重要性比较，具体问卷见附录 5。本部分研究采用实地发放问卷的方式，时间为 2019 年 12 月 1 日至 12 月 10 日，共发放 15 份问卷，全部收回，回收率为 100%。回收所有经过专家打分后的问卷进行结果统计，将分值进行加权平均，再参考层次分析法判断矩阵的 1-9 标度赋值法进行权重计算。

二、计算权重

首先计算判断矩阵权重，然后通过一致性的指标对矩阵进行检验，最后得到权重结果如表 8-8 所示。

表 8-8 进城务工人员网站影响力评价指标体系权重

一级指标	权重	二级指标	权重
网站规模 C1	0.237	总页面数 F1	0.227
		Web 对象数 F2	0.227
		总链接数 F3	0.423
		页面平均大小 F4	0.122
网站方向 C2	0.133	主题设计 F5	0.423
		在线咨询 F6	0.227
		服务人性化 F7	0.227
		特色服务 F8	0.122
网站效果 C3	0.431	IP 访问量 F9	0.298
		外指向链接数 F10	0.298
		被百度收录数 F11	0.158
		网页评级 F12	0.158
		访问速度 F13	0.089
网站内容 C4	0.126	内容权威程度 F14	0.200
		内容丰裕程度 F15	0.400
		内容实用性 F16	0.400
网站时间 C5	0.073	持续时间 F17	0.073

第六节 进城务工人员网站影响力模糊综合评价模型

在本节中，将基于定量指标的统计学特征进行无量纲化处理，并选取 9 个进城务工人员相关网站对指标体系的可行性进行验证，然后简单分析各网站得分与排序结果。

一、评价指标无量纲化处理

为了计算进城务工人员网站影响力，需要对所有的定量指标进行无量纲化处理，具体分为以下三种情况。

（1）偏小型

$$y(x) = \begin{cases} 100 & x < a \\ \dfrac{b-x}{b-a} \times 100 & a \leq x \leq b \\ 0 & x > b \end{cases} \qquad (10)$$

（2）偏大型

$$y(x) = \begin{cases} 0 & x < a \\ \dfrac{x-a}{b-a} \times 100 & a \leq x \leq b \\ 100 & x > b \end{cases} \qquad (11)$$

（3）中间型

$$y(x) = \begin{cases} 0 & x < a \\ \dfrac{x-a}{b-a} \times 100 & a \leq x < b \\ 100 & b \leq x < c \\ \dfrac{d-x}{d-c} \times 100 & c \leq x < d \\ 0 & x \geq d \end{cases} \qquad (12)$$

然后根据以下的所属情况构建定量指标的模糊矩阵为

$$\boldsymbol{u}(x_{ij}) = \begin{cases} \dfrac{x_{ij}-75}{25} & (75 < x_{ij} \leq 100) \end{cases} \qquad (13)$$

$$\boldsymbol{u}(x_{ij}) = \begin{cases} \dfrac{100-x_{ij}}{25} & (75 < x_{ij} \leq 100) \\ \dfrac{x_{ij}-50}{25} & (50 < x_{ij} \leq 75) \end{cases} \qquad (14)$$

$$u(x_{ij}) = \begin{cases} \dfrac{75 - x_{ij}}{25} & (50 < x_{ij} \leqslant 75) \\[3mm] \dfrac{x_{ij} - 25}{25} & (25 < x_{ij} \leqslant 50) \end{cases} \tag{15}$$

$$u(x_{ij}) = \begin{cases} \dfrac{50 - x_{ij}}{25} & (25 < x_{ij} \leqslant 50) \\[3mm] 1 & (x_{ij} \leqslant 25) \end{cases} \tag{16}$$

二、进城务工人员网站的实例分析

1. 样本选择

参考学者王芳和宋朋的研究成果，同时结合搜索引擎中的检索结果。最终发现四种功能的，与进城务工人员群体相关的并能产生影响的网站。

第一种是综合性网站，包含就业、维权、交流、娱乐等多元化功能的网站，如中国农民工网。中国农民工网是中农兴业网团旗下组织开发的以服务进城务工人员群体，为进城务工人员群体提供有序信息化服务的网络平台。是贯彻落实国家信息化发展战略和农业农村信息化建设的重要部署和重点工程项目。自 2004 年中国农民工网站进入到筹备中，2007 年正式上线，该网站根据进城务工人员群体特征与需求的不断变化，升级开拓出更丰富类型的服务及服务产品，是为进城务工人员群体提供高效便捷、独立完整的信息化渠道。

第二种是法律维权类网站，如农民工法律援助网。农民工法律援助网是北京致诚农民工法律援助与研究中心举办的，以免费为进城务工人员群体提供法律服务为宗旨的网络平台。该网站基于进城务工人员法律援助需求，吸取并培养了致力于进城务工人员权益保护知识的专业进城务工人员律师，能够提供具有专业化的法律咨询等线上信息服务，法律权益咨询和保护等线下法律服务。该网络平台在北京、上海、天津等 21 个城市设有援助工作站，可为当地进城务工人员提供及时有效服务。

第三种是创业就业类网站，如职多多、中工网。职多多网站由青岛中劳网信息技术有限公司开发，早期名为中劳网，主要服务对象为外来劳动安居者，包含大量的进城务工人员群体，近年来随着职业生态的变化，更加致力于挖掘和提供专业的蓝领技术服务，并逐渐延伸至村镇和县域招聘以提供众包类型的服务，这于进城务工人员群体的工作技能与技术素养提高颇有益处，具有较高的研究价值。另外，中工网是由中华全国总工会主管主办，以网上工会为平台愿景，主要致力于维护职工权益和提高职工素养。网站设置时政、工会、财经、文化、民生等多个专栏发布职业新闻咨询。中工网虽然不是专职服务于进城务工人员群体，但立足于职工权益和职工新闻资源，是国内最具有权威性的维护工会组织的网络平台。该网站不仅与进城务工人员职业发展与权益保护息息相关，而且在与进城务工人员相关的网站中具有就业类型的代表性，具有一定的研究价值。

第四种是生活娱乐类网站，如农民网。农民网由河北广播电视台举办，办网站的宗旨是服务"三农"，立足于为农民解读政策信息，提高就业质量，并关注农民生活和演进历程。网站共包含农民频道、在线直播、幸福剧场等八大板块，依托新媒体等网络与技术优势，能够为进城务工人员群体打造最生动、最贴近群体文化属性的新闻与娱乐平台。网站另设农业专家咨询频道，为农户关于农作物生产方面的问题提供信息支持。

基于上述四种类型的网站，结合进城务工人员群体在生活、就业和维权方面的特殊需求，本次研究共选择 9 个进城务工人员网站作为研究样本，如表 8-9 所示。通过对该 9 个网站进行网站影响力的指标数据获取（包含定量指标获取与定性指标获取两个部分）和统计，计算得出评价结果并排序，这不仅对本研究提出的评价指标体系进行验证，而且能够直观地考量这些网站的影响力水平。

表 8-9　样本网站

名称	地址
重庆民工网	http://www.cqmg888.com/
中国农民工网	http://www.zgnmg.org.cn/
中工网	http://nmg.workercn.cn/
民工家园网	http://www.zgmgjyw.com/
职多多（原名中劳网）	http://www.chinalao.com/
农民工法制网	http://www.nmgfz.org.cn/
农民工法律援助网	http://www.zgnmg.org/
农民工生活网	http://www.nmgshw.com/index.html
农民网	http://www.nongmintv.com/

2. 进城务工人员网站的影响力评价结果

在本次研究中，包含定量指标获取与定性指标获取两个部分。其中定量指标主要结合特定的指标抓取工具，对网站客观情况及对应的指标数据进行及时抓取，抓取的结果作为进城务工人员网站影响力的定量部分的评价结果。另外定性指标的获取，本次研究继续采用问卷调研的方式对上述网站中的定性指标进行测评，这些指标主要包括主题设计、在线咨询、服务人性化、特色服务、内容权威程度、内容丰裕程度、内容实用性7项指标。针对上述指标笔者设计了调查问卷。调查问卷包括两个方面的内容，第一部分为简单的导语与被调查人员的基本情况，第二部分是基于上述指标的衡量，围绕每个指标进行具体的说明以方便被调查者能够了解该指标的具体内容，从而确保评价结果的一致性。问卷测量的标准包括优秀、良好、中等、较差四个方面，被调查者基于对不同网站的现有状况进行选择，具体问卷见附录6。在本研究过程中，采用滚雪球的抽样方式邀请20名计算机及信息管理专业的教授与副教授级研究者，向他们实地发放问卷且全部收回，时间为2019年12月15日至2019年12月30日。这些被调查者均在信息管理或信息技术方面掌握较强的专业技能和具有一定的知识储备，得到的评价结果具有更强的说服力与可信性。通过定量指标与定性指标两个部分的指标获取，能够对9个进城务工人员网站的影响力状况进行统计分析。

为方便进行各级评语的比较，需先进行v1到v4的赋值。其中v1赋值87.5分，最大隶属度范围为（75～100）；v2赋值62.5分，对应范围（50~75）；v3赋值37.5分，对应范围（25~50）；v4赋值12.5分，对应范围（0~25）。综合上述赋值，笔者对这些赋值给予相应评语集，V = {优秀，良好，中等，较差} 分别赋值［87.5，62.5，37.5，12.5］。经过前文所述的进城务工人员网站影响力模糊综合评价模型的定性指标模型和定量指标模型计算过程，得出本研究中9家进城务工人员网站影响力评价结果如表8-10所示。

表 8-10　进城务工人员网站影响力评价结果

名称	总分	分值	排名
中国农民工网	http://www.zgnmg.org.cn/	73.44	1
职多多（原名中劳网）	http://www.chinalao.com/	68.63	2
重庆民工网	http://www.cqmg888.com/	66.56	3
农民工法律援助网	http://www.zgnmg.org/	62.34	4
中工网	http://nmg.workercn.cn/	55.76	5
民工家园网	http://www.zgmgjyw.com/	45.67	6
农民工生活网	http://www.nmgshw.com/index.html	40.32	7
农民工法制网	http://www.nmgfzwqw.com/	36.78	8
农民网	http://www.nongmintv.com/	35.88	9

经过统计计算得出 9 个进城务工人员网站影响力的总得分与排序结果，该研究结果能够验证本研究体系的可行性，结合上述结果能够发现以下问题。

首先，从进城务工人员网站影响力评价结果来看，各个网站最终分数分布在 35 分到 73 分之间，可见整体的得分偏低。其中中国农民工网站的得分位列第一，中国农民工网站是综合类网站，秉持开发中国进城务工人员服务第一平台的宗旨，打造了包含就业招聘、书刊音像、维权和培训等 13 个频道和 78 个栏目，充分开拓了信息一体化理念。尤其是对于服务的进城务工人员群体中，50% 为 1980 年后出生的新生代进城务工人员群体，他们能够在该网站关于创业就业、技能培训、法律维权进行方便的检索和利用，且网站的开放志愿者天地与信息交流论坛更是为进城务工人员发布、获取和利用多元化信息提供了高效率便捷的通道。除此之外，中国农民工网站采用的主要管理方式为会员制模式，包含用进城务工人员个体身份证信息注册的独立会员与面向科教单位和媒介组织的会员，基于该会员模式提供一对一、多对一等信息化交流与服务，具有较高的用户黏性和积极效应。在此之外，网站除了主要链接关于农业咨询的中农兴业、中国"三农"咨询网和中国乡村网等农业类网站外，还链接了各地人才招聘、政府政务等42 家网站，能够为网站使用者开辟多元的信息搜索视野。

其次，职多多网（原名中劳网）、重庆民工网和农民工法律援助网三家网站的得分分布在 62~68 分，他们得分相差无几处于排名的第二梯队。在这些网站中，职多多和重庆民工网是创业就业类的进城务工人员网站，在现实用工过程中存在进城务工人员群体的专业知识缺失，以及信息不对称等局限。针对进城务工人员群体的工作需求，可发掘工作机会并为其提供培养工作技能的机会。而农民工法律援助网是法律维权类的进城务工人员网站。下面将对第二梯队的三家网站做具体分析：第一，职多多网站立足于挖掘和供给专业的蓝领人力资源服务，依靠当前国情下特殊的职业生态系统，以外包为手段为乡镇、农村和广大的进城务工人员群体寻找工作机会。并且职多多网站依托大数据信息技术，结合线上与线下资源渠道，提出 30 分钟招聘服务响应模式，为进城务工人员群体的求职提供快速和及时的服务帮助。与此同时，其开发举办的蓝服务学习社区不仅能够为有技能提升需求的进城务工人员群体创造培训的机会，其创新思维构建认知模式的教育理念更是突破了传统文化属性的局限性，希望从认知边界改变进城务工人员群体的职场之路，而非简单的工作供给。从职多多的运作模式来看，其创业就业的战略部署更具有前瞻性且符合时代发展的属性。同时网站的规模和效果等技术水平较高，在链接中主要外链网站为人才招聘类和电子厂招聘类网站等，且网页浏览中的体验感较好。第二，重庆民工网是由重庆宏兆科技有限公司开发，立足于服务民工和方便民生的就业类网站。该网站主要针对进城务工人员群体的技能特征，有针对性地为其联络搬运、勤杂等技能工种，维修工种，货运客运等工种。在浏览页面中不难发现其对工作分类的方式比较细致，符合进城务工人员群体所具备的技术特性。网站运营主要采用 P2P 模式，为有寻求劳工的业主和有工作需求进城务工人员打造了直接交流互动的平台，会员制的参与方式为注册免费但后续根据需要付费，能够提高用户黏性。在就业类进城务工人员网站中，重庆民工网的精准性和针对性都更强，对于有工作需求的进城务工人员个体能够提供直接的帮助。第三，农民工法律援助网是北京致诚进城务工人员法律援助与研究中心举办的，以免费为进城务工人员群体提供法律服务为宗旨的网络平台。网站除了设置焦点新闻、工作快讯等咨询发布栏目，还着力打造法律咨询的线上与线下服务模式。该网站联合 21 个省份建立了法律援助工作站，能够为有法律需求的进城务工人员群体提供最直接的线上与线下法律服务。在网站页面中还设置律师登录平台，能为律师志愿者提供便捷的通道。其友情链接不仅包括公益律师类网站，还有青少年和儿童关爱等基金会网站。

再次，中工网、民工家园网、农民工生活网、农民工法制网和农民网，这 5 家网站的得分都较低，它们的分值分布在 35~55，与前述几个网站相比在得分上已经拉开较大的差距。其中，农民工法制网是侧重于进城务工人员法律权益保护方面的网络平台，该网站共设置 24 个栏目，主要以法律权益保护的内容为主，包括维权案例、法律法规和投诉举报等权益相关的咨询，还包含少量的就业与培训等咨询内容。不难发现，农民工法制网与第二梯队的农民工法律援助网均侧重于对进城务工人员维权，然而该网站同样具有较高的专业性但影响力得分较低。主要原因在于，除了网站的客观性能和页面友好等属性水平需要加强之外，还反映出进城务工人员群体在维权意识方面的匮乏，在平时的就业与工作中不能很好的应用法律途径解决问题，所以人们关于维权类网站的关注不够，无法从大量的法律咨询与案例中提取出对自身有益的内容。相较而言，农民工法律援助网除了发布相关的咨询更关注与进城务工人员群体的直接交流，在网页中设置多环节的在线咨询并开设线下的法律援助，这不仅有效地增强了网站的服务特性和服务质量等方面，而且强化了网站内容的实用性。另外，中工网、民工家园网和农民工生活网均侧重于综合类网站。这些网站中，中工网包含咨询、工会、权益、致富等 10 个栏目，试图为进城务工人员群体打造一个勤劳致富的精神家园，对于有信息检索需求的进城务工人员群体可提供便捷的途径。结合新媒体等技术路径，在网页中开发了二维码刷码等操作，能够将手机与网站联系在一起，随时实现信息检索和浏览。在链接中以光明网和新华网等新闻类网站为主要外链。仅从基于进城务工人员群体需求的多元化新闻咨询供给来看，中工网的页面友好性和内容广泛性与实用性都具有较好的水平，然而受进城务工人员群体的信息素养水平不高等因素影响，该类内容无法转换为直接的服务供给，从而影响网站的服务质量，造成网站的影响力水平较低。民工家园网和农民工生活网亦围绕进城务工人员群体的多元化需求，开设了咨询、法律法规、爱心行动、务工规划等多个资讯类板块，其中民工家园网联合多个地区开设地区性民工家园服务频道。与此同时，他们聚集了多家律师事务所和媒体文化机构，致力于维护进城务工人员群体的法律权益，能够对进城务工人员群体中的精英事迹进行宣传。然而这些网站整体的影响力水平偏低，缺乏直接的服务供给，从而降低网站在服务特性、服务人性化和在线咨询等方面的服务能力。

最后，诸如农民网一类网站，该网站主要由河北电视台农民频道举办，2005 年成立初期具有一定热度。但随着媒体与新媒体等技术的日益发展，以互联网为依托的信息传播能力得到空前的提升，网络在信息行业被无限渗透并广泛普及。在此情况下，农民网这类传统电视媒体的产物受到严重影响，并波及整体影响力。

第九章

进城务工人员社会网络信息寻求的优化策略

随着我国城镇化步伐加快，进城务工人员已成为影响城镇化进程的重要因素。解决进城务工人员信息贫困问题已成为重要的民生问题。对进城务工人员社会网络信息寻求进行优化可以全面提升进城务工人员的信息能力，提高进城务工人员的生活质量和就业质量，使他们真正融入城市社会。

第一节　宏观维度的社会网络信息寻求优化策略

长期以来虽然社会各界对进城务工人员问题都给予了高度关注，但是由于惠及进城务工人员的城乡公共服务体制和制度不健全，仍然存在监督管理体制不完善、对进城务工人员信息素养方面的相关培训资金不到位、培训预期效果不明显、子女教育问题得不到保障、医疗保障体系方面存在欠缺等一系列问题，使进城务工人员权益受损害，导致进城务工人员对城市缺失认同感，难以真正融入社会。进城务工人员对城市缺失认同感很大程度上会造成群体中的部分个体产生消极的社会心态，消极负面的社会心理不但会使个体产生挫败感，也会影响到他们对于城市的依赖感，同时这种个体消极情绪又会随群体的"感同身受"而扩散，蔓延到整个社交网络之中，深层的负面情绪发展严重将会使群体产生逆反心理而做出对社会不利的事情。在城市化发展进程中，进城务工人员是城市建设的主力军，社会需要在多方面为进城务工人员提供更有利的帮助，使他们能合理利用信息社会给予的公共环境，帮助进城务工人员真正融入城市生活。

《国务院关于解决农民工问题的若干意见》（国发〔2006〕5号）中指出："着力完善政策和管理，推进体制改革和制度创新，逐步建立城乡统一的劳动力市场和公平竞争的就业制度，建立保障农民工合法权益的政策体系和执法监督机制，建立惠及农民工的城乡公共服务体制和制度，拓宽农村劳动力转移就业渠道，保护和调动进城务工人员的积极性，促进城乡经济繁荣和社会全面进步。"国家致力于通过完善政策和管理，建立更加完善的惠及进城务工人员的城乡公共服务体制和制度，保护和调动进城务工人员的积极性，而构建进城务工人员群体公共信息权益保障体系又是其中极为重要的一个组成部分。

一、基于国家政策支持维度的优化策略

1. 完善立法，保障进城务工人员信息获取权益

在信息社会，只有当公民有机会获取与其个人发展相关的重要信息时才有可能更好地实现自身价值，因此合法获取所需信息的自由权（即信息获取权）成为一项基本人权。信息获取权是指公民依法可以获取、加工、处理、传播、存储和保留信息的权力。信息获取权是文明社会从法的角度对人与信息关系的一种深刻认同，但是一项权利的顺利实现，需要相应法律的有序建立和不断完善，如果没有法律对权利进行强制保护，权利就不可能得到切实的实施，也不可能得到有效的保障。目前，我国宪法对信息获取权还没有做出明确规定，与信息获取权相关的制度散见于各个单行的法律法规中，这些规定缺乏衔接，信息获取权法律保障制度没有形成一个完善的体系。

近些年国家已经制定了一系列相关法律法规和政策来指导和规范信息化的发展，保障人们在信息获取过程中各项权益得到落实。2017年6月对网络公民个人信息保护作出集中规定的《网络安全法》开始初步施行。2018年11月公安部发布《互联网个人信息安全保护指引（征求意见稿）》旨在有效防范侵害个人信息行为，有效保障数据安全及公民合法权益。

但由于种种原因，有关进城务工人员信息保护的民事、行政规章整体

供给不足，政策法规方面仍然没有专门的进城务工人员个人信息保护法，缺乏对于责任主体的硬性规定。因此，在现阶段发达的网络信息环境下，从完善立法的角度而言，国家应对进城务工人员信息需求和信息获取现状加以分析，加快推进针对进城务工人员信息保护法的制定，通过完善立法以法律法规的形式来保障进城务工人员信息权益，完善进城务工人员信息保护的民事和行政法律法规，健全相关司法体制机制，加强司法保障，使进城务工人员能真正享有公平合理的社会信息环境，让进城务工人员信息活动有法可依，切实保障进城务工人员信息获取权益。

2. 公平执法，建立起一套完善的监督机制

人们获取信息也必须遵守法律的规定，通过合法的途径和手段来获取所需信息，信息权利只有在适度的范围内行使才能得到法律认可。为切实保障进城务工人员群体的基本信息权益，使进城务工人员群体信息获取权真正得以实现，必须建立起一套完善的监督机制。政府监管部门应当切实履行职责，既要做到公正执法，公平对待进城务工人员群体，不能将进城务工人员群体排除在法律法规条例管控范围之外，也要做到严格执法，加强对各类信息机构的监管，对侵犯进城务工人员群体信息权益的行为要严肃查处，违法必究。

二、基于社会支持维度的优化策略

关注民生、重视民生并改善民生是我党为人民服务宗旨的重要体现。关注中国深化改革中的民生状况，尤其要重点关注作为国家城镇化与经济增长劳动基础的大规模进城务工人员群体。聚焦进城务工人员群体的民生现状，把改善和解决进城务工人员群体的生产生活问题作为社会工作的重点，这有利于促进社会经济的积极有序运转，更有助于推动进城务工人员城镇化以协调城乡经济与整体国民经济的健康发展。由于农村的基础设施建设、教育资源相对落后和就业渠道狭窄等特殊背景，进城务工人员往往在文化、知识与技能方面存在一定欠缺。为此全社会都应重视进城务工人员的信息寻求，构建优质高效的进城务工人员信息服务体系。优质信息服务是信息有效获取前提，信息服务质量的好坏直接影响信息获取目标的实现。信息服务部门在为进城务工人员开展信息服务时应遵循高质、高效和平等的服务理念，不断提高信息服务的水平，提高信息服务质量，调动进城务工人员利用信息资源的积极性。

1. 努力创建公平的信息获取环境

在当今信息社会发展大环境下，信息已经成为比物质能源更为关键的资源，日益丰富的信息资源给人们提供了极大的便利，人们对于信息公平的需求也愈发强烈，信息获取和信息分配不公等一系列社会现象导致"信息弱势群体"的出现。虽然大多数进城务工人员并非像我们所认知的年长者、残疾人等信息行为能力欠缺的弱势群体对于信息的获取那样艰难，但是由于进城务工人员群体或个体对于信息技术或者信息理解能力和使用能力的差异，他们依旧属于信息弱势者，是我们全社会应给予着重关注的社会群体。因此，为进城务工人员创建积极的信息获取环境就显得极其重要。

要实现真正意义上的信息公平其实并非易事，不是一蹴而就的，进城务工人员个体所处的经济文化环境、社会地位、家庭状况不同，收入差距、资源分配不均衡等因素都会对进城务工人员的信息获取行为存在一定影响。从某种意义上讲，社会保障主体应为该群体给予大幅倾斜和照顾，确保其享有公平的信息获取机会，尽可能提供物质文化需求的最大满足，对于进城务工人员极为关注的医疗、子女教育、住房、就业等信息提供全方位的覆盖，从而保障他们的自身权益不受损害。

2. 充分发挥公共信息服务部门的支持作用

以图书馆为主体的公共信息服务部门要增强为进城务工人员服务的意识，公共信息服务部门是保障公众寻求信息的重要机构，在公共信息服务部门中占据重要位置的图书馆更应担任起为进城务工人员提供优质信息服务的职责。然而只有很少部分的进城务工人员会到图书馆去寻求帮助，大多数进城务工人员并没有意识到图书馆可以给予他们所需专业或非专业层面的帮助，其他公共服务部门去的人也比较少，主要原因是公共服务体系不健全，服务质量参差不齐。如果我们单就图书馆服务角度来讨论该现象，会发现无论公共图书馆抑或是高校图书馆为进城务工人员社会群体所提供的信息服务支持力度都有一定欠缺。

图书馆是人们获取知识信息的主要渠道，更应为进城务工人员提供更具全面、更有针对性的信息保障服务，让他们主动意识到图书馆的价值所在，更精准高效地利用图书馆来满足他们的需求。

（1）完善图书馆制度，调整开馆时间

目前，各图书馆针对开放时间、服务对象等都有专门的规章制度，但大多图书馆开馆时间都与进城务工人员空闲时间存在冲突。2012年5月1日正式实施的《公共图书馆服务规范》中明确规定"公共图书馆应有固定开放时间，双休日应对外开放。其中省级馆每周开放时间不少于64小时，地级馆每周开放时间不少于60小时，县级馆每周开放时间不少于56小时"。正常情况下图书馆一天的开放时间为10~12个小时，但周一到周五是大多数人的工作时间，对图书馆的可利用时间也是有限的。对于进城务工人员来说，他们所做的大多是消耗体力且没有正常双休安排的工作，例如钟点工、建筑工人、个体商户、服务人员等，他们未必有充足且可随意利用的时间去图书馆寻求帮助。因此，一些人员流量较大的图书馆可考虑建立24小时场馆，或延长闭馆时间为进城务工人员利用图书馆提供便利。

（2）为进城务工人员提供更具针对性的服务

进城务工人员利用图书馆较少的主要原因是他们认为并不能从图书馆获取到他们所需要的直接帮助。因此，图书馆应多开展进城务工人员感兴趣的活动，千方百计把进城务工人员吸引到图书馆来。图书馆既可以为进城务工人员提供各种专业技能培训，诸如简单的财会方面实务技能应用、计算机办公的简便操作方法、所需相关信息的查找与利用等，也可以请专家学者为进城务工人员解读新颁布的政策法规条例，还可以为进城务工人员提供与他们日常生活相关的公益性法律援助活动（例如进城务工人员欠薪求助绿色通道、劳动保障问题法律援助、子女教育或医疗方面相关法律援助等），也可为进城务工人员举办一些他们感兴趣的论坛讲座或者知识竞赛等活动，这些专为进城务工人员提供的服务势必会受到民工欢迎，使图书馆逐渐走进进城务工人员的生活。

（3）拓宽基层图书馆服务范围

多数城市的图书馆数量有限，地理位置受限，致使进城务工人员不愿花时间去图书馆寻求帮助。尽管有些省、市的图书馆已经意识到该问题并采取行动建立社区网点或有针对性的与企业合作设立网点开展进城务工人员培训交流服务，但数量有限，或者只是短暂性地办点，没有长久打算，还未真正意义上吸引进城务工人员到此学习交流。对此，公共信息服务部门应注重拓宽基层服务范围，在人员流量大的广场、购物中心、社区委员会建立长期服务站点，或者通过对其原有服务人员进行培训，让更多服务人员具备解答相关疑难问题的能力，从而尽可能为有诉求的进城务工人员提供帮助。

（4）开展多种形式的馆际合作服务

各省、市公共图书馆可与高校图书馆进行合作实现资源共享，公共图书馆利用高校的教师资源或专业技术为进城务工人员提供服务，而高校图书馆也可借鉴公共图书馆丰富多样的信息技术和资源举办相应活动提升高校图书馆的知名度。不同省市的公共图书馆间也可以进行合作，实现不同省市公共图书馆资源的共建共享，为进城务工人员跨省市选择信息资源提供便利。

3. 政府主导构建进城务工人员一体化信息服务平台

在信息技术发展的当今时代，呈现在公众视野中的网络平台让人应接不暇，进城务工人员获取信息的网络平台更是五花八门，并且大多数与进城务工人员相关的网络服务平台的主办单位都是社会企业，如中国农民工网是由北京中农兴业资讯发展股份有限公司主办。尽管这些网络信息平台中涵盖就业、法律、政府新闻等多方面内容，并有相关的监管机构进行监督管理，但在其网站底部不难找到这样一句话："本站部分信息由相应民事主体自行提供，该信息内容的真实性、准确性和合法性应由该民事主体负责，本站对此不承担任何保证责任。"进城务工人员由于缺乏在医疗、创业就业、住房、子女教育、法律维权等方面的信息支持和信息素养而无法较好地融入城市，因此，要关注进城务工人员群体，借助信息手段解决他们面临的各类问题，依靠信息支持满足其在工作、生活和精神文化方面需求，整合不同机构从多元化角度为进城务工人员提供信息服务。然而在政府缺席的情况下，仅仅依靠个人或企业很难切实满足进城务工人员这个庞大群体的需求，进城务工人员权益也得不到更好的保护。近些年，有些地方政府开始着手建立所在区域的进城务工人员信息服务平台，如济南农民工网、泸县农民工网、上海农民工网等，但是由于重视程度不够，这些进城务工人员信息服务平台普遍存在信息来源渠道单一，信息数量有限的共性问题，进城务工人员信息需求并不能最大程度得到满足。因此，由政府主导构建成熟、完备的进城务工人员信息一体化平台为进城务工人员信息寻求提供基础物质保障成为政府应尽的职责。

由政府主导建立进城务工人员信息一体化平台，完善平台监督管理体系，可融合政府、企业等多方参与力量，遏制不同机构间信息的垄断和分散行为，涵盖多方面信息服务，丰富平台建设内容，在确保信息来源真实、安全、有效的前提下，增强平台所发布信息的时效性，从而提升进城务工人员信息获取的自由度，使进城务工人员在一体化平台中能进行信息咨询和网上业务办理，大幅提高服务效率和服务质量。由政府主导建立进城务工人员信息一体化平台既有助于提升政府的公信度，同时也可以增强进城务工人员信息寻求的积极性。

（1）咨询建议平台

由于进城务工人员接受的信息素养教育并不全面，在查询信息和平台利用的过程中会遇到各种各样的问题，因此要在平台中设立专门的咨询建议模块，提供人工咨询服务和针对性问题的自动回复系统的线上服务及不同负责部门的线下电话咨询服务。还可以设置晚间或周末时间等特定时间的服务，实现"人对人"在线问答帮助，通过借助网络平台这一信息交流工具打破地域的限制，在线对进城务工人员群体进行工作帮助与心理指导，充分利用社会各方面的专家资源，满足进城务工人员群体在法律、就业和心理咨询等方面的个性化与专业化信息需求，以此来吸引更多进城务工人员关注和利用平台信息并将其推广给更多有需求的人们。此外，建议投诉专栏可分为对平台和对信息主体两个方面。这样不仅对平台管理者和服务人员起到监督作用，而且对于信息内容引发的质疑和建议可以经平台管理者汇总整理再反馈给上级部门达到"知晓民意"的服务效果。另外，建立系统的咨询资源库，能够及时整理与进城务工人员工作、生活等息息相关的问题，并给出合理可操作性的建议。将这些问答结果按照多种信息检索方式排序整合，提供相应的检索功能，让进城务工人员群体根据需求快速地检索到问题和所需答案。针对被提问频率较高的问题，可以以常见问题或精选问题等形式在明显处呈现。咨询建议版块的设置也能使平台技术部门能够根据所提建议来进一步优化平台设计，丰富信息内容，提供更完善的服务。

（2）法律服务平台

进城务工人员的社会保障、劳务合同签订、工资拖欠、入学教育规定等一系列问题都有相应的法律明文规定，但国家出台的法律条款众多且繁杂，进城务工人员个体并不容易找到涉及自身权益保护层面完整并且全面的法律法规。对此，建立法律服务模块就是为进城务工人员提供法律援助服务，平台不仅能提供最新的法律资讯，以及政策改革方面的新闻，还可以整理分类不同法律问题所对应的地方性文件、政府规章和规范性文件等，将其以链接的形式呈现。另外可将律师事务所与平台相结合，建立进城务工人员法律事务咨询专栏，免费为进城务工人员提供法律帮助。从线上服务拓宽到线下不断深化服务，将互联网与服务机构结合，使网站用户能够享受不同服务主题的一站式服务，从而有效的解决实际问题。

（3）就业培训平台

进城务工人员的就业需求得不到满足是困扰自身和社会的首要难题。如招聘信息范围狭窄、信息覆盖面不全、工作岗位要求限制、招聘岗位的工资不能满足生活成本等问题。对此，平台首先要努力吸引企事业单位发布招聘信息，同时要也要整合招聘信息并按行业、年龄、薪资等归类呈现在版面内，使信息的发布和查找更为高效便捷。其次，平台可建立虚拟论坛，实现信息服务的传递、共享、沟通和交流功能。另外，还可以设立进城务工人员培训专栏，吸引招聘企业或教育机构开展定向的培训课程，开展线上和线下知识技能培训。

4. 各级政府要加强对信息源的监管

当今时代信息爆炸使人类信息总量以几何阶数倍增，但其中能满足进城务工人员需要信息却很有限。因此，全社会与各级政府都要尽力提供更多的与进城务工人员需求相关的信息，为进城务工人员提供丰富多彩并且真实可靠的信息，深受进城务工人员欢迎的信息可以增强进城务工人员的信息寻求意愿。

目前社会上充斥着大量虚假、无效的劣质垃圾信息，这些虚假信息给进城务工人员寻求信息带来极大困扰，会导致进城务工人员主动寻求信息的意愿不断下降，因此各级政府应遏制虚假信息和无效信息传播，加大对散布虚假和无效信息人员的惩处力度，净化信息环境。

5. 努力降低进城务工人员信息寻求的成本

由于进城务工人员收入普遍偏低，每天工作时间较长，因此进城务工人员在信息寻求时会非常关注信息寻求的时间成本和经济成本，对于是否值得牺牲自己难得的休息时间或者宝贵的金钱去寻求信息常常困扰着进城务工人员。

从社会公平角度来讲，用者付费这一机制对于信息提供者和信息获取者有平等的权益保障。合理的收费一方面可以提高信息生产者挖掘信息并将有益信息整理归类再传播的积极性，另一方面则可避免信息接收者不珍惜信息资源甚至产生信息资源浪费。目前存在的一些具有与知识产权相关的独立信息咨询服务，其信息付费高昂。虽然我国对信息检索付费的现行规定显得比较纷乱，但社会各个层面都在积极给予进城务工人员相应补偿性福利。进城务工人员通过手机等移动网络设备获取所需简单且基础的信息（例如求职信息、子女教育、基础医疗保障或住房等）的难度和成本相对较低，并且移动互联网等信息服务机构也在逐步降低网络通信等相关资费，社会服务机构都在力所能及的范围内给予进城务工人员社会群体提供更为低价、便捷的服务。

第二节 中观群体维度的社会网络信息寻求优化策略

一、基于进城务工人员群体心理契约机制的优化策略

近年来，各地都出现"用工荒"问题，进城务工人员的离职率、流动率都呈递增趋势，企业管理者对于解决用工缺口问题都很焦虑和急迫。若想有效解决这一问题就要了解导致该群体流动率高的原因所在。笔者认为心理契约是决定群体行为的一个关键要素，同时也是进城务工人员积极主动接收信息的一个必要条件。当群体中有个体意识到机构或社会未能按需求履行其心理契约中所潜在达成的承诺或责任时，负面情绪便油然而生，他们会感觉被差别对待，这种不满的堆积慢慢将个体的心理活动传达至群体之中，使群体产生同情和愤慨的情绪共鸣，从而被动获取甚至拒绝接纳对他们可能有利的信息，造成信息传播中断，不能实现信息的可利用价值最大化。因此构建群体内良好的心理契约就显得非常关键。优化进城务工

人员心理契约，可以实现信息利用价值的最大化，使进城务工人员群体流动率保持稳定。

1. 构建和谐劳务关系

当今拖欠进城务工人员薪资的案例时有发生，尽管社会各界都在尽力帮助并减少类似事件的发生，但仍不能完全予以解决。用人单位或企业应构建和谐平等的劳务关系，优化薪资管理办法，维护进城务工人员群体良好的社会关系，建立并完善进城务工人员与雇佣单位或组织间的信任机制，保障进城务工人员利益不受损害，从而实现信息层面互利共享的双赢局面。

2. 加强组织和个人之间的双向实时沟通

由于心理契约本身存在动态变化与不稳定性，因此，全面解释和了解组织和个人间的需求及期望，建立心理契约的实时沟通，能尽量避免任意一方产生过高的心理预期，降低双方因预期和契约内容的分歧导致的不利冲突与影响。

3. 实现雇佣情感认同

提高进城务工人员群体对组织或雇佣单位情感层面的认同，强化进城务工人员群体思想及行为方面对组织或雇佣单位的忠诚度，使他们在日常工作生活中更具责任感和使命感，共同朝着实现某一正面目标而努力，从而调动个体在信息寻求上的积极性、主动性，做到思想与行为同步忠诚。

二、基于进城务工人员群体外在帮扶机制的优化策略

1. 新闻媒体和公益性社会组织要发挥积极作用

新闻媒体作为社会的风向标，应当对提高进城务工人员信息寻求能力保持关注，积极发挥舆论引导作用，宣传倡导全社会都要重视帮助进城务工人员提升信息寻求能力。

长期以来公益性组织对进城务工人员这一群体极为关注，致力于为进城务工人员提供物质和经济上的帮助，但忽视了在进城务工人员信息寻求能力提升方面进行帮扶。提高进城务工人员的信息寻求能力可从根本上改进进城务工人员的自身造血功能，使进城务工人员能不断自我超越。依靠移动媒体的可移动属性，结合智能终端、同步数据库、互联网和人工智能等前沿技术，建设进城务工人员网站的移动媒体端，使移动媒体中潜在的大量进城务工人员用户更方便地利用进城务工人员网站解决现实问题，并

拓宽进城务工人员网站的影响力。并且第五代移动通信技术全面升级，移动媒体介入进城务工人员服务的切入点更宽，提供的服务也更加智能化、多元化和灵活化。如可以通过开通进城务工人员网站匹配的手机 App 程序应用服务，随着智能终端的广泛普及，移动媒体会开拓新的服务渠道，手机版网站会实现更高的服务效率。另外，强化网站服务的定制化功能，移动手机版本的进城务工人员网站可以完成传统网站无法实现的功能，根据服务需要对应适当的文字、图片或视频信息推送。通过网络号系统平台投放系统，针对个体需求进行精准的信息投放。

由于移动媒体能够打破空间和网络的限制，随时随地为用户提供网络服务，这将会为用户带来很大的便利，尤其对于受教育程度普遍偏低的进城务工人员群体。由于农村地区的通信基础设施建设相对落后，进城务工人员群体的信息素养和数字鸿沟问题都比较严重。在此情境下，移动进城务工人员媒体则可以解决数字鸿沟的问题，使进城务工人员群体都能平等地享受电子化的公共服务，更便捷地获取信息并参与到进城务工人员网站提供的各类服务中去，实现互动性特点。

2. 用工单位要重视对进城务工人员信息寻求技能的培训

目前用工单位为了快速提高入职进城务工人员的工作效率，非常注重进城务工人员业务技能培训，但往往却忽视对进城务工人员信息寻求能力的培养，极大地制约了进城务工人员的发展潜能。用工单位开展进城务工人员信息寻求技能方面的培训对于提高进城务工人员的信息寻求能力起着至关重要的作用。由于农村信息基础设施建设不够完善且信息素养教育不充分等原因，进城务工人员群体的信息素养存在普遍偏低且发展不均衡的情况。对此，用工单位可从提升信息素养方面着手，开展信息寻求技能相关培训。使进城务工人员群体能够在工作中既获得技能资源，又能获得情感支持。

3. 加强网站建设丰富进城务工人员信息寻求途径

不难发现，互联网的普及和信息技术的提高促进了各类信息的传播与服务模式的变化，而进城务工人员网站作为以进城务工人员群体为主要服务对象的网站平台，在满足进城务工人员信息需求方面具有重要作用。基于前文提出的进城务工人员网站影响力评价指标体系及评价结果，可得出提高网站影响力应从技术与服务两个核心点着手，通过不断完善并强化与网站规模、网站方向、网站内容、网站时间和网站效果五个方面有关的内容以提高进城务工人员网站的影响力。

（1）立足网站规模，加强信息技术迭代与更新

首先，应聚焦于网站页面数量、页面大小和浏览器兼容与维护等问题。由于网站内容会随着时间的推移越来越丰富，因此对其不断升级的技术维护将是维系网站规模与网站时间平衡的一个至关重要的因素。网站设计思路混乱会阻碍网站运作的效率，引起更新困难等问题。在此情境下，要增强网站的易维护性，将现有功能模块化并嵌入最小单元，从而保证最小重复原则。其次，应增加链接数量，以强化网站内外信息资源的易用性。一方面，通过增加链接联盟的数量，实现不同网站之间的资源优势互补。链接联盟能够体现以互惠为基础的链接数量和链接之间的交互程度。这意味着不同网站间互设链接方式能够有助于用户浏览网页时相互推荐，这样具有同质性的网站形成链接联盟能够促进用户网站搜索的效率。另一方面，可以通过网页中设计超级链接的方式在网站内各网页中进行跳跃以增加服务器信息互动能力，从而增强网站内的多元化服务和信息交互。最后，通过拓宽 Web 对象数量以增强网站的服务性。拓展网站的 Web 数量能够使进城务工人员网站加入更多新的元素实现多元化服务，如文本阅读、信息浏览、信息查询和获取、音频和视频娱乐等活动，也就是说进城务工人员群体可以依据个人喜好获得不同属性的资源。

（2）立足网站方向和内容，强化服务主导逻辑

优化网站人性化服务功能。只有充分考虑到进城务工人员信息接收和信息发布等需求，才能提供更加方便周到的信息服务，从而解决进城务工人员在接受网站信息服务时碰到的各种问题。在网站主页面加入说明服务，其中站内导航服务就像是一个网站地图，可以将网站内出现的信息以直观或图谱化的形式呈现出来，方便用户对所求信息一目了然。站外导航服务则如同为站上寻找信息提供了便利的中转站。主要功能是突出进城务工人员经常使用的重要网站链接，采用多种分类组织方法进行资源排列与优化，使网络导航不仅是一些网站互惠与交互的链接，而且是丰富而便利的网络资源利用指南。

另外，可以拓宽服务的广度与服务内容的多样性。从网站服务属性来看，提高用户访问量并增强用户网站使用黏性的关键是满足用户的多样化

需求。在上述的网站评价评分中，如"农民工法制维权网"，这一网站的内容主要围绕进城务工人员群体的法律咨询与维权，由于内容单一容易造成具有其他需求的用户，如就业创业等用户的流失。然而对于真正具有法律需求的进城务工人员群体却因为法律知识和实际操作的专业性过强，难以从法律维权网站的信息内容中获得帮助，造成网站影响力偏低。实际上，建设好综合型的进城务工人员网站能够有效提高影响力，因为包含多功能的网站可以同时处理进城务工人员的不同信息诉求，有针对性地通过一系列技术手段对网络上政府信息和社会信息资源进行搜索、筛选、整理和开发，使之有序化、深层化和精细化，以任务和专题的形式呈现。

（3）立足于网站效果，不断提高宣传能力

在大数据技术不断发展的时代，"好酒不怕巷子深"的思想已然不能支撑当今发展并拓宽企业或公共服务影响力。进城务工人员网站服务的主体是广大进城务工人员群体，为了增强网站的影响效果，需要以宣传为手段让更多进城务工人员群体了解所访问的网站，使之更好地融入所处环境。并且促进宣传的同时要结合反馈机制，保证进城务工人员作为信息接收者和媒介参与者的双重身份，使进城务工人员群体成为网络宣传受众的同时也能积极宣传与之有益的网站。这意味着任何进城务工人员网站想要发挥影响力都不能任之成为一个信息孤岛，而要有效搭建进城务工人员网站的多向网络宣传机制。

首先，可以利用百科类网站进行互联，在百科类网站中，对所创进城务工人员网站进行详细的介绍，介绍的内容可从网站文化、类型、功能和既往案例方面进行有重点的概述。同时通过具有权威性的百科网站进行宣传，能够增强进城务工人员网站的可信度与公信力，且选择百度百科等权威网站，会增强在百度搜索中的链入概率，这能够直接增强网站效果而提升进城务工人员网站的影响力。其次，利用友情链接的站外宣传方式。由于大多数进城务工人员网站属于公益性网站，缺乏资金设立专业的营销推广部门和负责人员，管理的内容也相对单一。因此，可以通过友情链接联结具有同质性的进城务工人员网站，使具有一定诉求的进城务工人员群体在浏览网站过程中检索到其他网站，扩大信息的检索范围，实现对不同网站的宣传与推广。最后，通过新闻营销进行宣传。结合新闻媒体，尤其是如微信、微博等新媒体途径，对进城务工人员网站进行宣传和介绍说明，或对进城务工人员网站中发布的咨询或软文进行转发以增强影响力。同时可以匹配适当的媒介咨询频道，定期在新闻报道中加入对相关进城务工人员网站的宣传，从而吸引具有一定信息素养的进城务工人员群体了解网站，并且能够增强网站的影响力。

第三节　微观个体维度的社会网络信息寻求优化策略

在信息社会，具备良好信息素养的人才能更好地生存和发展。信息素养是指人们在进行信息搜集、整理、加工、传播及利用等信息活动时具有的本领，信息素养涵盖信息意识、信息技能、信息道德，同时也涵盖人文、社会、经济、政治、法律等多层次多角度。拥有强烈信息意识的人对信息具有特殊敏锐的感受力和持久的注意力、对信息价值具有准确的判断力和洞察力；信息能力包括信息搜集能力、信息处理能力和信息运用能力，具有较强信息能力的人能快速准确地获取所需的信息，能挑选出优质的信息，还能够有效利用获取的信息创造新知识；具有良好信息道德的人在信息活动中往往具有明确的目标、顽强的毅力和自制力。信息素养与受教育程度存在一定的正比关系，这意味着所受教育水平越高的人，具有更强的信息意识，也就更容易去接受和学习信息知识、掌握信息技能并对信息加以整理和有效利用。具备良好信息素养的人会利用信息为其个人或家庭带来各层面综合利益。就进城务工人员而言，由于其成长的环境大多是地理位置偏僻的乡镇农村，教育与经济发展相对落后，进城务工人员接受知识文化教育与原本生长在城市的人有一定的差距。因此，进城务工人员信息素养有一定局限性，他们获取信息和利用知识信息的能力受到限制。

如果进城务工人员个体想尽快适应城市化生活，就要依靠自身努力不断提高自身的信息素养，培养获取新信息知识的强烈意愿，能够主动地在生活中细心发掘新信息，进一步探索、研究新信息，只有这样才能深层理解和感知社会的发展变化节奏，从而准确地对信息做出自己的评价与分析，清楚地向他人传达对某一事物的个人观点与看法，对新鲜事物不予以排斥，敞开心扉与他人沟通交流，而不只局限于自己的"小圈子"里。

一、基于进城务工人员个体内在信息寻求动机的优化策略

随着都市化的快速发展，越来越多的进城务工人员选择携家带口进城寻求发展机会，他们其中大多是精力充沛的青年男女，他们迫切需要尽快获得相对满意的工作以支撑日常花销，使他们能在这个陌生空间站稳脚跟，给足他们留在城市生存下去的底气。但由于地理空间切换、受教育程度相对落后、自身知识素质能力与城市生活匹配度低，在城市中常常感到茫然无措。进城务工人员身边接触的社交网络圈更具趋同性，交往的大多都是可以与自己产生共鸣的人，这就造成进城务工人员自身信息接收限制，所获取到的信息具有延迟性，这也致使一部分人会错过那些本可以提供给他们的机会，加大了他们快速融入城市的难度。因此，进城务工人员个体想要顺利融入城市首先必须要强化自身的信息寻求意识，提高信息寻求的主观能动性，确保自己能及时准确地获得维持生存所需要的重要信息。

1. 增强进城务工人员获取信息的主动性

（1）利用周边熟知的事物激发个人对信息获取活动的好奇心和求知欲

人们对于周边熟悉的事物普遍带有亲切感，进城务工人员可以首先合理利用身边熟知的事物，培养竞争精神。这里所说的"竞争"是公平、正向、有益的竞争，是不掺杂愤恨与不满，不引起消沉情绪，不带有不良动机的竞争精神。竞争不仅可以激发人的行为动机，使其居于高度的活跃状态，而且也包含一种不愿落后、力求上游的心理状态。合理竞争对人的智力起到强化功效，它促使人的感知更敏锐精准，注意力更集中，使人想象力丰富、思维敏捷，充分发挥人的创造性，时刻保持好奇心，激发对陌生事物的求知欲。其次，当自身对信息活动产生的好奇心和求知欲逐渐成为自身兴趣，并从中得到满足感时，那么获取信息这件事也会成为人们从事该活动的推动力。

（2）结合自身现实情况制定个人信息寻求目标

提升进城务工人员自身对信息的敏感度，不仅要以兴趣激发好奇心，还必须将兴趣爱好产生的美好幻想与现实相结合，脚踏实地，在生活中不断探索。尝试根据自身情况制定未来目标，定位发展方向，并在不同阶段制定不同的短期目标。一般而言，目标越具体，兴趣则越浓厚。同时，由于短期目标相对舒适，容易达成，因此会给自身带来成就感，建立自信心，

更深层地去激发进城务工人员自身信息获取的主动性。

2. 增强自身社会认同感及归属感

对进城务工人员抽样调查显示，样本中大约 50% 的人表达来到城市的初衷只是为了能赚些钱再返乡生活，另外近 50% 的进城务工人员徘徊在犹豫的边缘。调查报告中呈现出高达 31% 的进城务工人员还没有办理任何居民证件。此外还有对于进城务工人员社交群的调查表明近 37% 的人不曾与社区组织或不熟的人建立联系，甚至 20% 的人不愿意与市民建立交往关系。❶ 社会现实的感知使得他们对城市认同感和归属感逐渐缺失，面对社会教育、医疗、住房、就业等一系列问题接踵而至时，生活带来的茫然无措致使他们没有足够的信心留在城市，这些外在或内在心理上的压力，在一定前提下也会影响自身信息获取的主动性与积极性。同时消极的社会心理也会使个人缺乏对城市大环境的依赖感，接收信息频率有所延缓，抵触或负面情绪的加深甚至会带来自己都不曾预料的伤害。

我们可以将个体的社会认同感理解为个体心理认知系统情感变化，个体必须在主观上认同他们拥有社会群体所共有的特征，并将其特征内化为自我观念的一部分。这种个体的社会认同感可以让其自身以真诚、信任、平等、互利的原则与他人相处，建立良好的社会关系网络，有利于增强个体的自信心，对于提高个体的社交能力和组织能力都至关重要。因此，进城务工人员要从内心深处将自己身份归于"城市化"，积极与信息时代相接轨，努力追求社会认同，获得心理上的归属感。以此来增强自尊心和自信心，努力提高获取信息的主动性与积极性，不断提升自身的信息素养，使进城务工人员个体能更快适应高速发展的城市生活，从而更好地融入城市生活当中。

二、基于进城务工人员个体信息获取能力的优化策略

信息获取是一切信息活动的基础，进城务工人员个体信息获取能力越强，越有利于其自身融入城市当中。进城务工人员要加强学习，提高信息

---

❶　关于农民工市民化问题的调查报告——基于对鄂巴蜀农民工的调查. 百度文库 [EB/OL][2020-5-15]. https://wenku. baidu. com/view/5b31db21ef06eff9aef8941ea76e58fafbb -0455c. html.

获取能力。第一代进城务工人员要努力学习使用智能手机和网络，新生代进城务工人员也要提高信息的分析和处理能力，养成主动寻求信息去解决自己生活和工作中遇到的问题的良好习惯，把自己培养成为掌握信息资源检索能力，能运用现代化的技术和手段以最少的时间和精力获得最有用的信息资源，能正确评价信息资源的质量，能对信息资源进行组织，能正确运用信息资源解决实际问题或者在此基础上有所创新的新市民。

1. 增强进城务工人员个体的信息搜集能力

信息搜集能力包含着信息检索能力与信息接收能力。信息检索能力是指具备一定的检索方法，运用信息检索工具，获取所需信息的能力；信息接收能力则要求个体具备相应的知识文化素养，具有一定的信息意识。对于进城务工人员个体而言，具备信息搜集能力可以帮助他们寻求更好的工作发展机会，维护个人权利，接触到更宽阔的社交领域，合理有效地利用公共资源，将社会公共信息更好为自己所用，而不仅仅局限于同乡、亲属、工友这样具有趋同性群体之间相互介绍，沟通交流的"小范围"社交群体之中。

（1）提高进城务工人员个体对图书馆的有效利用能力

许多进城务工人员个体对图书馆的认识停留在借还书的层面，殊不知图书馆可以为他们提供有效的信息帮助。从信息需求角度来讲，图书馆可以提供科研信息、法律信息、专业技能信息、娱乐文化信息及日常生活信息等多样信息，具有极强的信息包容性，对读者的需求实现最大限度满足。作为城市文化载体的图书馆，近些年在不断加强向社会公众输出知识信息，开展各式各样的文化活动，以及富有专业性的信息素养教育。因此，进城务工人员个体应积极关注并参与高校、公共图书馆等图情机构组织的相关活动，合理有效利用图书馆这一公共资源。

（2）合理利用多样化的信息获取渠道

一般而言信息获取模式分为两类：一是现代化模式，即为虚拟化的通信网络、移动网络、微信、微博、QQ 等；二是非现代化模式，也可称其为传统模式，即广播、报纸、书刊、电视等需经人为传播才可获得的信息技术。在信息爆炸式发展的大环境下，通过现代化的互联网技术获取信息来增强自身信息知识储备成为跟紧时代步伐的最为普遍的方式。由于信息具有时效性、便捷性的特点。一般而言，越新鲜、越新颖的信息，其利用价值越高，现代化技术就可以将这些新鲜出炉的资讯在第一时间准确传递到所需要的人手中。因此，进城务工人员个体需要学习简单的信息获取方式，熟练掌握信息检索工具，提高检索能力，从而精确获取更多自己所需要的信息。综合利用网络搜索引擎（百度、谷歌、雅虎）、网址导航、头条推送、公众号发布、图书馆网站、网络论坛社区、知识问答专栏（知乎、天涯问答、百度经验、雅虎知识堂）等多种渠道拓宽自己的信息知识领域。

2. 提高进城务工人员自身的信息处理能力

信息处理能力是指为某种特定的需求，将复杂无序的信息加以分类、归纳、总结，筛选自己所需的有用信息，实现信息价值最大化的能力。

（1）对信息的判断和选择能力

尽管当今时代信息资源日益丰富，但获取所需信息的难度也日益加大。有效获取信息更多地取决于对信息的判断和选择能力。进城务工人员个体在接收信息时应明确自己的需求目标，能对所获取的信息在分类的基础上，对信息材料进行认真的比较鉴别、科学分析和审定，进行反复筛选，去粗存精、去伪存真，剔除无效信息，优选出最有价值、最适用的信息资源。另外，个体应对传播的网络信息进行客观判断，在不确定真假的情况下避免随波逐流，更不能主动夸大事实或做虚假传播。

（2）对信息的整理和贮存能力

信息的整理是将所获取的信息按内容分成若干类。信息的贮存是指通过做卡片、做读书笔记、剪辑、复印、打印、输入电脑等记录手段将重要的信息储存起来，以便信息最大程度为自己所用。

3. 提高进城务工人员自身信息利用能力

进城务工人员信息利用能力较弱也是导致自身其发展受限的关键影响要素。拥有信息利用能力的人可以对信息的可利用价值做出准确判断，利用有效的信息对事物的发展动态进行深入的分析、理解和掌握，从而减少行动过程中不确定性和不可预计现象所产生的不利影响，并能将所获得的信息合理准确地应用到实际的生产生活当中。

（1）提高对新媒体资源的利用能力

新媒体是利用通信技术、网络技术、数字技术，通过互联网、宽带局域网、卫星等渠道以电脑、电视、手机等为终端，向用户提供信息服务的传播形式。利用好新媒体资源可以开拓进城务工人员视野，丰富知识学习内容，提升进城务工人员独立思考和自我解决问题的能力。

（2）提高阅读能力，消化吸收信息中的精华

利用初读了解信息材料的总体概况，采用通读来掌握信息材料中的全部内容，对材料中的重点核心内容要进行反复精读，对获得的信息材料进行科学有效的阅读能使自己充分理解和掌握信息材料中的主要内容并消化吸收其中的精华，不断丰富和提升自身的文化知识素养。

（3）通过合作共享实现信息价值最大化

进城务工人员要加强与不同阶层、不同群体间友善互动、交流和沟通，主动寻求或搭建信息交流平台，通过虚拟型线上信息传递和真实型线下交流沟通，从而构建线上线下的双向有效互动，更好地将自己所获取到的信息资源与他人共同分享，从而优化信息资源配置，节约社会成本，互利共赢。信息合作共享也是提高信息资源使用率，避免在信息收集、存储和管理上重复浪费的重要办法之一，如图9-1所示。

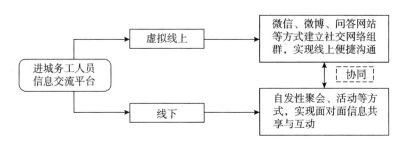

图9-1　进城务工人员信息交流平台

（4）提高运用信息资源解决实际问题的能力

人们在实际工作生活中都会遇到各种各样的问题，每当遇到难题时，如何去解决困扰你的难题直接关系到一个人的自信心和成就感。因此，养成主动去寻求信息并坚持运用自己获取到的信息资源来解决自己生活和工作中遇到的难题的良好习惯是极为重要的。

结　语

一、研究结论

随着国家技术经济、文化的发展，新生代进城务工人员群体因其吃苦耐劳的品格、过硬的技术、敦厚的人品成为城市中的"高级蓝领"，为祖国繁荣发展作出了重要贡献。城市文明与乡村文明如两朵并蒂之花，绽放在我国城镇化进程中。

本书通过理论分析与实证研究，对于城镇化背景下我国进城务工人员群体的信息需求现状、主要获取信息的途径、进城务工人员社会网络信息生态链、进城务工人员社会网络信息传播的规律、进城务工人员社会网络信息寻求的机理、进城务工人员社会网络信息寻求的影响因素及进城务工人员网站的评价等诸多方面进行较为深入的探讨，研究结论如下：

①进城务工人员群体作为城市建设的重要力量，为城市发展作出了巨大贡献。进城务工人员作为城市里一个数量庞大的社会群体，维护他们的合法权益，促进他们稳定就业和长远发展关乎着我国城镇化的发展进程，是构建新型社会体系、解放和发展社会生产力的必经之路。

②进城务工人员的社会网络由农村向城市转变，具有阶层趋同性高、异质性低、规模小、紧密度高等特点。随着时间的推移，进城务工人员的社会网络呈现出关系多元化、结构逐渐扩展、信息作用逐渐加强的发展趋势。在社会网络信息寻求的过程中，进城务工人员的信息寻求行为具有个体间相互影响、一定的流动性、信息传播效率不高等特点。

③社会网络与进城务工人员信息寻求行为通过社会传染、社会资本、社会选择等因素相互作用。建立一个积极的进城务工人员社会网络对于塑造进城务工人员积极的社会心态、促进进城务工人员稳定就业、增强他们

的心理认同感、实现信息资源共享、推进进城务工人员市民化、促进城镇稳定发展等方面具有重要意义。

④城镇化背景下进城务工人员对信息的需求是客观存在的。进城务工人员普遍对于医疗保健信息、子女教育信息、权益维护信息的关注度较高，而对于衣食住行的信息需求最低，表明了当下进城务工人员最主要的信息需求已经不再是生理信息需求，这与我国近几年来加大对进城务工人员基本权益的保护政策有很大的关系。当进城务工人员的基本权益得以保障时，其信息需求的重点自然会放在更高的层次上，如社交需求与受尊重需求。

⑤进城务工人员获取信息的途径会很大程度上影响他们表达与获取自己想要的信息。根据调查研究发现进城务工人员主要依靠信息公示栏、工友及手机的途径来获取想要的信息，明显存在获取信息途径不足的现象。一旦进城务工人员信息获取途径狭窄，其信息需求得不到满足，将会对国家的城市化发展产生一定的不利影响。

⑥进城务工人员社会网络信息生态链是一个具有整体性、差异性、动态性、适应性的开放信息系统。在进行信息流转的过程当中，会不断地受到内外部环境的影响，使得信息生态链处于动态发展中，信息生态链本身具有一定的调节能力来保持信息稳定流转。进城务工人员社会网络信息生态链的稳定运作的核心在于信息流转，其结构依据进城务工人员社会网络的结构而形成，信息的流转依托社会网络关系进行，与此同时，信息流转也促进了进城务工人员社会网络关系的发展。

⑦信息传播是推动进城务工人员群体融入城镇化进程中亟须解决的问题之一。基于进城务工人员群体的生活方式、受教育经历等在一定程度上有别于久居城市中的人群，故而会在融入城镇化进程中存在或大或小的问题，高效的信息传播能够行之有效地解决这些问题。进城务工人员群体与同质性群体的信息势差一般会小于与异质性群体的信息势差。拉近其与异质性群体的信息势差，也是在拉近群体间的距离。

⑧发挥进城务工人员群体中"意见领袖"的影响力往往可以使传播效果事半功倍。对进城务工人员社会网络信息传播主体的界定可以令其他群体与进城务工人员群体进行流畅的信息交流，对进城务工人员社会网络信息传播客体的界定可以在一定程度上明晰何种信息需要加强传播力度、以何种方式进行消息的上传下达，在一定程度上可以预见信息传播的效果；

对进城务工人员社会网络信息传播模式的界定可以根据各模式呈现出的特点，当产生负面影响时可以追根溯源，并对其进行信息过滤与加强监管。

⑨进城务工人员社会网络信息寻求共生系统是开放而动态的。进城务工人员个体及所在的各级群体的信息情境是共生环境，进城务工人员通过参与其所处的社会网络进行信息寻求活动时彼此之间的相互作用方式从而形成信息共生关系，这种信息共生关系网络会强化彼此的身份认同，形成彼此的强烈信任关系。进城务工人员社会网络信息寻求共生系统的存续规则并非强制约束，而是随时会由于新成员的加入或退出而呈现出新的个体关系和整体关系态势。

⑩进城务工人员网站影响力越大越能够影响进城务工人员的行为与决策。网站影响力能够反映出一个网站受欢迎的程度，从群体层面来说，网站影响力会影响网站的被关注程度，当影响力越高时，该网站的资源越容易被人们发现并接受。针对进城务工人员综合类、法律维权类、创业就业类及生活娱乐类等不同网站的功能及性质精准发力，提高服务质量和影响力度，有助于更好地为进城务工人员服务。

二、研究不足

本书对于进城务工人员社会网络信息寻求研究既从理论角度进行了分析阐释，又从实证的层面进行了细致分析，希望得出的结论可以促进进城务工人员更好地融入城市生活，推动新型城镇化发展。但限于研究视野和研究水平有限，本书在研究中还存在一定的局限性。

①问卷调查范围不够全面。在信息需求的问卷调查中，附录一的调查对象主要针对东部沿海城市进城务工人员群体，虽然东部沿海城市是进城务工人员的主要聚集地，但覆盖范围不够全面，且缺乏与其他地区的进城务工人员群体的对比分析。在附件二的调查问卷中，数据样本来源只涵盖到全国31省级行政区域，未能涵盖所有省级行政区域，希望在未来后续的研究中，能扩大样本群体地区来源的代表性，并增加与其他进城务工人员群体信息需求的比较研究。

②被访谈者隐性需求挖掘不够，访谈者提问存在一定的主观性。作为一个社会群体，虽然进城务工人员具有很多共同的特点，但从个体层面上看，每个受访者个体又是不尽相同的。访谈时，由于进城务工人员时间有

限、个人表达能力不足、顾虑较多等方面因素的限制，导致他们不能充分表达自己内心的真实想法，在深入挖掘进城务工人员潜在信息需求方面有待深化。同时，笔者是按照预先设定的访谈提纲进行提问，然后按照受访者的回答情况进一步挖掘有价值的提问内容，因此存在很大的主观性，从某种程度上来说，限制了进城务工人员想要表达的内容和方向。

③对于进城务工人员社会网络信息生态链的信息环境因素的分析还有待细化。信息环境因素对于信息生态链的发展来说是至关重要的因素，在现实条件下，环境因素众多且具有复杂的特征，在对信息环境因素进行分析时不够深入，研究力度不足。

④对于进城务工人员社会网络信息传播主体、客体的挖掘力度有待加强。影响信息传播主体与客体的关键因素众多，有的因素尚未明晰，且各影响因素之间存在强弱之分，尚未对其进行归纳总结。

三、研究展望

目前，虽然进城务工人员的信息寻求能力较过去有了很大的提升，然而与社会其他人群相比，他们仍然属于信息弱势群体。加强政府和社会组织对进城务工人员的关注度，提升进城务工人员信息寻求能力，维护进城务工人员的合法权益，从根本上解决进城务工人员的信息困难和问题，未来仍然具有很大的发展空间。

研究发现，当前进城务工人员的信息寻求能力普遍不高，通过提升他们的个人能力、帮助他们建立积极的信息寻求心态、降低信息寻求成本、提供优质的信息服务、完善社会体制、保障进城务工人员信息寻求权益等将有助于全面提升进城务工人员的信息寻求能力。为此，下一步还有很大的研究空间，做好相关工作，解决进城务工人员的信息不对等问题，将有助于改善进城务工人员的生活质量，并帮助他们更好地融入并适应城市生活，推进进城务工人员走向市民化。

信息环境因素时刻影响着进城务工人员社会网络信息生态链的信息流转，在未来的研究当中，有必要多方面的对信息环境因素进行深入探讨，探究各个因素对于信息生态链的影响，通过信息环境的构建帮助提高进城务工人员社会网络信息生态链的信息共享效率，促进信息生态的可持续发展。在对进城务工人员社会网络信息生态链模型构建时发现，进城务工人员的信息获取尚存在一些问题，依托于信息生态链理论，帮助解决进城务工人员的信息获取问题是未来的相关研究中值得关注的重点。

信息传播的主体与客体关键因素众多，主客体因素中除了节点权威度、节点文化程度、节点社会地位、节点活跃度、节点接受意愿、情感倾向和节点接受能力外，还可以从其他视角进行探讨，且各影响因素之间存在强弱之分，针对影响因素的强弱问题可以进一步挖掘。此外，针对信息传播的时延问题有进一步探讨的空间。

附　录

附录1　城镇化背景下进城务工人员
社会网络信息需求调查问卷

尊敬的朋友：您好！非常感谢您在百忙之中抽出宝贵的时间参加此次调查。本次问卷调查旨在了解您在工作、生活中对相关信息的需求状况，希望您能配合。本次调查的目的仅限于学术研究，我们将对您提供的所有资料严格保密，希望您不要有任何顾虑。真诚地感谢您的配合，谢谢！

一、基本情况

1. 您的性别：[单选题]
○男　　　　　　　　　　　○女

2. 您的年龄 [单选题]
○18 岁以下　　　　　　　○18～22
○23～30　　　　　　　　　○31～45
○46～60　　　　　　　　　○60 岁以上

3. 婚姻状态 [单选题]
○已婚　　　　　　　　　　○未婚

4. 文化程度 ［单选题］

○小学及以下　　　　　　　　○初中

○高中及以上

5. 从业类别 ［单选题］

○建筑业　　　　　　　　　　○交通运输、仓储和邮政业

○制造业　　　　　　　　　　○住宿和餐饮业

○批发和零售业　　　　　　　○其他

6. 您外出务工的目的 ［多选题］

□提高收入水平　　　　　　　□出来学习一门技术

□开阔眼界　　　　　　　　　□其他

7. 您外出务工累计时间多久 ［单选题］

○1 年及以下　　　　　　　　○2~5 年

○5 年及以上

8. 在过去的五年内，您换过几次工作

［输入 0（没有）到 3（有）的数字］

_____

9. 您目前居住所在什么地方 ［单选题］

○企业员工宿舍　　　　　　　○出租屋

○自己购买房子　　　　　　　○其他

10. 您周围是否有社区或企业的信息公告栏吗 ［单选题］

○有　　　　　　　　　　　　○没有

○不清楚

11. 你们有老乡会吗 ［单选题］

○有，参加过　　　　　　　　○有，没有参加过

○不清楚

12. 媒体中关于外来务工人员的报道，您的感觉是
［输入 0（很片面）到 3（很全面）的数字］

_____

二、信息需求情况

13. 您对于衣食住行信息需求的程度［矩阵文本题］［输入 0 到 3 的数字］

从不需要	
一般需要	
比较需要	_____
非常需要	

14. 您对于权益维护、法律法规信息的需求程度
［输入 0（从不需要）到 3（非常需要）的数字］

_____

15. 您对于医疗保健、养老保险信息的需求程度
［输入 0（从不需要）到 3（非常需要）的数字］

_____

16. 您对于子女教育、职业技能培训信息的需求程度
［输入 0（从不需要）到 3（非常需要）的数字］

_____

三、信息获取情况

17. 信息获取途径及这种途径获取的信息对您工作生活的影响程度如何？请根据您的实际情况选择最符合的项：1→5 表示由"基本不用"到"频繁使用"［矩阵量表题］

	1	2	3	4	5
电视	◇	◇	◇	◇	◇
电话、手机信息	◇	◇	◇	◇	◇
广播电台	◇	◇	◇	◇	◇
工友	◇	◇	◇	◇	◇
图书、报刊	◇	◇	◇	◇	◇
信息公告栏	◇	◇	◇	◇	◇
培训讲座	◇	◇	◇	◇	◇

18. 您认为目前获取信息的成本如何
[输入 0（极低）到 3（极高）的数字]

_____

19. 您认为目前获取信息所花费的时间成本如何
[输入 0（极少）到 3（极多）的数字]

_____

20. 您使用公共媒介获取信息的频率如何
[输入 0（几乎不使用）到 3（经常使用）的数字]

_____

附录 2　进城务工人员的信息需求调查

自改革开放以来，一代代进城务工人员为国家的经济建设辛勤付出。随着信息技术的飞速发展，进城务工人员的角色和信息需求也不断在变化。以下是针对进城务工人员的信息需求进行的一个初步调研（共 13 小题），麻烦您在百忙之中花时间给予反馈！真心感谢您的参与！

1. 进城务工人员对吃穿住、医疗和健康等基本生活保障信息有获取意愿。

- 完全同意　　　　　　　· 比较同意
- 态度中立　　　　　　　· 不太同意
- 完全不同意

2. 进城务工人员对技能、教育、学习、发展等能力提升信息有获取意愿。

- 完全同意　　　　　　　· 比较同意
- 态度中立　　　　　　　· 不太同意
- 完全不同意

3. 进城务工人员对休闲、游览、娱乐等心情调节信息有获取意愿。

- 完全同意   · 比较同意
- 态度中立   · 不太同意
- 完全不同意

4. 进城务工人员有获取一系列信息的基础平台，比如智能手机等。

- 完全同意   · 比较同意
- 态度中立   · 不太同意
- 完全不同意

5. 进城务工人员在工作之余会花大量时间和精力到获取一些保障性、娱乐性等信息上。

- 完全同意   · 比较同意
- 态度中立   · 不太同意
- 完全不同意

6. 进城务工人员为了获取更多信息，会愿意花钱来提升设备，比如买更好的智能手机或更好的电脑等。

- 完全同意   · 比较同意
- 态度中立   · 不太同意
- 完全不同意

7. 进城务工人员会思索通过哪种渠道获取所需要的相关信息。

- 完全同意   · 比较同意
- 态度中立   · 不太同意
- 完全不同意

8. 进城务工人员也会向身边朋友打听相关信息的获取方式。

- 完全同意   · 比较同意
- 态度中立   · 不太同意
- 完全不同意

9. 进城务工人员也会自己在网上查找一些信息的获得渠道。

- 完全同意
- 比较同意
- 态度中立
- 不太同意
- 完全不同意

10. 通过所具有的设备获取一些生活保障相关的信息（比如上手机购物平台，或者上手机查找当地的实体购物场所），可使进城务工人员的生存生活更加便捷。

- 完全同意
- 比较同意
- 态度中立
- 不太同意
- 完全不同意

11. 通过一些智能手机等设备获取一些信息，可以使进城务工人员下班后的生活更有乐趣。

- 完全同意
- 比较同意
- 态度中立
- 不太同意
- 完全不同意

12. 所获取的信息可以为进城务工人员的生存发展和技能提升有所助益。

- 完全同意
- 比较同意
- 态度中立
- 不太同意
- 完全不同意

13. 所获取的信息可以更好地促进进城务工人员的社会交际，或者能帮助到朋友和家人。

- 完全同意
- 比较同意
- 态度中立
- 不太同意
- 完全不同意

附录3 进城务工人员社会网络信息
寻求影响因素访谈

第1位受访者

采访地点：黑龙江省哈尔滨市

性别：女

年龄：42

学历：初中毕业

收入：2000~3000元

行业：服务业

访谈主要内容：

问：您平时最关注哪方面的信息？

答：招聘信息。

问：那除了人才市场，还从哪些渠道获取信息呢？

答：省人才市场也去过，熟人介绍也有，有时候朋友圈也会发。

问：没试过从网上找吗？比如58同城、智联招聘、微企聘等。

答：不太会用手机，那么多软件整不明白，打字都费劲，而且网上的谣言太多，不知道哪个靠谱，万一让人骗了呢。

问：这就是您在寻求信息中遇到的困难吗？有想办法解决吗？

答：是挺困难的，来人才市场找还挺麻烦的，熟人介绍也不是经常都有。软件也试着用过，儿子帮着注册的，但是不会跟人聊，也不能经常盯着手机。

问：您参加过提升信息寻求能力的训练吗？比如通过讲座、视频、直播等方法教您使用手机、电脑，并告诉您从哪里能找到工作。

答：没有，就家里人帮着摆弄摆弄。

问：那如果有培训讲座邀请您，您会参加吗？您觉得对您有帮助吗？

答：帮助肯定是有的，但是我没那么多时间，这些都太耽误时间了，而且记不住那些，还不如跑人才市场呢。

问：那您想要什么样的？

答：微信小视频那种，教教我怎么操作，或者把朋友圈的招聘广告整合一下，看着方便。

问：您认为怎么才能提升您的信息寻求能力？

答：我也不知道，但是我希望国家能多关注我们。

第2位受访者

采访地点：黑龙江省齐齐哈尔市

性别：男

年龄：27

学历：初中毕业

收入：5000元

行业：运输业

访谈主要内容：

问：父母身体好吗？

答：现在父母身体很健康，并不需要我花太多的精力去照顾他们，一般我有时间了就回去看看。

问：经常进行社交和娱乐活动吗？

答：经常，目前已经在城市里工作了三年，住在市里，认识了很多朋友和同事，所以在休息的时候会和朋友们吃饭。

问：工作时间是怎样的？

答：早八点到晚六点半，但是忙的时候会加班到八九点。

问：工作稳定吗？

答：比较稳定，来城市这三年多，一共做了两份工作，没有频繁换工作，第一份工作是在工地干活，第二份就是这个快递工作。

问：平时比较关注哪方面信息？

答：新闻、娱乐。

问：是否关注招聘求职信息、技能培训信息？

答：没怎么关注过，也不太知道那些招工渠道，我的工作是熟人介绍的，技能培训好像对我工作也没什么大用处。

问：平时使用哪些获取信息的工具？比如报纸、广播、手机、电脑。

答：就是用手机和电脑，手机用得多一些，因为手机小，比较方便携带，在寝室会用电脑，还有时候听听广播。

问：获取信息需要花钱吗？费用是多少？

答：也算花钱吧，别人介绍工作，肯定要有人情费，请朋友吃饭之类的，费用有几百吧。

问：付出的时间和精力有多少？

答：人情这个东西得长期维持，过年过节了都得走动一下，也不算很费精力吧。

问：您在获取信息时遇到了哪些困难？怎么解决的？

答：目前没什么困难吧。

问：单位有对你们进行技能培训吗？

答：没有，从来没参加过这种培训。

问：您觉得如何提升信息寻求能力？

答：平时多关注，多问熟人。

第3位受访者

采访地点：山西省运城市

性别：男

年龄：50

学历：小学毕业

收入：4000元

行业：建筑业

访谈主要内容：

问：请问您平常最关注什么方面的信息？

答：装修招聘、电焊工招聘、外地子女入学信息等。

问：对信息获取行为保持什么态度？

答：平常想要了解的信息，通过网络检索和问周围的人大致可以解决。

问：获取信息的主要途径是什么？

答：百度、58同城、赶集网、今日头条、询问子女及其他朋友。

问：目前获取信息时有哪些困难？

答：有时查询到的信息难辨真假，容易上当受骗，获取有效信息的难度大。

问：有没有想过如何解决这个问题？

答：没考虑过这个问题。

问：您觉得信息获取能力重要吗？

答：信息获取能力十分重要，它方便了我的生活，提高了我的生活效率。

问：有没有想过如何提升信息获取能力？

答：没有主动考虑过这方面的问题，但如果有人帮助，会去了解。

问：如果有提升信息获取能力的培训，您会参加吗？

答：不知道，可能会吧。

问：您觉得如何提升自己的信息获取能力？

答：没想过这问题。

第4位受访者

采访地点：河南省洛阳市

性别：男

年龄：42

学历：初中毕业

收入：4000元

行业：制造业

访谈主要内容：

问：平常对什么方面的信息感兴趣？

答：临时工作招聘、子女升学信息。

问：获取信息的主要途径是什么？

答：上网，用百度，或询问子女。

问：获取到的信息是否对自己的日常生活有帮助？

答：有帮助，经常从招工平台上找到临时工作的信息。

问：目前获取信息时有哪些困难？

答：查到的信息难辨真假，没办法区分信息是否过时。

问：有没有想过克服这个问题？

答：没有。

问：您觉得提升您的信息获取能力会对日常生活有帮助吗？

答：如果能有更多的渠道了解信息，可能会有很大帮助。

问：有没有想过如何提升信息获取能力？

答：没有考虑过。

问：如果有提升信息获取能力的培训，您会参加吗？

答：有人教我，那挺好的。

第5位受访者

采访地点：广西壮族自治区钦州市

性别：男

年龄：55

学历：初中毕业

收入：6000~7000元

行业：建筑业

访谈主要内容：

问：喜欢获取哪方面的信息？

答：想要了解家乡情况和最近发生的大事。

问：平时都是怎么获取信息的？

答：今日头条、抖音，有时候与亲人打电话能知道很多信息，然后平时喜欢跟工友们一起讨论。

问：获取信息时有没有遇到过什么困难？

答：困难倒也算不上，就是有时候网不好，打不开。

问：那打不开您怎么办？

答：打不开就不看了，过会儿再试试，还不行就跟工友们说说话。

问：那您有没有想办法通过其他的方式看？

答：没有，不能用就不看，也没什么必须要知道的，平时也没什么娱乐项目，看看新闻是为了解闷。

问：是否想提升获取信息的能力？

答：我觉得没必要。

问：您觉得如何提升信息获取能力？

答：不知道。

问：是否参加过提升技能或信息寻求能力的培训？

答：没有，都没听说过。

第 6 位受访者

采访地点：山东省济南市

性别：女

年龄：25

学历：大专毕业

收入：5000 元

行业：服务业

访谈主要内容：

问：平时喜欢关注哪些方面的信息？都是通过什么方式获取呢？

答：平时主要关注一些新闻，还有因为我想上专升本，所以比较关注这方面信息，大多数通过手机查阅。

问：平时会去图书馆吗？

答：偶尔会去图书馆查资料。

问：寻求信息时是否遇到过障碍？如何解决这些障碍？

答：用百度查，有很多不是我想要的信息。

问：参加过提升信息寻求能力的训练吗？

答：没有，没有时间去提升。

问：如果有提升信息寻求能力的培训，你会参加吗？

答：有时间的话，我倒是很想去。

问：您对目前自己获取信息的能力是否满意？

答：不满意，获取信息太慢。

问：您认为如何帮助提高寻求信息的能力？

答：查阅资料，新闻实时推荐，与人沟通。

第 7 位受访者

采访地点：辽宁省本溪市

性别：男

年龄：48

学历：初中毕业

收入：3500 元

行业：建筑业

访谈主要内容：

问：日常关注什么信息？

答：招工信息、天气信息、农业信息、时事社会信息。

问：日常的寻求信息手段是什么？

答：现在的智能手机基本能解决大部分的问题，但仅限于推送的消息，我不怎么会打字，不太会用手机和手机上的软件，所以一般新闻推送什么就看什么。另外，报纸、书、电视、电台、公告牌等也能满足需求。

问：寻求信息时是否遇到过障碍？

答：遇到过，在找新的工作时，寻求手段十分局限，现在的招工信息很大一部分转移到了网上，但对手机等移动设备的使用还不是很熟练。

问：如何解决信息寻求障碍？

答：一般通过寻求熟人的帮助，通过电话询问，或者在别人的帮助下使用手机进行沟通和信息搜索。

问：传统寻求手段与数字化手段更倾向哪一边？

答：在智能手机流行前，更倾向于传统的手段，但随着手机的换代以及对手机使用的逐渐熟练，信息获取更倾向于数字化手段，但使用移动设备仍存在困难。

问：所处的生活环境和工作环境是怎样的？

答：家庭住址在乡镇，家里有农田需要耕种，一般在建筑工地工作。

问：寻求信息的场所都有哪些？

答：网络，有时候路过报亭、书店会去看看。

问：现阶段的能力是否满足信息需求？

答：能满足，学会智能手机的使用已经能够让我找到大部分所需信息。

问：是否想参加或参加过提升信息寻求能力的训练？

答：没有，感觉没有必要，而且我整天工作量大，没有额外的精力和体力。

问：去过图书馆吗？为什么？

答：没有，我觉得里面的服务一般用不到。

问：您认为怎么提升信息寻求能力？

答：目前来说，只需提高对手机等移动设备的熟练度。

第8位受访者

采访地点：山东省聊城市

性别：女

年龄：55

学历：初中毕业

收入：3000元

行业：建筑业

访谈主要内容：

问：请问您在什么岗位工作，主要的职责是什么？

答：平时打零工，没有固定岗位，主要负责工地上的零活。

问：您在这里工作多久了，如何找到这份工作的？

答：最近几年一直在打零工，地点不固定，哪里需要去哪里。这份工作是别人介绍的。

问：上岗前有没有接受相关培训？

答：没有相关培训。

问：如果公司提供技能培训，是否会参加？

答：如果有专业人员给我们培训就太好了，可是公司只是让工作经验丰富的员工给我们进行业务方面的答疑。

问：您有没有与企业签订劳务合同？

答：没有签订劳务合同。

问：您是否会主动寻求信息？

答：没有特殊需要，不会主动寻求信息，有需要会咨询相关信息，有不懂的，会问儿女。

问：平时接触最多的是哪一方面的信息？最关注哪方面的信息？为什么？

答：和种植相关的信息会更加关注，比如高产的种子，以及效果良好的农药。最近几年，我想知道城市的养老政策，所以对这方面比较关注，因为自己现在上了年纪，加上村里也会宣传养老保险。

问：您通常是以怎样的方式来寻求自己需要的信息？

答：平时了解到的相关种植信息，都是在农村服务站或者村民口中知道的。偶尔看到电视广告的宣传，也会留意一些。平时如果自己有需要，回去服务站咨询了解相关情况，农村服务站有很多有用的信息。

问：您是否会选择网络来获取信息？

答：家里儿女虽然安装了Wi-Fi，但我用不到，也不会上网。

问：有没有通过图书馆或者公共服务部门寻求信息的经历？

答：我没有去过图书馆，我们年轻的时候没有图书馆，现在大城市都有图书馆，但是农村并没有，再说，我们都上了年纪，图书馆是年轻人去的地方。

问：如果农村有图书馆，你会去吗？

答：不会，对图书馆不太了解，只是在儿女口中听到过，具体怎么用，我并不知道。

问：获取信息之后，能分辨信息的质量吗？

答：平时我们想要的信息，都是在别人那里获得的。

问：如果是一个从未接触过的品牌呢？

答：如果是新品牌，我们都会去服务站咨询，了解种子的情况，因为也会担心种子的质量，所以第一次会少量购买，进行种植。

问：您寻求信息的成本以及时间分配如何？

答：那些信息并不需要每天都去了解。

问：除与种植相关的信息，其他方面的信息您会了解吗？

答：因为有儿子在当兵，会了解一些退伍军人的福利政策。

问：这些信息您会去哪里了解？

答：在镇上的民政部门和武装部。

问：您在寻求信息时有没有遇到什么障碍？遇到问题时您通常会怎样解决？

答：岁数大了，眼睛花了，而且也学不会，对有些问题，不太理解，儿女在家，问儿女多一些。

问：你是否有过相关信息寻求能力提升的训练？如果没有，是否愿意参加相关训练？

答：没有，如果有的话，我愿意参加相关训练，虽然自己上了年纪，但也想了解更多的东西。

第9位受访者

采访地点：山东省济南市
性别：男
年龄：32
学历：高中毕业

收入：7000 元

行业：运输业

访谈主要内容：

问：您在这里工作多久了？如何找到这份工作的？

答：两年，家人介绍的。

问：上岗前有没有接受相关培训？

答：没有。

问：您有没有与企业签订劳务合同？

答：没有签合同。

问：您是否会主动寻求信息？

答：没事的时候会看看。

问：平时最关注哪方面的信息？为什么

答：平时接触比较多的是招聘信息，也会比较关注房源信息，想要在最近几年存钱买房子。

问：您通常是以怎样的方式来寻求自己需要的信息？

答：平时如果自己需要，会上网查一些信息。

问：有没有通过图书馆或者公共服务部门寻求信息的经历？

答：没有，工作很忙，去图书馆不方便。

问：获取信息之后，能分辨信息的质量吗？

答：可以。

问：您寻求信息的成本及时间分配如何？

答：每天都会花费时间去了解招聘的信息。

问：您在寻求信息时有没有遇到什么障碍？您通常会怎样解决？

答：没有遇到什么障碍，我感觉，现在很多不懂的问题都可以上网查询，很便利，偶尔不懂的，会向家中高学历的亲戚请教一下。

问：你是否有过提升信息寻求能力的训练？如果没有，是否愿意参加相关训练？

答：没有，有时间的话，可以参加。

问：您觉得如何提升信息寻求能力？

答：很多方法啊，多向别人请教。

第 10 位受访者

采访地点：上海市

性别：女

年龄：29

学历：大专毕业

收入：6000 元

行业：服务业

访谈主要内容：

问：你日常对哪方面的信息更感兴趣？

答：衣食住行类，工作招聘类。

问：一般出于什么目的去寻求信息？

答：了解社会动态，想提升自己的知识水平。

问：对自己的性格自认为是偏外向还是内向？周围人对自己性格的评价。

答：自认为性格外向，周围人对自己的评价也是开朗、乐观之类的。

问：是否为本地户口？你的方言水平怎么样？是否能听懂周围人讲话？

答：不是本地户口，当地方言基本能听懂，也会说一些，和周围人交流没有问题。

问：你认为自己的社交能力怎么样？不工作的时候是否会参加聚会等各种集体活动？

答：认为自己的社交能力较强，平时经常和朋友、同事聚餐、逛街或者出去旅游。

问：你的居住环境怎么样？是否为独居？

答：居住环境一般，和同事两人合租。

问：你平时都是采用什么渠道或什么方式寻求信息？

答：自己上网查询信息，或寻求朋友帮助，偶尔通过政府等公共渠道寻求信息。

问：在获取信息时是否会用到手机软件？在寻求信息时使用频率较高

的手机软件是什么?

答：最常用的寻求信息软件是百度和知乎。

问：你是否曾到图书馆和便民中心寻求过信息? 寻求到的信息质量怎么样，是否帮助你走出困境?

答：偶尔去图书馆或者便民中心寻求信息，寻求到的信息质量很高，解决了自己的困难。

问：在获取信息时你是否遇到过困难? 遇到过哪些困难?

答：网上的无效信息太多，不能准确判断信息的真伪，有被虚假信息误导的经历。

问：是否想提升自己信息寻求能力?

答：想。

问：如果有提高信息寻求能力的培训，您是否会参加?

答：培训没必要吧。

问：您觉得如何提升信息寻求能力?

答：多查多问。

第 11 位受访者

采访地点：吉林省榆树市

性别：男

年龄：60

学历：初中毕业

收入：6000 元

行业：建筑业

访谈主要内容：

问：你外出打工的目的是什么?

答：刚开始是村里男的都到工地打工，为了挣钱。后来家里压力比较大，没办法，能干就一直干着。

问：您主要关注哪方面的信息呢?

答：我想中彩票，平时喜欢看看这方面信息，然后看看新闻。

问：您主要通过什么方式获取信息呢？

答：晚上休息就会去彩票站看看，在手机上会看新闻、小说。

问：您的务工城市归属感怎么样？

答：没想过，每次工地都不一样，工友也都是村里熟人。

问：您平时住在哪里？

答：住在工地工棚。

问：您都是利用什么获取信息？

答：手机。

问：您在寻求信息时遇到过哪些苦难？如何解决？

答：就是感觉不够及时吧，没办法解决。

问：您是否参加过提升信息寻求能力的培训？

答：没有，不知道那是什么。

问：您觉得如何提升信息寻求能力？

答：别人多教教。

第 12 位受访者

采访地点：黑龙江省牡丹江市

性别：男

年龄：52

学历：小学毕业

收入：4000 元

行业：建筑业

访谈主要内容：

问：请问您信息寻求态度是积极、消极还是无所谓？

答：无所谓。

问：请问您寻求信息的目的是拓展知识、休闲娱乐、了解社会动态还是其他的？

答：不一定。

问：请问您信息寻求方向是为了工作招聘、子女求学、父母养老还是其他具体方向？

答：工作招聘。

问：请问您是否识字，对电脑和智能手机的操作如何？

答：没怎么上过学，有很多字不认识，也不太会操作那些。

问：请您获取信息的途径是什么呢？是通过报纸、新闻等传统媒介还是通过网络平台寻找信息呢？

答：找工作都是熟人介绍的，这么多年一直都是，有时候会看手机上的新闻。

问：请您谈谈信息质量、信息数量、信息成本和信息服务的看法。

答：不太了解，没有很明确的概念，希望能够通过低成本的方式获取大量的高质量信息。

问：请您谈谈对国家保障体系，比如图书馆、进城务工人员网站、公共机构等的认识和了解。

答：不是很了解，平常没有过多关注。

问：请您谈谈对社会保障体系，比如公益组织、媒体、招聘会等的看法和了解。

答：有时候会去招聘会找工作，对其他的组织不了解。

问：请您谈谈您所在公司的保障体系，比如信息寻求训练等。

答：没有固定的公司，都是去工地上干活，按天结算，也没有训练。

问：是否想参加提升信息能力的训练呢？

答：我觉得没什么用。

问：您觉得如何提升信息寻求能力？

答：不知道，不了解。

第 13 位受访者

采访地点：河南省郑州市

性别：女

年龄：49

学历：初中毕业

收入：2800 元

行业：服务业

访谈主要内容：

问：平时最关注哪方面的信息？

答：工资收入类、社会保障类。

问：为什么选择关注这类信息？

答：最基本物质保障，满足需求。

问：关注这类信息占用一天多少时间？

答：没具体算过，想起来就看看。

问：通过何种方式获得这方面的信息？

答：一同打工的老乡、亲友。

问：为什么选择这种方式获取信息？

答：方便，此外不了解其他获取渠道。

问：所获取信息能否满足自身需求？

答：感觉还可以。

问：寻求信息时是否遇到过障碍？如何解决？

答：遇到过，寻求其他关注这方面信息的人多次询问。

问：参加过提升信息寻求能力的训练吗？

答：没有。

问：是否愿意提升信息寻求能力？

答：不愿意，浪费时间。

问：您觉得如何提升信息寻求能力？

答：多找几个人问问。

第 14 位受访者

采访地点：河南省郑州市

性别：男

年龄：47

学历：高中毕业

收入：3200 元

行业：服务业

访谈主要内容：

问：平时最关注哪方面的信息？

答：生活保障类、教育类。

问：为什么选择关注这类信息？

答：物质保障，子女有上学需求。

问：通过何种方式获得这方面信息？

答：对于生活保障信息我喜欢问物业，感觉比较方便、可靠，对于教育类询问亲友、小区居民，或者看电视新闻等。

问：为什么选择这种方式获取信息？

答：便捷，也没想过其他渠道。

问：所获取信息能否满足自身需求？

答：大部分可以满足。

问：寻求信息时遇到过什么障碍吗？您是怎样解决的？

答：基本没有什么障碍。

问：您是否参加过提升信息寻求能力的训练？

答：没有。

问：是否愿意学习提升信息寻求能力的相关内容？

答：愿意学习。

问：您认为怎么提升信息寻求能力？

答：政府保障。

第 15 位受访者

采访地点：河北省保定市

性别：男

年龄：47

学历：初中毕业

收入：3000 元

行业：建筑业

访谈主要内容：

问：您有没有可以上网搜索的移动设备，比如智能手机？

答：有啊，现在都有手机啊，也可以上网搜东西，但是也没经常上网搜什么东西。

问：您以前有通过互联网查找信息的经历吗？具体找过哪方面的呢？

答：有吧，有时候会上网去搜，但是网上的信息太多、太杂了。具体来说，比如需要买点什么，就在网上逛。

问：您平时喜欢关注哪方面的信息？

答：新闻、政策。

问：通过什么途径获取这些信息呢？

答：多数时间就在手机上看会儿今日头条，晚上吃饭的时候看新闻联播。

问：要是有困难是怎么解决呢？

答：有问题想不通的话，就问家人、朋友，偶尔自己会上网找，也不一定找得到。

问：如果某一问题没有得到清晰的回答，您会继续寻找还是搁置？

答：搁置吧。

问：您觉得怎样获取信息比较方便呢？通过上网获取信息方便吗？

答：上网方便，就是有时候不会搜，现在年轻人都会上网，就问问年轻人。

问：如果有可以提高信息寻求能力的训练，您愿意参加吗？

答：这个可能不行，平时那么忙，也没时间。

问：您觉得如何提升信息寻求能力？

答：在手机上、电视上看看新闻，或问其他人。

第 16 位受访者

采访地点：河北省石家庄市
性别：男
年龄：32
学历：高中毕业

收入：3000~3500 元

行业：制造业

访谈主要内容：

问：您对信息及信息素养是否了解？

答：信息稍微了解一点，但是信息素养这个词没有听过。

问：您是否接受过有关信息素养方面的培训或教育？

答：没有，平常刷刷朋友圈、看看微博、逛逛淘宝，也不需要什么信息素养方面的培训。

问：您平常接收过哪些与信息有关的服务？使用频率如何？

答：平常接触到的还是挺多的，比如手机短信、掌上银行、微信、微博、淘宝等。除了发信息和打电话，其他的基本是在平常生活中接触，工作中基本接触不到。每天使用微博大概 2 个小时，用来看看新闻、小视频。每天使用微信大概 1 个小时，没人找的话一般不会主动去看。

问：您是否会对一些想要知道的消息进行搜寻？您一般会搜寻哪些相关信息？对于信息的搜寻您一般会选择什么样的途径？您认为搜寻到的信息能否满足您的日常需求？

答：看情况吧，如果不是很忙或者特别迫切想知道的信息会进行搜索，其他时候可能放一放就忘记了，一般就是用浏览器或者软件，浏览器用得少一点，广告太多了，眼花。搜索的信息大多是生活娱乐方面的，比如，没事的时候会在宿舍看一看电影，或者看一看附近都有什么热门的饭店。大多数情况下还是可以满足日常需求的，但有的时候想精确搜某些东西搜不出来，不知道怎么表达自己想要的信息。

问：您是否知道相关渠道可以帮助您提升自己的信息素养？若是有相关的培训，您是否愿意进行尝试？您希望通过培训可以帮助您获得哪些方面的能力？

答：是指专业的培训机构吗？这个还真的没关注过，公共图书馆应该会有相关的服务吧，但一般不怎么会去图书馆，因为生活中也用不着去图书馆。如果有相关的培训可以尝试一下。没有特定想获取哪方面的能力，就是想着学习一些东西，没啥坏处。

第 17 位受访者

采访地点：河南省许昌市

性别：男

年龄：56

学历：小学毕业

收入：4000 元

行业：服务业

访谈主要内容：

问：您对智能手机以及电脑的相关操作熟练吗？

答：不是很熟练。

问：您平常通过哪种方式获得信息？

答：看手机上的新闻以及抖音上的新闻。

问：您了解搜索软件吗？比如百度。

答：不太了解，我一般不会用这些东西。

问：您平时最关注哪方面的信息？

答：国家大事，跟政治相关的话题也关注，学生这方面的信息也关注，因为我家有学生。

问：您对您搜寻到的信息的看法是什么？

答：我认为它满足了我的需要。

问：您可以辨别信息的真实性吗？

答：基本可以，因为基本上是由政府或者国家发布的，信任的程度比较高吧。

问：您在寻求信息时是否遇到障碍？是如何解决的？

答：遇到过，对手机的相关操作不太了解，所以很多时候都没有办法找到自己想要知道的消息。有时候找不到就不找了，如果在家的话，我会让我女儿教我。

问：您会去图书馆、书店这种地方来寻找您需要的信息吗？

答：不会，一是没有时间去，二是我觉得这种地方我去了也不知道怎么查询信息。

问：您工作周围的网络信号及网络设施怎么样？

答：有时候网络不好，很多软件和网站都打不开。

问：用人单位会对你们进行提升信息寻求能力的训练吗？

答：没有。

问：您参加过提升信息寻求能力的训练吗？

答：没有，谁会办这种训练啊。如果有人办，我也不会参加，因为我觉得它没什么用。

问：您认为哪种方式可以帮助您提升信息寻求的能力？

答：我认为像我这种年纪的人没有必要提升这个能力，它对我赚钱没有什么影响。

第 18 位受访者

采访地点：山西省运城市

性别：男

年龄：45

学历：初中毕业

收入：3500 元

行业：服务业

访谈主要内容：

问：您平时主要有哪些方面的信息需求？

答：子女上学相关的信息、招聘信息、新闻信息，还有父母养老信息，想把父母接到城市里来。

问：主要通过什么渠道获得的？

答：父母养老方面的信息，一般问周围的同事或朋友；国家新闻类的信息，看新闻联播或公众号文章；子女上学类的信息，一般是在微信关注的公众号上获得的。

问：寻求信息时会不会受到阻碍？主要是哪些方面的？是通过什么途径解决的？

答：在找招聘信息时，会有些困难，报纸上的招聘信息一般更新不及时，所以一般都是在58同城上看，但也很少能找到合适的。想了解养老信息及一些民生信息时，往往不知道应该通过什么途径了解，所以一般都是问问周围的亲朋好友。

问：参加过提升信息寻求能力的课程吗？

答：没有。

问：您认为什么样的方式能够帮助您提升自身的信息寻求能力呢？

答：录制一些短视频课程，比如，我想知道养老信息应该去哪里找，或者去哪个政府部门找。政府应该做好分类，告诉我什么样的信息应该通过什么途径获得。

第 19 位受访者

采访地点：湖北省黄冈市
性别：女
年龄：39
学历：初中毕业
收入：2000~3000 元
行业：服务业
访谈主要内容：

问：您会自己主动寻求信息吗？

答：会。

问：您寻求信息的目的一般是什么？

答：满足生活和找工作需求。

问：您对什么信息比较感兴趣？

答：招聘类。

问：您一般都从什么方式来获得信息？

答：58 同城。

问：您一般使用什么设备获取信息？

答：手机。

问：您觉得获取的信息的数量和质量如何？

答：数量太多，很难找到想要的信息，而且质量参差不齐。

问：您觉着在寻求信息时服务如何？

答：服务一般，不是很周到。

问：在平时有没有通过别的途径寻求信息？

答：没有，都是自己去网上找。

问：您在寻求信息时有什么困难？

答：很多困难，有的时候很无助，不知道该问谁，感觉难以习惯自己属于城市的一部分。

问：您参加过提升信息寻求能力的培训吗？

答：没有。

问：愿意参加提升信息寻求能力的培训吗？

答：愿意。

问：你觉得如何提升信息寻求能力？

答：说不好。

第 20 位受访者

采访地点：山东省菏泽市

性别：男

年龄：38

学历：初中毕业

收入：5000~6000 元

行业：建筑业

访谈主要内容：

问：您是怎么看待信息寻求这一行为的？

答：工地忙的时候什么都顾不上，不忙的时候看点信息还挺好。

问：您对于信息寻求的目的是什么？

答：放松娱乐，了解了解社会最近发生了什么事，有时候就多学点技术，多赚钱。

问：您平时寻求信息的途径有哪些，为什么？您的工友呢？

答：大家都是用手机，或者工友聊天，我自己有时候会看书，直接方便。

问：电视和电脑呢？

答：宿舍没网、没电脑、没电视。

问：您平时信息寻求的类型内容有哪些？

答：娱乐的搞笑视频，社会新闻，国家大事，工地技术。

问：您用手机、书、与工友聊天分别是寻求哪些具体的信息呢？

答：用手机刷刷短视频，比如抖音、快手，有时候也看看社会新闻。和工友聊天也是休闲娱乐方面的信息多一些。有时学习技术就看书，不过大部分都是用手机找，毕竟买书还得花钱。

问：那您不看看关于就业、房价、保险、孩子教育之类的信息吗？

答：我们跟着工头干活，不用自己找，他们都是电话联系，知道哪有活。老家有房有地，不在城里买。

问：那您为什么关注技术类的信息呢？

答：现在工地都机械化了，钢筋打弯、成型、绑扎都得要技术，施工图纸有的也看不懂，复杂的不会操作。

问：图纸看不懂，机器不会操作，你们怎么办呢？

答：有代班的技术员，他们工资高。

问：那工地会安排技术培训活动吗？

答：没有。

问：那像您这样寻求提高技术的人多吗？

答：很少，有的年轻人上进，年龄大的一般都不关心。

问：您在信息获取时受到哪些内在因素的限制比较多，您是如何看待它们的？

答：文化水平不够，很多东西看不懂。没办法，学历在这呢。

问：您在信息获取时受到哪些外在因素的限制比较多，您是如何看待它们的？

答：信息太多了，看不过来。有时候还有假的，自己分不清。手机找信息也只会简单地操作。

问：您是否想过提升自己的信息寻求能力？

答：有，看书、网上查资料，主要想多赚点钱。

问：您是否去过图书馆等信息服务平台，为什么？

答：没有。没有时间，也不知道在里面怎么找，万一再让人看不起，遭受工作人员白眼，而且那是学生去的地方，我去不合适。

问：您是否在政府开放平台上查找过信息，为什么？

答：没有。根本不知道这个东西，就算知道也不会用。

问：你认为如何提升信息寻求能力？

答：政府多发点我们能用上的消息，多关注关注我们。

第 21 位受访者

采访地点：山西省大同市

性别：男

年龄：31

学历：大专毕业

收入：6000 元

行业：制造业

访谈主要内容：

问：您平时主要关注哪方面信息，如何搜寻它们，请举例说明。

答：基本都是用手机，在微博、今日头条上看看新闻，在百度贴吧上看看帖子，还有我喜欢打游戏，就喜欢看这类信息。

问：在使用上述方式寻求信息时是否遇到过困难？是如何解决的？

答：遇到过，那就是关键词搜不到自己想要的内容，更换关键词接着搜索。如果还找不到，就更换搜索引擎。

问：您经常与身边同事沟通信息吗？主要沟通的信息是哪方面的？

答：一般是即时新闻，或者身边相关事件。

问：您有参加过提升信息寻求能力的培训吗？

答：没有。

问：您认为此类培训重要吗？

答：挺重要的，至于怎么培训就不知道了。

问：有这类培训你会参加吗？

答：也许会吧。

问：你觉得如何提升信息寻求能力？

答：很多方法啊，因人而异。

第 22 位受访者

采访地点：吉林省吉林市

性别：男

年龄：55

学历：小学没毕业

收入：2000 元

行业：服务业

访谈主要内容：

问：请问您每天有多久的空闲时间？

答：每天晚上大概有三四个小时。

问：请问您会在空闲时间看实时信息或新闻吗？

答：会看电视新闻和手机上的一些推送。

问：您平时会倾向于看哪类信息？

答：电视一般会看时事政治新闻，在手机上主要看本地的生活新闻和孩子工作地方（北京）的新闻。

问：当您有信息需求的时候通常会采用哪种方式获取？

答：大部分是询问孩子和身边同事，也可以在手机上简单地搜索。

问：您主要通过哪种途径来进行信息的浏览或查询？

答：主要是看电视、微信推送、今日头条、抖音、西瓜视频。

问：您在寻求信息时遇到过哪些障碍或困难？

答：网上的谣言太多，就算查到也会有很多假的消息，还有我没怎么上过学，小学还没毕业，很多字都不认识，找信息很是困难。

问：您是否想提升自己寻求信息的能力？

答：肯定想啊。

问：若有提升信息寻求能力的培训班，您会参加吗？

答：那不会，还要花钱。

问：您觉得如何提升自己的信息寻求能力？

答：多学习，多认识字。

第 23 位受访者

采访地点：广西壮族自治区北海市

性别：男

年龄：46

学历：初中毕业

收入：2500 元

行业：建筑业

访谈主要内容：

问：对目前的生活状况满意吗？为什么？

答：基本满意，工资可以维持正常生活，在县城买了楼，还有代步车一辆，无房贷、车贷压力。工作大半年，冬天时候休息。孩子在上大学，基本稳定。

问：目前是否适应现在这个信息化的社会？

答：不太适应，智能手机功能太多，像网上购物、订外卖的操作都是孩子帮忙，自己学不会。微信扫码、发红包等我都学会了，不过学了很长时间，而且一段时间不用，再用就忘了，还要重新学。

问：使用的手机是否为智能机？

答：是，功能很全面，总是出现红包的画面，但是不敢点进去，怕被骗。

问：平时都比较关注哪些方面的信息？

答：关注进城务工人员待遇问题，生病养老得不到合法的权益保护，而且工作存在很大的风险，常常在高空作业，基本都没有用工保险，希望政府和开发商能够多给进城务工人员保障。而且拖欠工资的问题也严重，现在还有没要回来的款项。关注孩子教育问题，自己文化程度有限，择业方面不能给孩子很好的建议，而且孩子在外面上大学，很担心他在外面照顾不好自己。

问：寻求信息时，能很快找到自己需要的内容吗？

答：基本上可以，现在智能手机功能很多，有不懂的问题我会百度。

问：用的什么输入法？

答：用的是手写，拼音用得不太好，有时候搜索时不知道如何措辞。

问：经常通过哪些方式获得信息？获得信息后，会辨别信息的真假吗？

答：新闻联播、百度、抖音、火山、快手、朋友圈。我很喜欢看短视频，每天干完活，看会短视频很放松，里面有很多有趣的视频，还有当下社会的热点事件。不太会辨别信息的真假，除非是自己很懂的事情。

问：寻求信息时，是否更相信官方的报道？

答：更愿意相信官方报道，官方就代表着是国家发布的，一定是真的。

问：寻求信息过程中都遇到了哪些困难？如果遇到了困难，又都是如何解决的？

答：搜索不到，或者搜索到的信息不是自己想要的。

问：是否参加过提升信息寻求能力的训练？

答：没有，哪有时间啊，平时都在忙工作，而且都这么大岁数了，真的不愿意学习。

问：如果有提升信息寻求能力的培训，是否愿意参加？

答：不会参加，还是赚钱比较重要，没想过提高信息能力。

问：您认为如何提升信息寻求能力？

答：没想过。

第 24 位受访者

采访地点：上海市

性别：男

年龄：45

学历：小学毕业

收入：4000~5000 元

行业：建筑业

访谈主要内容：

问：您平时会关注哪方面的信息？

答：关于孩子上学及政策方面的信息，还会主动找一些自己感兴趣的内容看。

问：您寻求信息的目的是什么？

答：希望孩子能接受到好的教育，还希望家人能有好的生活。

问：您寻求信息的渠道什么？

答：手机网页查询或者看手机新闻。

问：所寻求的信息是否对您有所帮助？

答：还是有帮助的，网上的信息更新得还是很及时的，但是有些问题，总是有不同的回答，有时候不知道哪个是真，哪个是假。

问：寻求的信息内容是否难以理解？

答：大部分还是比较好理解，但是由于自己学历不高，遇到有些句子和词汇不太好理解的时候，会去求助他人。

问：所寻求的信息数量为多少？

答：没数过，但还是挺多的。

问：在寻求信息时，所耗费的时间和金钱占比是多少？

答：这两个方面并没有花费太多，平时大都是在空闲时间用手机上网寻求信息，除了每月固定的话费支出，并没有额外的费用。

问：对于一些信息服务，您是否感到满意？

答：最常用的信息服务是话费查询，服务人员的态度还是很好的。

问：您是否经常去国家设立的一些信息寻求机构，例如图书馆？

答：从来没去过，第一是因为工作没时间，第二是因为不知道怎样利用这些机构来寻求信息。

问：如果图书馆人员愿意耐心地为您服务，帮您找到需要的书籍并且答疑解惑，您愿意去图书馆查找资料吗？

答：非常愿意，毕竟书里的内容更权威。

问：所在的公司是否在信息寻求方面对您提供了帮助？

答：没有提供提高信息寻求能力的帮助，但是会在微信群里发布一些招聘广告供我们参考选择。

问：您觉得如何提升信息寻求能力？

答：我觉得要提高学历，现在年轻人学历高，比我们强很多。

第 25 位受访者

采访地点：北京市

性别：男

年龄：53

学历：小学毕业

收入：5000~6000 元

行业：建筑业

访谈主要内容：

问：平时最关注哪方面的信息并且通过何种方式获得？

答：我打工的工地在郊区，周围除了工地什么都没有，与外界基本隔绝，每天靠看微信里的新闻来了解外面的情况。最关注的信息是打工、上学、养老的信息。打工的消息是通过工头、同乡、一起打工的工友那里获取的。工地也没电视，在家还能看看电视了解一些事情。

问：会买报纸、去图书馆或者下载一些获取信息的手机软件吗？

答：不买报纸，报纸上的信息跟我们都没啥关系。也不去图书馆，就算去了也不知道看啥书，也没时间看书。手机里有一些新闻软件，智能手机操作太复杂，系统推送什么就看什么，不太会用它找信息，也没人教我。

问：寻求信息时是否遇到过障碍？如何解决？

答：工地没活的时候想找点事做，但是不知道怎么找。通过微信知道的信息，很多都是假的。还有网上的招聘信息，看到的时候很多都过期了。没什么办法解决。

问：参加过提升信息寻求能力的训练吗？

答：没有参加过，也不知道有这个训练。智能手机的使用还是孩子们教的。

问：如何帮助提高寻求信息的能力？

答：这我也不懂，希望政府或者社会上多帮助吧。

第 26 位受访者

采访地点：黑龙江省鸡西市

性别：女

年龄：52

学历：小学毕业

收入：3500 元

行业：服务业

访谈主要内容：

问：想了解什么方面的信息？

答：钟点工招聘或兼职的信息。

问：你在寻求信息过程中有哪些困难？在找不到相关信息时会怎么求助？

答：平时会向子女或者同事询问，因为不太会用手机，从网上找到的信息许多都是过期或者虚假的，浪费了很多时间，也很难去辨别真假，容易被骗。

问：有没有想过如何解决这个问题？

答：没有想到什么好办法。

问：您认为信息对于生活或者收入的影响是什么？

答：能够提高生活质量和效率，现在许多业主也愿意去招聘一些有素质或者懂事的年轻人干活。

问：您认为提高信息寻求能力会给您带来什么变化？

答：提高收入，也能减轻一些生活的压力。

问：有没有提高这方面能力的意愿？

答：有，但由于年龄过大，电子产品不会用，没有人帮我获取信息。如果有人愿意帮助，我愿意去学习。

问：公司有没有相关的培训？

答：从来没有。

问：您认为怎样提高信息寻求能力？

答：有专业人员教。

第 27 位受访者

采访地点：黑龙江省牡丹江市

性别：女

年龄：43

学历：初中毕业

收入：3000 元

行业：建筑业

访谈主要内容：

问：您日常获取信息的主要途径是什么？

答：看电视、读报纸、手机 App（如百度、今日头条）、微信朋友圈等。

问：您日常获取信息的主要内容是什么？

答：新闻、娱乐、招工信息。

问：您通常使用什么途径寻求信息呢？

答：手机百度搜索。我觉得用百度很方便，什么都能找到。

问：您怎样通过手机寻求信息？

答：看视频、百度搜索、今日头条、微信朋友圈。

问：您每天平均浏览信息的时间是多久？

答：两三个小时。

问：您日常进行信息交流的主要对象是谁？

答：家人和工友。

问：您寻求信息时是否遇到过障碍？

答：经常遇到，例如找不到需要的信息，没有足够时间去查询信息；不知道去哪里查询信息；就算知道去哪里查询信息，但自己无法使用该渠道；信息太多，无从下手等。

问：您认为寻求信息困难是因为哪方面的原因？

答：手机操作过于复杂，很多时候不会使用；手机屏幕太小，使用不方便；手机流量费用贵，付费高于我能接受的范围；网上信息太多，难以筛选等。

问：您在面对信息寻去困难时，通常是如何解决的呢？

答：向孩子或者工友寻求帮助。

问：您获取的信息质量如何？

答：经常找不到需要的信息，网上很多的招聘信息都过时了。

问：您获取政府信息的渠道有哪些呢？

答：手机上网查询。

问：您参加过提升信息寻求能力的训练吗？

答：从来没有，干活都没时间，哪有空学习这些。

问：您认为怎样能提高信息寻求能力呢？

答：增强使用手机的能力；政府开设官方微信号；一些政府部门提高工作效率等。

问：您希望获取哪些信息帮助？

答：最新的招聘工作，医疗、健康保障信息，子女教育，权益保障等。

第 28 位受访者

采访地点：山东省济南市

性别：男

年龄：40

学历：高中毕业

收入：3000 元

行业：建筑业

访谈主要内容：

问：您会主动去寻求信息吗？为什么？

答：我很少会主动去寻求信息，因为我每天干活都忙不过来，哪有时间。但是，不管多累，我每天都要看一些新闻，因为我不想与时代脱轨。

问：您平时喜欢关注哪些方面的信息，都是通过什么方式获取的？

答：我现在这个年龄是上有老下有小，我家小孩在老家要上学了，所以比较关注上学方面的信息，对养老院的信息也比较关注。另外，我还会关注一些招聘信息。我会通过百度、朋友圈、电视，报纸来获取信息，有时问同事或者同乡。

问：您在寻求信息时是否遇到过什么障碍？您是如何解决的？

答：我每天的工作时间很长，根本没有时间去读书和看报。电脑的操作对我来说过于复杂，而使用智能手机上网需要支付很贵的流量费，所以，我不舍得经常上网。我们公司在郊区，出门不方便，我每天主要通过手机了解外面的情况。上个月，我的手机坏了，我就只能通过同乡和同事来获得信息了。

问：您认为您获得的信息的数量和质量如何？

答：网上的信息更新速度太快，我根本看不完。虽然招聘信息有很多，但是和我相关的却很少，而且网上很多的招聘信息都过时了。微信里假的信息也有很多。

问：您是否去过图书馆或是公共服务部门来寻求信息？为什么？

答：没有。我们公司在郊区，根本没有图书馆，而且我每天都要干活，哪有时间去。公共服务部门我不是很了解，根本不知道该去哪个部门，也不知道这个问题该归谁管。政府举办的大型招聘会都是为大学生准备的，我听说过没去过。另外，现在网上的信息有很多，也基本都很容易获得，我觉得没必要专门去图书馆和公共服务部门来寻求信息。

问：您参加过提升信息寻求能力的训练吗？

答：没有，公司从来没有对我进行这方面的训练，公司只对我进行简单的业务训练，不管其他方面。

问：您认为如何能够帮助您提高寻求信息的能力呢？

答：我希望招聘网站上能够有大量的关于进城务工人员的招聘信息，提高招聘信息的质量，减少虚假信息和无效信息。同时，我希望公司能够对我们进城务工人员开展有关提升信息寻求能力的培训。

附录4 进城务工人员网站影响力
评价体系验证调查问卷

尊敬的各位朋友：

您好！本书主要采用了李克特五点量表法进行测量。此份调查问卷的目的是了解您对于构建进城务工人员网站影响力评价模型的意见，感谢您的合作。

1. 性别：_____

2. 年龄：_____

3. 学历：_____

进城务工人员网站影响力评价体系调查表

评价指标	重要程度				
	5	4	3	2	1
总页面数 F1					
Web 对象数 F2					
总链接数 F3					
页面平均大小 F4					
主题设计 F5					
在线咨询 F6					
服务人性化 F7					

评价指标	重要程度				
	5	4	3	2	1
特色服务 F8					
IP 访问量 F9					
外指向链接数 F10					
被百度收录数 F11					
网页评级 F12					
访问速度 F13					
内容权威程度 F14					
内容丰裕程度 F15					
内容实用性 F16					
持续时间 F17					

您认为还有没有其他评价指标？

附录5 进城务工人员网站影响力
评价体系权重分配

专家访谈问卷

尊敬的各位专家：

您好！此份调查问卷的目的是对进城务工人员网站影响力评价体系的指标重要程度进行打分，感谢您的合作与协助。

一、指标设置问题

进城务工人员网站影响力评价体系

一级指标 C		二级指标 F
进城务工人员网站影响力评价体系 T	网站规模 C1	总页面数 F1
		Web 对象数量 F2
		网站总链接数 F3
		页面平均大小 F4
	网站方向 C2	网站的应用主题设计 F5
		在线咨询 F6
		服务人性化程度 F7
		服务人性化 F8

续表

一级指标 C	二级指标 F
	IP 访问量 F9
	外链数 F10
网站效果 C3	被百度收录数量 F11
	网页评级 F12
	对外部网站链接数量 F13
	内容权威程度 F14
网站内容 C4	内容丰裕程度 F15
	内容实用性 F16
网站时间 C5	网站时间 F17

（一级指标 C 首列合并单元格：进城务工人员网站影响力评价体系 T）

您认为哪些指标需要删除、增加或者修改？

_____

二、指标的权重设置

本权重设置是参考 1-9 标度方法进行测度的，请在您认同的选项内打"√"。

一级指标排序

C1：网站规模　C2：网站方向

	1	2	3	4	5	6	7	8	9
C1 和 C2	同等重要	折中值	稍微重要	折中值	相当重要	折中值	明显重要	折中值	绝对重要
C1									
C2									

C1：网站规模　C3：网站效果

	1	2	3	4	5	6	7	8	9
C1									
C3									

C1：网站规模　　**C4**：网站内容

	1	2	3	4	5	6	7	8	9
C1									
C4									

C1：网站规模　　**C5**：网站时间

	1	2	3	4	5	6	7	8	9
C1									
C5									

C2：网站方向　　**C3**：网站效果

	1	2	3	4	5	6	7	8	9
C2									
C3									

C2：网站方向　　**C4**：网站内容

	1	2	3	4	5	6	7	8	9
C2									
C4									

C2：网站方向　　**C5**：网站时间

	1	2	3	4	5	6	7	8	9
C2									
C5									

C3：网站效果　　**C4**：网站内容

	1	2	3	4	5	6	7	8	9
C3									
C4									

C3：网站效果 C5：网站时间

	1	2	3	4	5	6	7	8	9
C3									
C5									

C4：网站内容 C5：网站时间

	1	2	3	4	5	6	7	8	9
C4									
C5									

二级指标排序

F1：总页面数 F2：Web 对象数

	1	2	3	4	5	6	7	8	9
F1									
F2									

F1：总页面数 F3：总链接数

	1	2	3	4	5	6	7	8	9
F1									
F3									

F1：总页面数 F4：页面平均大小

	1	2	3	4	5	6	7	8	9
F1									
F4									

F2：Web 对象数 F3：总链接数

	1	2	3	4	5	6	7	8	9
F2									
F3									

F2：Web 对象数　F4：页面平均大小

	1	2	3	4	5	6	7	8	9
F2									
F4									

F3：总链接数　F4：页面平均大小

	1	2	3	4	5	6	7	8	9
F3									
F4									

F5：主题设计　F6：在线咨询

	1	2	3	4	5	6	7	8	9
F5									
F6									

F5：主题设计　F7：服务人性化

	1	2	3	4	5	6	7	8	9
F5									
F7									

F5：主题设计　F8：特色服务

	1	2	3	4	5	6	7	8	9
F5									
F8									

F6：在线咨询　F7：服务人性化

	1	2	3	4	5	6	7	8	9
F6									
F7									

F6：在线咨询　F8：特色服务

	1	2	3	4	5	6	7	8	9
F6									
F8									

F7：服务人性化　F8：特色服务

	1	2	3	4	5	6	7	8	9
F7									
F8									

F9：IP 访问量　F10：外指向链接数

	1	2	3	4	5	6	7	8	9
F9									
F10									

F9：IP 访问量　F11：被百度收录数

	1	2	3	4	5	6	7	8	9
F9									
F11									

F9：IP 访问量　F12：网页评级

	1	2	3	4	5	6	7	8	9
F9									
F12									

F9：IP 访问量　F13：访问速度

	1	2	3	4	5	6	7	8	9
F9									
F13									

F10：外指向链接数　F11：被百度收录数

	1	2	3	4	5	6	7	8	9
F10									
F11									

F10：外指向链接数　F12：网页评级

	1	2	3	4	5	6	7	8	9
F10									
F12									

F10：外指向链接数　F13：访问速度

	1	2	3	4	5	6	7	8	9
F10									
F13									

F11：被百度收录数　F12：网页评级

	1	2	3	4	5	6	7	8	9
F11									
F12									

F11：被百度收录数　F13：访问速度

	1	2	3	4	5	6	7	8	9
F11									
F13									

F12：网页评级　F13：访问速度

	1	2	3	4	5	6	7	8	9
F12									
F13									

F14：内容权威程度　F15：内容丰裕程度

	1	2	3	4	5	6	7	8	9
F14									
F15									

F14：内容权威程度　F16：内容实用性

	1	2	3	4	5	6	7	8	9
F14									
F16									

F15：内容丰裕程度　F16：内容实用性

	1	2	3	4	5	6	7	8	9
F15									
F16									

三、基本信息

1. 性别：＿＿＿＿＿＿＿＿＿＿＿

2. 年龄：＿＿＿＿＿＿＿＿＿＿＿

3. 学历：＿＿＿＿＿＿＿＿＿＿＿

附录 6　进城务工人员网站影响力
评价调查问卷

尊敬的各位专家：

您好！本次调查问卷的目的是对进城务工人员网站影响力进行评价。本次对于进城务工人员网站影响力设计了四个评价等级，分别是"优秀、良好、中等、较差"。您可以根据自己的观点，在您认为匹配的等级下方的表格中打"√"即可。感谢您的支持与合作！

1. 性别：＿＿＿＿＿＿＿＿＿＿

2. 年龄：＿＿＿＿＿＿＿＿＿＿

3. 学历：＿＿＿＿＿＿＿＿＿＿

进城务工人员网站名称：＿＿＿＿＿＿＿＿＿＿

进城务工人员网站网址：＿＿＿＿＿＿＿＿＿＿

指标 F	指标内容	评价等级			
		优秀	良好	中等	较差
总页面数 F1	总页面数反映了网站规模大小和内容的充分与丰富程度，一般来说页面数量大则内容更充裕但维护成本增加				

指标 F	指标内容	评价等级			
		优秀	良好	中等	较差
Web 对象数 F2	Web 对象数主要包括网站的网页、图像与文档等，一般来说 Web 对象数量大则内容更丰富但投入量增加				
总链接数 F3	总链接数量包括内部链接数量和外部链接数量之和，一般来说网站总链接数量大则内容更丰富且充裕但投入与成本量增加				
页面平均大小 F4	页面平均大小反映了页面内容的丰富与多样化程度，一般来说页面平均大小更大则内容更丰富且选择性越多但用户载入时间增加				
主题设计 F5	主题设计反映了网站能否围绕受众群体特征构建服务框架并整合服务资源（本研究中考虑能够围绕进城务工人员群体特征和信息需求进行设计）				
在线咨询 F6	在线咨询反映了用户进行在线咨询中的体验感和满意程度，一般来说答复时间及时，提供服务专业会提高用户满意程度				
服务人性化 F7	服务人性化主要包含服务的导航设置，反映了用户接受服务的无阻碍程度				
特色服务 F8	特色服务是指针对用户个性化需求和特征提供的服务				
IP 访问量 F9	IP 访问量体现了网站的用户数量及其访问量				
外指向链接数 F10	外指向链接数体现了其他网站能够导入本网站的链接数量，代表网站在公共环境的受欢迎程度				
被百度收录数 F11	被百度收录数体现了网页快照的收录数据，代表网站在该领域的地位				
网页评级 F12	网页评级反映了链接关系，一般根据搜狗等级算法计算，得分越高被搜索引擎检索出的可能性越高				

指标 F	指标内容	评价等级			
		优秀	良好	中等	较差
访问速度 F13	访问速度反映了用户通过外部网站或搜索引擎进入该网站的响应时间				
内容权威程度 F14	内容权威程度体现了网站内容客观真实，并具有可靠来源的程度				
内容丰裕程度 F15	内容丰裕程度体现了网站内容的全面程度与易用程度				
内容实用性 F16	内容实用性体现了网站内容产生积极效果和持续价值的程度				
持续时间 F17	持续时间是指网站从成立到现今持续运营的时间，一般来说持续时间越长产生的影响力会相对较大				

参考文献

[1] 张启春.谈谈进城务工人员的社会保障问题[J].江汉论坛,2003(4):117-120.

[2] 国务院关于进一步做好为农民工服务工作的意见[EB/OL].[2014-12-22].http://www.moa.gov.cn/zwllm/zcfg/flfg/201410/t20141009_4099135.htm.

[3] 2020年农民工监测调查报告[EB/OL].(2014-04-30)[2021-10-16].http://www.stats.gov.cn/tjsj/zxfb/202-104/t20210430_1816933.html.

[4] 郑英隆.中国农民工弱信息能力初探[J].经济学家,2005(5):52-59.

[5] 郑松泰."信息主导"背景下农民工的生存状态和身份认同[J].社会学研究,2010(2):106-124.

[6] GRANOVETTER M S. The Strength of Weak Ties[J]. American Journal of Sociology, 1973,78(6):1360-1380.

[7] ZHANG Y,WEN N,CHAO N. Effects of mobile information-seeking on the intention to obtain reproductive cancer screening among chinese women:testing an integrative model[J]. Chinese Journal of Communication,2019,12(1):102-121.

[8] AFRODITA,MARCU,CECILE,ET AL. Online Information-Seeking About Potential Breast Cancer Symptoms:Capturing Online Behavior With an Internet Browsing Tracking Tool. [J]. Journal of medical Internet research,2019,21(2):e12400.

[9] GRAFFIGNA G,BARELLO S,BONANOMI A,ET AL. Factors affecting patients' online health information-seeking behaviours:The role of the Patient Health Engagement(PHE) Model[J]. Patient Education and Counseling,2017,100(10):1918-1927.

[10] GIBSON A N,KAPLAN S. Place,community and information behavior:Spatially oriented information seeking zones and information source preferences[J]. Library & Information Science Research,2017,39(2):131-139.

[11] MASSEY P+A11:A101M,Langellier B A,Sentell T,et al. Nativity and language preference as drivers of health information seeking:examining differences and trends from a U.

S. population-based survey[J]. Ethnicity & Health,2017,22(6):596-609.

[12]　GAUTHIER R,ANDERSEN E,REID C,TAYLOR D. The information-seeking patterns of care aides who work in nursing homes[J]. Journal of Nursing Management,2019,27 (8):1604-1613.

[13]　WIELDRAAIJER T,DUINEVELD L A M,BEMELMAN W A,ET AL. Information needs and information seeking behaviour of patients during follow-up of colorectal cancer in the Netherlands[J]. Journal of Cancer Survivorship,2019,13(4):604-610.

[14]　SO J,KUANG K,CHO H. Information Seeking Upon Exposure to Risk Messages:Predictors,Outcomes,and Mediating Roles of Health Information Seeking[J]. Communication Research,2019,46(5):663-687.

[15]　BALABANIS G,CHATZOPOULOU E. Under the influence of a blogger:The role of information-seeking goals and issue involvement[J]. Psychology and Marketing,2019,36 (4):342-353.

[16]　WONG D,CHEUNG M. Online Health Information Seeking and eHealth Literacy Among Patients Attending a Primary Care Clinic in Hong Kong:A Cross-Sectional Survey[J]. Journal of Medical Internet Research,2019,21(3):e10831.

[17]　LUNDIN J,ERIKSSON Y. An Investigation of Maintenance Technicians' Information-Seeking Behavior in a Repair Center[J]. IEEE Transactions on Professional Communication,2018,61(3):257-274.

[18]　GIADE M Y,ASPURA M K Y I,NOORHIDAWATI A. Determining factors of perceived self-efficacy in information seeking practices through Facebook[J]. Malaysian Journal of Library & Information Science,2018,23(3):35-47.

[19]　HANSEN P,WIDEN G. The embeddedness of collaborative information seeking in information culture[J]. Journal of Information Science,2017,43(4):554-566.

[20]　ALSTAD K,HERTZUM M. Information seeking by geoscientists:an update on Bichteler and Ward(1989)[J]. Journal of Documentation,2018,74(2):447-460.

[21]　SAVOLAINEN R. Pioneering models for information interaction in the context of information seeking and retrieval[J]. The Journal of Documentation,2018,74(5):966-986.

[22]　CLARKE R M,SIROTA M,PATERSON P. Do previously held vaccine attitudes dictate the extent and influence of vaccine information-seeking behavior during pregnancy? [J]. Human Vaccines and Immunotherapeutics,2019,15(9):2081-2089.

[23]　FETHERSTON M. What influences college students' career information seeking on the internet? A test of the comprehensive model of information seeking[J]. Journal of Applied

Communication Research,2019,47(3):322-343.

[24] SHI W. Health Information Seeking versus Avoiding:How Do College Students Respond to Stress-related Information? [J]. American journal of health behavior,2019,43(2):437-448.

[25] 程子轩.政务微博用户信息搜寻行为模式研究[J].产业与科技论坛,2019,18(5):67-68.

[26] 曹芬芳,张晋朝,王娟,等.学术搜索引擎用户适应性学术信息搜寻行为影响因素研究[J].国家图书馆学刊,2019,28(6):82-89.

[27] 丁依霞.基于 RISP 模型的食品风险信息寻求行为研究[J].情报工程,2019(4):44-52.

[28] 赵栋祥,马费成,张奇萍.老年人健康信息搜寻行为的现象学研究[J].情报学报,2019,38(12):1320-1328.

[29] 卢章平,王丽佳,王正兴.信息搜索过程模型的验证分析[J].现代情报,2016,36(6):60-65.

[30] 孙丽,曹锦丹.任务执行者特征对网络信息搜寻行为的影响[J].图书情报工作,2016,60(9):83-90.

[31] 张云秋,张悦.人格特质对网络健康信息搜索行为影响的实验研究[J].情报理论与实践,2019,42(6):88-93.

[32] 刘萍,邓叶芝,杨志伟.自主学习情境下用户信息搜寻行为的实证研究[J].信息资源管理学报,2019,9(1):96-106.

[33] 顾梦星,陈浩,周凤洁,等.老年人新媒体健康信息搜寻行为影响因素分析[J].科技资讯,2018,16(23):229-230.

[34] 陈晓宇,付少雄,邓胜利.社会化问答用户信息搜寻的影响因素研究———一种混合方法的视角[J].图书情报工作,2018,62(20):102-111.

[35] 王恬,李书琴,王志伟.农业信息搜索可视化平台研究[J].计算机应用与软件,2016,33(3):271-274.

[36] 张浩.基于 Scrapy 的房屋租赁信息搜索系统的设计与实现[D].西安:西安电子科技大学,2017.

[37] 黄微,高俊峰.基于概念格的 Web 学术信息搜索结果的二次组织[J].现代图书情报技术,2010(5):8-12.

[38] 宋绍成,高俊峰.基于概念格的 Web 学术信息搜索结果的二次检索[J].情报理论与实践,2012,35(6):105-108.

[39] 周奇峰.基于 Agent 的个性化信息搜索引擎框架的研究[J].福建教育学院学报,

2014,15(4):121-124.

[40]   张小琴.联合贝叶斯推理与遗传算法的主题信息搜索策略[J].中南民族大学学报
        (自然科学版),2014,33(2):89-92.

[41]   亢阳阳.基于语义分析的医疗信息搜索引擎的研究[D].北京:北京工业大学,2017.

[42]   张军.社会语言学视角下农民工称谓的嬗变[J].陕西理工大学学报(社会科学
        版),2021(2):48-54.

[43]   刘溢海,来晓东.农民工返乡创业与精准扶贫共域性研究——基于乡村振兴战略视
        域[J].技术经济与管理研究,2020(1):119-123.

[44]   郑功成.农民工的权益与社会保障[J].中国党政干部论坛,2002(8):22-24.

[45]   成志刚,罗帅.近十年我国农民工社会保障问题研究综述[J].湘潭大学学报(哲学
        社会科学版),2007(3):108-113.

[46]   朱磊,雷洪.论农民工的分类及其转型[J].社会学评论,2015,3(5):78-87.

[47]   赵晓霞,张广博,高淑桃.我国农村非农产业群体社会保障问题研究[J].农村经济,
        2003(11):65-67.

[48]   王军.不同居住类型农民工的城市融入[D].上海:华东理工大学,2011.

[49]   张蕾,王燕.新生代农民工城市融入水平及类型分析——以杭州市为例[J].农业经
        济问题,2013,34(4):23-28+110.

[50]   蒙英男.新生代农民工社会认同动机与社会认同类型的关系[D].沈阳:沈阳师范
        大学,2014.

[51]   闻英.新生代农民工特点的实证分析——基于与第一代农民工比较的视角[J].山
        东青年政治学院学报,2011,27(3):34-38.

[52]   姚士谋,张平宇,余成,李广宇,王成新.中国新型城镇化理论与实践问题[J].地理
        科学,2014,34(6):641-647.

[53]   翟振武.新时代高质量发展的人口机遇和挑战——第七次全国人口普查公报解读
        [EB/OL][2021-10-17].https://proapi.jingjiribao.cn/detail.html?id=339961.

[54]   王晓璟.城镇化进程中我国农民工就业问题分析[J].现代商贸工业,2019,40(18):
        57-58.

[55]   朱力.论农民工阶层的城市适应[J].江海学刊,2002(6):82-88+206.

[56]   顾东东,杜海峰,刘茜,李姚军.新型城镇化背景下农民工社会分层与流动现状[J].
        西北农林科技大学学报(社会科学版),2016,16(4):69-79+87.

[57]   王思斌.社会学教程[M].北京:北京大学出版社,2010:35-43

[58]   张文宏,阮丹青,潘允康.天津农村居民的社会网[J].社会学研究,1999(2):110-120.

[59]   布尔迪厄著,包亚明译.布尔迪厄访谈录:文化资本与社会炼金术.[M]上海:上海

人民出版社,1997:202-203.

[60] 王楠楠.大学生社会网络研究综述[J].法制与社会,2016(21):183-184.

[61] 贾旭楠.基于关键词共现和社会网络分析法的我国企业竞争情报热点主题研究[J].情报探索,2019(8):114-121.

[62] 王曙光,王琼慧.论社会网络扶贫:内涵、理论基础与实践模式[J].农村经济,2018(1):1-10.

[63] 黄晓勇,刘伟,李忠云,张春勋.基于社会网络的农民工返乡创业研究[J].重庆大学学报(社会科学版),2012,18(6):66-72.

[64] 杨哲,徐蕾.青年农民工社会网络对婚恋行为影响[J].市场周刊,2018(10):121-122+127.

[65] 李树苗,杨绪松,任义科,靳小怡.农民工的社会网络与职业阶层和收入:来自深圳调查的发现[J].当代经济科学,2007(1):25-33+124-125.

[66] 李树苗,任义科,费尔德曼,杨绪松.中国农民工的整体社会网络特征分析[J].中国人口科学,2006(3):19-29+95.

[67] 张跃进.中国农民工问题解决[M].北京:光明日报出版社,2007:107-113.

[68] 《2020年农民工监测调查报告》[EB/OL][2021-10-16].http://www.stats.gov.cn/tjsj/zxfb/2021-04/t20210430_1816933.html

[69] 单菁菁.农民工的社会网络变迁[J].城市问题,2007(4):59-63.

[70] 边燕杰,张文宏.经济体制、社会网络与职业流动[J].中国社会科学,2001(2):77-89+206.

[71] 田维绪,罗鑫.社会网络变迁背景下进城农民工社会资本构建研究——基于2010年CSSC贵州项目数据[J].广西社会科学,2014(10):138-145.

[72] 张鹏翼.在线社交网络中信息寻求行为的实证研究:以微博为例[J].情报杂志,2013,32(7):83-87.

[73] 甘宇,赵驹.农民工信息获取及其制约因素的实证研究[J].现代情报,2016,36(10):94-98.

[74] 梁辉.信息社会进程中农民工的人际传播网络与城市融入[J].中国人口·资源与环境,2013,23(1):111-118.

[75] 梁辉.信息社会背景下农民工的信息人际网络与影响因素[J].决策与信息,2018(11):110-118.

[76] 胡勇军,常会友,龚会.农民工信息行为特征研究:基于社会网络分析视角[J].管理工程学报,2015,29(3):20-29.

[77] 唐立强,周静.社会资本、信息获取与农户电商行为[J].华南农业大学学报(社会科

学版),2018,17(3):73-82.

[78] 常颖,王晰巍,李嘉兴,张长亮.乡村振兴背景下农民工在线信息搜索行为特征研究——基于混合实验法[J].现代情报,2019,39(8):84-91.

[79] 魏巍,黄丽霞.基于马斯洛需求层次理论的农民工信息需求分析[J].图书馆学研究,2016(5):58-62.

[80] 陶颖,邹纯龙,周莉.基于扎根理论的农民工信息寻求影响因素研究[J].图书情报工作,2016,60(17):110-115.

[81] 向阳.国内新生代农民工就业问题研究的回顾与反思[J].山西农经,2019(6):51-53.

[82] 任晓雅,汪丽萍.体面劳动视角下推进农民工实现更高质量就业的对策[J].河北软件职业技术学院学报,2019,21(4):60-63+72.

[83] 谢勇.就业流动、人力资本与农民工工资[J].中南财经政法大学学报,2015(5):142-149.

[84] 茅梦佳.浅议农民工与身份认同[J].劳动保障世界,2019(35):40+42.

[85] 叶俊焘,钱文荣,米松华.农民工城市融合路径及影响因素研究——基于三阶段 Ordinal Logit 模型的实证[J].浙江社会科学,2014(4):86-97+158.

[86] 彭莹莹,汪昕宇.社会网络对新生代农民工创业能力的影响——基于资源获取和创业学习的中介效应[J].湖南农业大学学报(社会科学版),2017,18(3):30-36.

[87] 严春鹤.农民工市民化的内涵、障碍因素及对策分析[J].现代商贸工业,2018,39(19):91-95.

[88] 张晓梅,黄伟宇.社会网络变迁背景下农民工市民化的路径选择[J].学术交流,2017(11):149-155.

[89] 郑永兰,许泽宁.从互斥到共生:新型城镇化背景下农民工与城市关系重构[J].中州学刊,2019(10):71-76.

[90] 孙海燕,王富喜.区域协调发展的理论基础探究[J].经济地理,2008,28(6):928-931.

[91] 黄展佳,郑泽鑫,黄锦伟.城乡协调发展中的农民工流向及其影响因素:一个综述[J].价值工程,2019,38(19):294-296.

[92] 同春芬,李雅丹.社会支持理论视角下农民工子女城市融入的体系构建——基于青岛市李沧区的实践经验[J].山东农业大学学报(社会科学版),2017,19(2):85-91.

[93] 张鑫,陈倩,王芳.面向农民工的公共图书馆信息服务调查与分析——基于社会支持理论[J].图书与情报,2017(2):76-83.

[94] 孙强.当代社会关系理论研究综述[J].学术界,2001(1):264-273.

[95] 柴楠,刘要悟.基于社会关系理论视角的师生关系研究[J].中国教育学刊,2012(5):77-79.

[96] 熊凤水,慕良泽.农民工城市适应:层次及其转型——基于社会关系理论的分

析[J].调研世界,2007(7):11-13.

[97] 李军,冷婷娟.基于信息行为理论的移动图书馆用户行为研究[J].农业图书情报学刊,2016,28(4):71-74.

[98] 王琳.信息行为理论的二元结构与集成模型[J].情报科学,2018,36(6):9-12+19.

[99] 卢喜梅.我国农民工信息需求与信息行为的现状调查及特点分析[D].武汉:华中师范大学,2014.

[100] HAMEL G. Competition for Competence and Interpartner Learning Within International Strategic Alliances[J]. Strategic Management Journal,1991(12):83-103.

[101] 国务院关于解决农民工问题的若干意见(国发[2006]5号)[EB/OL].[2020-2-16].http://www.gov.cn/zhuanti/2015-06/13/content_2878968.htm.

[102] A.H.马斯洛.动机与人格[M].许金声,程朝翔,译.北京:华夏出版社,1987:40-53.

[103] TAYLOR RS. Question-negotiation and information seeking in libraries. College and Research Libraries,1968,29(3):178-194.

[104] 韩丽风.试论数字图书馆的信息参考服务[J].中国图书馆学报,2005(1):61-64.

[105] 白光祖,吕俊生.基于信息需求层次理论的PIE可满足性分析[J].情报杂志,2009,28(4):48-51+111.

[106] 王建华,李录堂.农民工就业信息获取的影响因素研究——基于243位农民工的理论与实证分析[J].软科学,2010,24(12):98-102.

[107] 陶建杰.新生代农民工的信息需求及影响因素研究——兼与老一代农民工的比较[J].人口与经济,2013(5):48-55.

[108] 刁松龄.城市化进程中外来农民工信息服务研究——以珠三角为例[J].图书情报工作,2009,53(4):136-139.

[109] 秦羽宁,周欣楠,施雯.2009—2017年我国农民工特征变动分析[J].农业科技与装备,2018(4):84-86.

[110] 2019年农民工监测调查报告[EB/OL].[2020-5-4].http://wap.stats.gov.cn/fb/202004/t20200430_1742747.html.

[111] 党跃武,谭祥进.信息管理导论[M].北京:高等教育出版社,2006:48-49.

[112] 刘艳婷,陈美球,邝佛缘,刘桃菊.社会网络、信息成本与农户生态耕种采纳意愿[J].中国农业大学学报,2019,24(11):250-258.

[113] 新型城镇化建设促乡村经济多元化[EB/OL].[2020-5-5].http://www.gov.cn/xinwen/2020-03/18/content_5492534.htm.

[114] 社会资本与社会炼金术——布迪厄访谈录[M].包亚明,译,上海人民出版社,1997.

[115] PUTNAM, R. D., "Bowling Alone: America'Declining Social Capital", Journal of Democracy,1995,6(1):65-78.

[116] Coleman,J. "Social Capital in the Creation of Human Capital", American Journal of Sociology,1988,94(Supplement):S95-S120.

[117] 朱国宏,桂勇主.经济社会学导论[M].上海:复旦大学出版社,2005:201.

[118] AKBAR ZAHEER, BILL MCEVILY, VINCENZO PERRONE. Does Trust Matter? Exploring the Effects of Interorganizational and Interpersonal Trust on Performance[J]. Organization Science,1998,9(2):141-159.

[119] HANSEN MARK H. The impact of trust on cooperative membership retention, performance and satisfaction: an exploratory study[J]. The International Food and Agribusiness Management Review,2002,(9):241-254.

[120] 黄彦博.基于信任与绩效的图书馆联盟成员合作机制研究[J].图书馆学研究, 2012,(4):87-89.

[121] 黄岩,陈泽华.信任、规范与网络:农民专业合作社的社会资本测量——以江西S县隆信渔业合作社为例[J].江汉论坛,2011(8):9-14.

[122] 马克.格兰诺维特.社会网与经济行为[M].罗家德,译.北京:社会科学文献出版社,2007:25-36.

[123] GRANOVETTER, MARK. The Strength of Weak Ties[J]. American Journal of Sociology, 1973(5):1360-1380.

[124] BOYD DM, ELLISON NB. Social network sites:Definition, history and scholarship[J]. Journal of Computer-Mediated Communication,2007,13(1):11.

[125] 陈则谦.识传播及其动力机制研究的国内外文献综述[J].情报杂志,2011,30(3): 131-137.

[126] 靖继鹏.信息生态理论研究发展前瞻[J].图书情报工作,2009,53(4):5-7.

[127] 李美娣.信息生态系统的剖析[J].情报杂志,1998(4):3-5.

[128] 韩刚,覃正.信息生态链:一个理论框架[J].情报理论与实践,2007 (1):18-20+32.

[129] 娄策群,周承聪.信息生态链:概念、本质和类型[J].图书情报工作,2007(9):29-32.

[130] 胡勇军,常会友,龚会.农民工信息行为特征研究:基于社会网络分析视角[J].管理工程学报,2015,29(3):20-29.

[131] 杨玫.市民化进程中的农民工信息保障体系研究[J].情报资料工作,2013(1):33-37.

[132] 靖继鹏,张向先.信息生态理论与应用[M].北京:科学出版社,2017:65-72.

[133] 娄策群,周承聪.信息生态链中的信息流转[J].情报理论与实践,2007(6):725-727.

[134] 任婕.农民工政府信息需求及获取渠道调查研究[J].图书馆研究与工作,2018 (9):22-26.

[135] 霍明奎,张向先,靖继鹏.网络信息生态链的形成机理[J].情报科学,2014,32 (12):3-7.

[136] 丁宇.网络信息用户需求的特点与利用特征及规律浅析[J].情报理论与实践, 2003(5):412-414+446.

[137] 马捷,胡漠,魏傲希.基于系统动力学的社会网络信息生态链运行机制与优化策略 研究[J].图书情报工作,2016,60(4):12-20.

[138] 张辑哲.论信息效应与信息文化[J].档案学研究,2011(6):6-8.

[139] 林曦.社会契约理论发展评述——兼论对利益相关者理论的启示[J].边疆经济与 文化,2010(9):73-74.

[140] 秦前红,张萍.浅析社会契约思想与宪政[J].湖北大学学报(哲学社会科学版), 2004(1):70-76.

[141] 白描,苑鹏.农民社会关系的现状及影响因素分析[J].中国农村观察,2014(1):40-49.

[142] 王国猛,李丽,赵曙明.雇佣关系模式与新生代农民工职业成长——传统性与现代 性的调节作用[J].大连理工大学学报(社会科学版),2019,40(5):52-59.

[143] 郭庆,李佳晨.社会融合与新生代农民工的政治信任研究[J].四川行政学院学报, 2019(4):80-88.

[144] 范如国.复杂网络结构范型下的社会治理协同创新[J].中国社会科学,2014(4): 98-120+206.

[145] 陶建杰.农民工人际传播网络结构分析——基于宏观视角的实证研究[J].现代传 播(中国传媒大学学报),2016,38(10):60-66.

[146] 唐若兰.社会分层和社会流动视角下新生代农民工向中产阶层流动问题研究[J]. 四川行政学院学报,2019(4):63-70.

[147] GRANOVETTER M S. The strength of weak ties:A network theory revisited[J]. Sociological Theory,1983,1(6):201-233.

[148] 梁玉成.社会资本和社会网无用吗?[J].社会学研究,2010,25(5):50-82+243- 244.媒体霸权理论[EB/OL][2022-2-15]. https://baike.baidu.com/item.

[149] 朱丽,杨杜.社会网络"大连结"的魅力——六度分隔和三度影响力[J].现代管理 科学,2015(2):30-32.

[150] 刘华.网球运动中人际交往的研究[D].北京:北京体育大学,2011.

[151] 周东浩,韩文报,王勇军.基于节点和信息特征的社会网络信息传播模型[J].计算 机研究与发展,2015,52(1):156-166.

[152] 李林,孙军华.基于社会网络冲突信息传播的群体特征[J].系统工程理论与实践,2014,34(1):207-214.

[153] 胡钦太,林晓凡.基于新媒体的社会教育传播模式构建研究[J].电化教育研究,2014,35(5):5-10.

[154] 韦路,方振武."控制辩证模式":信息传播新模式的发展与转向[J].国际新闻界,2017,39(8):82-102.

[155] 丁婉娟.意见领袖的信息特征对受众信息传播效果的影响研究[D].西安:陕西师范大学,2016.

[156] 罗贤春,庞进京,袁冰洁.媒介环境变迁中的政务信息传播模式演进[J].图书馆学研究,2017(2):95-101.

[157] 李艳芳.行走于城乡边缘的传播者——农民工传播作用解读[J].广州广播电视大学学报,2008(3):83-85+102+111.

[158] 陶建杰.农民工人际传播网络的微观结构研究——以整体网为视角[J].国际新闻界,2015,37(8):105-123.

[159] 李红艳,安文军,旷宋仁.农民工和市民作为受传者的信息传播内容之分析——北京市民与农民工之间信息传播内容的实证研究[J].图书与情报,2009(5):44-47+62.

[160] 荣艺.社会化媒体时代的自我建构与群体认同[J].视听,2019(11):168-169.

[161] 范红,曲元.手机短信的大众传播功能和效果[J].清华大学学报,2004,(6):72-76.

[162] 楚德江.农民工市民化进程中的文化融入:困境与改革[J].学术界,2019(10):126-132.

[163] 赵永华.农村传媒歧视及其成因分析[C].中国人民大学新闻与社会发展研究中心、中国人民大学新闻学院、中国新闻传播研究目录哲学社会科学创新基地。冲突融合:新闻传播与社会发展——中国新闻传播国际社会论文集。2005:362-375.

[164] 常亚平,董学兵.虚拟社区消费信息内容特性对信息分享行为的影响研究[J].情报杂志,2014,33(1):201-207+200.

[165] 蒋卓然,张世颖,高启然.基于 DEMATEL 方法的信息获取影响因素分析[J].情报科学,2013,31(7):83-86.

[166] 程淑平,孟令杰,程业炳.新生代农民工信息获取行为关键影响因素分析[J].中国农业资源与区划,2019,40(11):103-110.

[167] 孙启泮.需求变迁、供给约束与农民工社保制度的完善——一个三阶段发展思路的探讨[J].理论与改革,2014(6):60-63.

[168] 姚青云.中国农民工社会福利的反思[J].劳动保障世界,2019(18):22.

[169] 李峰波,环靓,殷英,鲜逸飞.基于社会网络的农民同乡帮带自雇创业模式研究——基于油篓村的案例分析[J].劳动保障世界,2019(18):6-7.

[170] 郑光永.非对称信息下改善农民工公益教育资源利用效率的机制设计[J].职教论坛,2011(25):41-43.

[171] 陈明星,钱鹏.分化特征:传统农民工信息搜寻行为的内在本质[J].新世纪图书馆,2016(4):31-34+45.

[172] 周先波,刘建广,郑馨.信息不完全、搜寻成本和均衡工资——对广东省外来农民工劳动力市场信息不完全程度的测度[J].经济学(季刊),2016,15(1):149-172.

[173] 徐玉发,郭金森,沈乐平,刘哲睿.信息不对称时基于过度自信代理人的工资契约研究[J].数学的实践与认识,2015,45(17):40-47.

[174] 侯东栋.差序格局、信息传递与农村治理现代化[J].电子政务,2018(3):102-109.

[175] 郭海霞.基于小世界网络的微博信息影响力研究[J].情报科学,2014,32(9):60-63.

[176] 肖毅,王方.网络信息种群共生理论及其模型研究[J].图书情报工作,2009,53(18):17-21.

[177] 袁纯清.共生理论——兼论小型经济[M].北京:经济科学出版社,1998:1-10.

[178] 娄策群,张苗苗,庞靓.网络信息生态链运行机制研究:共生互利机制[J].情报科学,2013,31(10):3-9+16.

[179] 姚晶晶,孔玉生.基于Lotka-Volterra理论的产业集群生态网络竞合模型[J].科技管理研究,2017,37(4):176-179+186.

[180] 吕敬亮,王克.随机的改进Lotka-Volterra竞争模型[J].数学学报,2011,54(5):853-860.

[181] 吴洁,彭晓芳,盛永祥,刘鹏,施琴芬.专利创新生态系统中三主体共生关系的建模与实证分析[J].软科学,2019,33(7):27-33.

[182] 朱娜娜,赵红岩,谢敏.基于Logistic模型的生态产业链中企业共生合作模型及稳定性研究[J].西南民族大学学报(人文社科版),2017,38(9):124-129.

[183] 武晓丽,王晓云,刘瑞芳.新生代农民工信息需求调查研究——以河北省为例[J].图书馆工作与研究,2013(3):99-103.

[184] 姚缘,张广胜.信息获取与新生代农民工职业流动——基于对大中小城市新生代农民工的调研[J].农业技术经济,2013(9):52-60.

[185] 陶建杰.新生代农民工信息获取障碍及影响因素研究——兼与老一代农民工的比较[J].人口与发展,2013,19(4):20-27.

[186] 李莉.广东省新生代农民工信息素养研究[J].图书馆研究,2016,46(6):96-102.

[187] 刘济群,闫慧,王又然.新生代农民工就业信息获取行为中的内部社会资本现象——安徽省东至县的田野研究[J].图书情报知识,2013(6):23-31.

[188] 陶颖,邹纯龙,周莉.基于扎根理论的农民工信息寻求影响因素研究[J].图书情

工作,2016,60(17):110-115.

[189] 马文杰,鲍建生."学情分析":功能、内容和方法[J].教育科学研究,2013(9):52-57.

[190] 杨威.访谈法解析[J].齐齐哈尔大学学报(哲学社会科学版),2001(4):114-117.

[191] 陈向明.扎根理论的思路和方法[J].教育研究与实验,1999(4):58-63+73.

[192] 张敬伟,马东俊.扎根理论研究法与管理学研究[J].现代管理科学,2009(2):115-117.

[193] 孙晓娥.扎根理论在深度访谈研究中的实例探析[J].西安交通大学学报(社会科学版),2011,31(6):87-92.

[194] 肖静,陈维政.农民工工作幸福感的影响因素及提升策略——基于扎根理论的探索性研究[J].重庆理工大学学报(社会科学),2016,30(5):53-60.

[195] 柯平,张文亮,李西宁,唐承秀.基于扎根理论的馆员对公共图书馆组织文化感知研究[J].中国图书馆学报,2014,40(3):37-49.

[196] 李文博,林云,张永胜.集群情景下企业知识网络演化的关键影响因素——基于扎根理论的一项探索性研究[J].研究与发展管理,2011,23(6):17-24.

[197] 王翠英.基于经典扎根理论的我国高校图书馆 Folksonomy 形成机制实证研究[J].情报资料工作,2015(2):88-94.

[198] 刘美玉.基于扎根理论的新生代农民工创业机理研究[J].农业经济问题,2013,34(3):63-68+111.

[199] 赵宏.基于数据包络法的农民工网站效率评价研究[J].商业经济,2019(7):106-108+124.

[200] 于纯良,邹纯龙.基于 AHP 的农民工网站影响力评价体系研究[J].图书馆学研究,2017(14):90-95.

[201] 张君.基于 ASP 的农民工网站的设计与实现[D].长春:吉林大学,2008.

[202] 刘清堂,胡舰,翟利利,黄景修.跨平台的多终端设备网页自适应布局研究及应用——以农民工技能培训与综合服务平台为例[J].现代教育技术,2015,25(2):107-113.

[203] 刘金荣.湖州农民工就业信息平台的构建研究[J].安徽农业科学,2011,39(1):473-474+507.

[204] 刘金荣,沈月娣.湖州农民工就业信息平台的推广机制研究[J].安徽农业科学,2011,39(9):5576-5578.

[205] 席群,陈亚芹.农民工融入城市与城乡社区互动网络平台建设——以江苏省为例[J].兰州大学学报(社会科学版),2012,40(1):98-104.

[206] 王芳,宋朋.我国农民工网站运营机制研究[J].中国软科学,2015(4):38-48.

[207] 杨玫.农民工网站信息服务现状的调查研究[J].图书馆学研究,2013(20):56-60.

［208］ 赵莉.农民工网站的特色及影响[J].新闻前哨,2011(4):46-48.

［209］ 中国视频网站发展研究课题组.视频网站品牌影响力问卷调查[J].传媒,2014(6):14-16.

［210］ 曾荷.电子政务信息资源的网站影响力评价研究[D].上海:华东师范大学,2007.

［211］ 陈斯杰.基于用户视角的科技信息服务网站影响力评估研究[D].南京:南京理工大学,2009.

［212］ ALMIND T C,INGWERSEN P. Informetric analyses on the world wide web:methodological approaches to 'webometrics'[J].Journal of Documentation,1997,53(4):404-426.

［213］ 徐久龄,等.情报学进展[M].北京:国防工业出版社,1999:39.

［214］ WOODRUFF A,AOKI P M,BREWER E,ET AL. An investigation of documents from the World Wide Web[J]. Computer Networks and ISDN Systems,1996,28(7-11):963-980.

［215］ ROUSSEAU R. Sitations:An exploratory study[J]. Cybermetrics,1997,1(1):4-7.

［216］ AGUILLOT I. STM information on the Web and the development of new Internet R & D databases and indicators[J]. London:Learned Information,1998:239-243.

［217］ 张洋.网络影响因子研究综述[J].中国图书馆学报,2010,36(1):63-79.

［218］ 刘雁书,方平.利用链接关系评价网络信息的可行性研究[J].情报学报,2002,21(4):401-406.

［219］ 沙勇忠,欧阳霞.中国省级政府网站的影响力评价—网站链接分析及网络影响因子测度[J].情报资料工作,2004,(6):17-22.

［220］ 刘虹,孙建军,郑彦宁,潘云涛.CSSCI来源期刊的网站影响力分析[J].情报杂志,2012,(4):6-8.

［221］ 陈媛媛,李刚.智库网站影响力评价指标体系研究[J].图书馆论坛,2016,36(5):25-33+62.

［222］ 李宗富,张向先.基于链接分析法的我国省级档案局网站影响力评价研究[J].情报科学,2016,34(5):142-147.

［223］ 卢文辉,高仪婷.基于链接分析法的大学图书馆网站影响力评价研究[J].数字图书馆论坛,2019(1):58-65.

［224］ 陈颖仪.网站访问量与链接量关系的实证研究——以我国电子商务网站为例[J].中山大学研究生学刊(社会科学版),2005,(4):121-129.

［225］ 杨家兴.基于网络计量的211高校图书馆网站链接及流量分析研究[D].南京:南京航空航天大学,2010.

［226］ CUNLIFFE D. Developing Usable Web Sites-A Review and Mode[J]. Internet Research:Electronic Networking Applications and Policy,2000,(4):295-307.

[227]　陈向东.基于流量分析的教育网站评价[J].现代远距离教育,2007,(1):15-17.

[228]　赵惠,刘芳.湖南图书馆网站访问流量分析研究报告[J].图书馆,2006,(5):97-100.

[229]　FERNANDO BACAO. Website Visibility:The Theory and Practice and Improving Rankings[J]. Online information review,2010,34(5):215.

[230]　范闯.基于网络计量学的科技信息服务网站影响力评估研究[D].南京:南京理工大学,2009.

[231]　邱均平,程妮.中国重点大学的网络影响力评价研究[J].科学学研究,2009,27(2):190-196.

[232]　黄丽霞,邹纯龙.基于模糊综合评价法的农民工网站影响力评价研究[J].情报科学,2016,34(11):75-79.

[233]　程慧平,彭埼.个人云存储网站影响力评价体系构建研究[J].现代情报,2018,38(8):90-94.

[234]　DEWEY J. Valuation and Experimental Knowledge[J]. The Philosophical Review,1922,31(4):325-351.

[235]　苏为华.多指标综合评价理论与方法问题研究[D].厦门:厦门大学,2000.

[236]　彭张林,张强,杨善林.综合评价理论与方法研究综述[J].中国管理科学,2015,23(S1):245-256.

[237]　王宗军.综合评价的方法、问题及其研究趋势[J].管理科学学报,1998,1(1):73-79.

[238]　EDGEWORTH F Y. Statistics of Examinations[J]. Journal of the Royal Statistical Society,1923,86(1):59-60.

[239]　文庭孝.科学评价理论体系的构建研究[J].重庆大学学报(社会科学版),2008(3):63-69.

[240]　文庭孝,邱均平.论科学评价理论研究的发展趋势[J].科学学研究,2007(2):204-209.

[241]　邱东.多指标综合评价方法的系统分析[J].财经问题研究,1988(9):51-57.

[242]　王惠文.用主成分分析法建立系统评估指数的限制条件浅析[J].系统工程理论与实践,1996(9):25-30.

[243]　陈述云,张崇甫.对多指标综合评价的主成分分析方法的改进[J].统计研究,1995(1):35-39.

[244]　刘健,江希钿,郭罗生.主成分分析法在森林资源综合评价中的应用研究[J].中南林业调查规划,1996(4):5-7.

[245]　谈永飞,邵亚农,周家仪,姚才良.用主成份分析法综合评价医疗质量[J].中国医院统计,1997(2):74-76.

[246]　姚泽清,张洛嘉,熊安邦,张晨光,余潇.基于层次分析的主成分分析法及其应用

[J].数学的实践与认识,2016,46(18):176-183.

[247] 董君.层次分析法权重计算方法分析及其应用研究[J].科技资讯,2015,13(29):218+220.

[248] 何超,李萌,李婷婷,彭雪,李健,赵锦慧.多目标综合评价中四种确定权重方法的比较与分析[J].湖北大学学报(自然科学版),2016,38(2):172-178.

[249] 谢忠秋.Cov-AHP:层次分析法的一种改进[J].数量经济技术经济研究,2015,32(8):137-148.

[250] 李支元.层次分析法在多层次多指标评估系统中的应用研究[J].淮海工学院学报(自然科学版),2012,21(2):73-76.

[251] 邓雪,李家铭,曾浩健,陈俊羊,赵俊峰.层次分析法权重计算方法分析及其应用研究[J].数学的实践与认识,2012,42(7):93-100.

[252] 刘莹昕,刘飒,王威尧.层次分析法的权重计算及其应用[J].沈阳大学学报(自然科学版),2014,26(5):372-375.

[253] 孙铭忆.层次分析法(AHP)与网络层次分析法(ANP)的比较[J].中外企业家,2014(10):67-68.

[254] 贺纯纯,王应明.网络层次分析法研究述评[J].科技管理研究,2014,34(3):204-208+213.

[255] 夏萍,汪凯,李宁秀,吴大嵘.层次分析法中求权重的一种改进[J].中国卫生统计,2011,28(2):151-154+157.

[256] 胡群,刘文云.基于层次分析法的SWOT方法改进与实例分析[J].情报理论与实践,2009,32(3):68-71.

[257] 郭金玉,张忠彬,孙庆云.层次分析法的研究与应用[J].中国安全科学学报,2008(5):148-153.

[258] 赵晓冬,郑涛.基于FUZZY-AHP评价方法的个人信用等级评价模型指标体系[J].数量经济技术经济研究,2003(6):97-100.

[259] 陈晓红,杨志慧.基于改进模糊综合评价法的信用评估体系研究——以我国中小上市公司为样本的实证研究[J].中国管理科学,2015,23(1):146-153.

[260] 王华.基于层次分析的模糊综合评价方法[J].信阳农林学院学报,2018,28(3):129-132+136.

[261] 郭顺利,张向先,李昆.基于模糊综合评价的高校图书馆学科服务团队绩效评价研究[J].现代情报,2017,37(4):95-102+123.

[262] 张玉亮.突发事件网络舆情信息流风险模糊综合评价研究[J].情报科学,2015,33(11):100-106.

[263] 葛侠,付保川.模糊综合评价建模方法及其应用[J].苏州科技学院学报(自然科学版),2015,32(2):19-23+64.

[264] 郑秀梅,王海燕,宋亚辉."双创"与经济发展——基于多层次模糊综合评价法的实证研究[J].科技管理研究,2019,39(24):78-84.

[265] 胡晨沛,蒋威,强恒克,徐静.华东地区公共服务满意度及其异质性分析——基于模糊综合评价方法[J].华东经济管理,2018,32(8):34-40.

[266] 汪培庄,李洪兴.fuzzy 计算机的设计思想(Ⅳ)——fuzzy 插值器的数学形式及其算法[J].北京师范大学学报(自然科学版),1995(4):434-439

[267] 李洪兴,罗承忠,袁学海,汪培庄.Fuzzy 映射与 F 基数[J].高校应用数学学报 A 辑(中文版),1994(2):177-186.

[268] 吕昌会,何湘藩.具有专家权重的模糊多层次多目标群决策方法[J].数量经济技术经济研究,1997(5):30-33.

[269] 刘玉斌.模糊综合评判的取大取小算法是一个错误算法[J].系统工程理论与实践,1998(12):81-84+89.

[270] LOUISE V,STEPHEN H F. The Influence of Performance Feedbackon Goal-Setting and Mental Effort Regulation[J]. MotivEmot,2009,33:63-74.

[271] 伊·彼·苏斯洛夫.统计指标理论[M].陆戈,译.哈尔滨:黑龙江人民出版社,1983:129.

[272] 庄德水.廉政统计指标体系的设计框架及其应用研究[J].广州大学学报(社会科学版),2016,15(9):5-11.

[273] 申维辰.评价文化:文化资源评估与文化产业评价研究[M].太原:山西教育出版社,2004:45.

[274] 喻国明.关于传媒影响力的诠释——对传媒产业本质的一种探讨[J].国际新闻界,2003(2):7-11.

[275] 喻国明.影响力经济——对传媒产业本质的一种诠释[J].现代传播,2003(1):1-3.

[276] 史晓东.以大型活动提升媒体影响力初探[J].新闻知识,2012(3):104-105.

[277] 于施洋,王璟璇,童楠楠,等.政府网站互联网影响力评价指标体系研究[J].电子政务,2013(10):50-57.

[278] 杨选辉,葛伟.基于 DEA 和外部认可的中文军事信息网站效率评价[J].情报杂志,2014,33(10):184-189.

[279] 金垣,杨兰蓉,胡承立.基于层次分析法的武汉市政府门户网站绩效评估体系设计[J].图书情报工作,2011,55(5):124-128.

[280] 陶颖,邹纯龙,周莉.基于扎根理论的农民工信息寻求影响因素研[J].图书情报工

作,2016(9):110-115.

[281] 栾荣.互联网时代信息获取权益保障研究[J].绥化学院学报,2020(2):136-139.

[282] 刘洪飞.论图书情报机构在现代信息服务业中的定位[J].中外企业家,2019(20):104-105.

[283] 张晶玮.用户视角下知识付费发展趋势探究[D].兰州:兰州财经大学,2018.

[284] 王淼.知识付费模式下图书馆知识服务思考[J].图书馆研究与工作,2019(3):24-29.

[285] 曾庆梅,周金锐.从经济学角度研究农民工声誉机制问题[J].山东农业大学学报(社会科学版),2007(4):24-28+125.

[286] 楚德江.农民工市民化进程中的文化融入:困境与改革[J].学术界,2019(10):126-32.

[287] 荀晓鲲.青年农民工的正确价值观培育研究[D].北京:北京交通大学,2014.

[288] 段亚坤.新生代农民工的心理契约与忠诚度关系研究[D].兰州:甘肃政法学院,2016.

[289] 汪本勇.新生代农民工信息素养对城市社会融入的影响研究[D].长春:吉林农业大学,2015.

[290] 百度文库.关于农民工市民化问题的调查报告——基于对鄂巴蜀农民工的调查见[EB/OL].https://wenku.baidu.com/view/5b31db21ef06eff9aef8941ea76e58fafbb0455c.html,2017,01-08.

[291] 杨哲,王茂福.新生代农民工信息能力与城市融入研究[J].中国名城,2014(8):29-33.

[292] 张欢.农民工群体公共信息获取现状及保障对策研究[J].四川图书馆学报,2015(5):21-24.